Direito Civil - Lei de Introdução ao Código Civil, Parte Geral e Direito das Coisas
Luís Paulo Cotrim Guimarães

Direito Civil - Obrigações
André Ricardo Cruz Fontes

Direito Civil - Responsabilidade Civil
André Ricardo Cruz Fontes

Direito Civil - Família
José Luiz Gavião de Almeida

Direito Civil - Sucessões
José Luiz Gavião de Almeida

Direito Imobiliário
Washington Carlos de Almeida

Direito Processual Civil - Processo de Conhecimento e Execução - Tomos I e II
Márcia Conceição Alves Dinamarco

Direito Processual Civil - Processo Cautelar
Nelton Agnaldo Moraes dos Santos

Direito Processual Civil - Procedimentos Especiais
Alexandre David Malfatti

Direito de Empresa
Armando Luiz Rovai

Direito do Consumidor
Maria Eugênia Reis Finkelstein
Paulo Sérgio Feuz

Direito Constitucional
Tomos I e II
Luis Carlos Hiroki Muta

Direito Administrativo
Márcia Walquiria Batista dos Santos
João Eduardo Lopes Queiroz

Direito da Seguridade Social - Direito Previdenciário, Infortunística, Assistência Social e Saúde
Jediael Galvão Miranda

Direito do Trabalho
Rodrigo Garcia Schwarz

Direito Processual do Trabalho - Processo de Conhecimento e Tutelas de Urgência (antecipada e cautelar) - Tomo I
Thereza Nahas

Direito Processual do Trabalho - Execução e Procedimentos Especiais - Tomo II
Yone Frediani

Direito Penal - Parte Geral
Christiano Jorge Santos

Direito Penal - Parte Especial
José Américo Penteado de Carvalho

Legislação Penal Especial
Dagmar Nunes Gaio

Direito Processual Penal
Gustavo Henrique Righi Ivahy Badaró

Direito Econômico
Fabiano Del Masso

Direito Tributário
Guilherme de Carvalho Jr.

Direito Internacional
Friedmann Wendpap
Rosane Kolotelo

Direito de Empresa

CÓPIA NÃO AUTORIZADA É CRIME
ABDR
ASSOCIAÇÃO BRASILEIRA DE DIREITOS REPROGRÁFICOS
RESPEITE O DIREITO AUTORAL

Armando Luiz Rovai

Direito de Empresa

Copidesque: Vânia Coutinho Santiago

Projeto Gráfico: Interface Designers

Editoração Eletrônica: Estúdio Castellani

Revisão Gráfica: Irênio Silveira Chaves

Coordenação Acadêmica: Thereza Nahas e Márcia Conceição Alves Dinamarco

Elsevier Editora Ltda.
A Qualidade da Informação.
Rua Sete de Setembro, 111 – 16º andar
20050-006 Rio de Janeiro RJ Brasil
Telefone: (21) 3970-9300 FAX: (21) 2507-1991
E-mail: *info@elsevier.com.br*
Escritório São Paulo:
Rua Quintana, 753-8º andar
04569-011 Brooklin São Paulo SP
Tel.: (11) 5105-8555

ISBN 978-85-352-2394-1

Nota: Muito zelo e técnica foram empregados na edição desta obra. No entanto, podem ocorrer erros de digitação, impressão ou dúvida conceitual. Em qualquer das hipóteses, solicitamos a comunicação à nossa Central de Atendimento, para que possamos esclarecer ou encaminhar a questão.

Nem a editora nem o autor assumem qualquer responsabilidade por eventuais danos ou perdas a pessoas ou bens, originados do uso desta publicação.

Central de Atendimento
Tel.: 0800-265340
Rua Sete de Setembro, 111, 16º andar – Centro – Rio de Janeiro
E-mail: info@elsevier.com.br
Site: www.campus.com.br

Dados Internacionais de Catalogação na Publicação (CIP)
(Câmara Brasileira do Livro, SP, Brasil)

Rovai, Armando
Direito de empresa / Armando Rovai. – Rio de Janeiro : Elsevier, 2007.
(Ponto a ponto)

Bibliografia.
ISBN 978-85-352-2394-1

1. Direito empresarial 2. Direito empresarial – Brasil I. Título. II. Série.

07-3600. CDU-34:338.93(81)

Índices para catálogo sistemático:
1. Brasil : Direito empresarial : Direito 34:338.93(81)
2. Direito empresarial : Brasil : Direito 34:338.93(81)

Dedicatória

À minha irmã, Jeannine Maria Rovai
(In Memoriam)

Agradecimentos

Agradeço a Deus pela realização deste trabalho e aos meus pais pelo empenho em minha formação.

O Autor

Armando Luiz Rovai

Advogado em São Pauio. Mestre em Direito Econômico pela Universidade Presbiteriana Mackenzie e Doutor em Direito pela Pontifícia Universidade Católica (PUC). Professor de Direito Comercial na graduação e Professor responsável pelo programa de Direito Comercial da pós-graduação *lato sensu* na Universidade Presbiteriana Mackenzie. Professor convidado dos cursos de especialização de Direito Comercial da PUC, COGEAE e FGV. Professor Titular de Direito Comercial e Pesquisador da Universidade Ibirapuera. Foi Presidente da Junta Comercial do Estado de São Paulo (2001 a 2003; 2005 a 2006), Chefe de gabinete da Secretaria da Justiça e Defesa da Cidadania (2004 a 2005), Presidente do Ipem-SP, Instituto de Pesos e Medidas de São Paulo (2003 a 2004), e Superintendente da Casa do Empreendedor. Membro do Tribunal de Ética da OAB/SP – TED I.

A crescente competitividade no mercado profissional e a demanda de um público cada vez mais exigente motivaram a Editora Campus/ Elsevier a conceber a série *Direito Ponto a Ponto.*

O Direito, em essência, desafia para uma trajetória profissional que se inicia em um complexo curso de graduação e segue pelo exame da OAB, a advocacia, a preparação para concursos públicos e, ainda, as constantes alterações legislativas, que mudam sistemas, conceitos e procedimentos.

Os personagens do Direito precisam, portanto, absorver diariamente cada vez mais informações em um curto período de tempo. O desafio é aprender e compreender, pensar e raciocinar, crescer e amadurecer intelectualmente.

A necessidade premente de livros que atinjam o ponto de equilíbrio necessário para obter conhecimento direto sem prejuízo do aprofundamento doutrinário, da interpretação jurisprudencial, da discussão atual de assuntos polêmicos é o fundamento da série *Direito Ponto a Ponto.*

Composta de 26 volumes, alguns divididos em tomos, a série é escrita por autores de intensa atuação profissional e acadêmica, imbuídos do espírito de renovação e do compromisso de manter excelência do conteúdo doutrinário e aprimoramento contínuo das novas edições. Os autores são advogados, juízes, promotores, especialistas, mestres, doutores e professores, todos comprometidos com o ensino jurídico.

Pontos polêmicos e de interesses profissionais, pontos de concursos e pontos de graduação são tratados em cada um dos volumes. É o Direito *ponto a ponto* que oferecemos a nossos leitores.

Editora Campus/Elsevier

I n t r o d u ç ã o

O presente trabalho está dividido em 6 capítulos que sumariamente abordam os principais elementos do Direito de Empresa, segundo o enfoque do Código Civil de 2002.

Não se trata de um manual, nem tampouco de um curso sobre Direito Comercial, mas sim, de um livro elucidador dos principais pontos polêmicos e usuais da aplicação empresarial.

Conforme se depreende do teor do livro, verificaremos os fatores econômicos e globalizantes incidindo na esfera empresarial pátria.

Não é à toa que o binômio "Economia e Direito" será a todo instante mencionado.

Urge, neste sentido, sistematizar a divisão pretendida, inserindo no capítulo inicial o Direito de Empresa, nos moldes apresentados pelo Código Civil. Buscou-se, neste item, acessar o desenvolvimento interpretativo do próprio Código, bem como indicar as respectivas aplicabilidades societárias.

No capítulo seguinte, inseriu-se os procedimentos mais usuais no direito societário, em especial na inscrição, caracterização do empresário individual, da sociedade limitada e da sociedade anônima.

No capítulo 3, consignou-se sobre os contratos mercantis em geral, dando-se ênfase aos contratos que maior incidência produzem no dia-a-dia empresarial.

É bem verdade que neste capítulo se dá destaque à coexistência do Direito e Economia, sendo relevante demonstrar a preponderância da segunda num mundo globalizado e mercantil.

Essa análise deu oportunidade, assim, que se viesse com uma reflexão jurídica de outro expediente bastante relevante, tanto na seara societária, quanto na sistematização das operações mercantis. Tratou-se, portanto, da *Joint Venture*, não na condição de ligação societária, mas de um procedimento de parceria institucional e aceita em todo o mundo e gerardor de negócios.

No capítulo 5, seguindo as tradições comercialistas brasileiras, apontou-se um arrazoado sobre os títulos de créditos, todavia, mantendo, tão-somente, os conceitos trazidos pelo Código de 2002.

No capítulo 6 abordou-se a Lei de Falência, Recuperação Judicial e Extrajudicial, sob o aspecto dogmático que se espera de uma legislação nova e com chances de muitas modificações, sejam elas oriundas da jurisprudência, da doutrina ou da própria Lei.

Desta forma, indica-se que este livro não teria sido possível sem a existência das seguintes pessoas: Dra. Maria Eugênia Finkelstein, esposa de meu querido orientador do doutorado Dr. Cláudio Finkelstein, a qual me apresentou à sempre gentil, porém rigorosa, editora responsável, Dra. Marisa Harms; os ilustres professores Fábio Ulhoa Coelho, Modesto Carvalhosa, Amador Paes de Almeida e Aclibes Burgarelli, responsáveis diretos pela aquisição de meus conhecimentos, aqui, singelamente expostos; o professor Gianpaolo Smanio, meu orientador no mestrado, pelo constante incentivo na vida acadêmica, e, finalmente, pelo auxílio de minhas colaboradoras Rafaela Oliveira e Cristhiane Correa.

Sumário

Capítulo 1
Direito de Empresa – Inovações do Código Civil de 2002 no Direito Societário

1.1. DO DIREITO DE EMPRESA

As regras do atual Direito Empresarial brasileiro são contempladas pelo Código Civil, aprovado pela Lei nº 10.406, de 10 de janeiro de 2002, no Livro II da Parte Especial, do art. 966 até o art. 1.195. A definição dos tipos societários que se enquadram sob a forma de sociedades empresárias e podem ter registro na Junta Comercial – órgão responsável pela execução do Registro Empresarial, conforme a Lei nº 8.934/1994 – encontra-se, especificamente, do art. 1.039 ao art. 1.092.

Essa legislação passou a vigorar após o período de *vacatio legis* e revogou a Lei nº 3.071, de 1º de janeiro de 1916, o antigo Código Civil brasileiro, bem como a Primeira Parte do Código Comercial, Lei nº 556, de 25 de julho de 1850. Apenas a Segunda Parte do Código Comercial, que trata do Comércio Marítimo, permanece vigente.

Portanto, para os órgãos incumbidos da execução do Registro Público Mercantil, a partir desta data, a aplicação correta do novo Código tornou-se uma necessidade latente, ainda que, aos operadores do direito, seja possível lucubrar sobre o tema, tecendo conjecturas e meditações a respeito desse diploma legal – o que temos visto em alguns trabalhos que vêm sendo escritos a esse respeito.

O que de fato não se pode negar é que o Direito de Empresa ganhou uma nova roupagem, do ponto de vista organizacional, com o Código Civil de 2002. Ele foi dividido em Títulos e Capítulos, que contemplam desde o empresário (individualmente) até as sociedades, o que veremos adiante.

1.2. DO EMPRESÁRIO

O empresário passou a ser caracterizado como aquele que exerce uma atividade econômica organizada profissionalmente – destinada à produção ou circulação de bens e/ou serviços. No mesmo Título em que faz essa descrição, o Código Civil indica quais são os requisitos que permitem a capacitação do empresário para o exercício da atividade econômica que ele escolheu.

Diga-se de passagem que a figura do empresário, tecnicamente tratado como empresário individual, trata-se do antigo titular da firma individual, não se confundindo com a figura do "empresário" usualmente veiculado pelos meios de comunicação. Ou seja, a figura do empresário, via de regra, é associada erroneamente à figura do investidor ou do empreendedor – o que é um engano. Segundo o atual Direito Empresarial brasileiro, o empresário é, sim, o indivíduo sozinho que desenvolve uma atividade econômica, na maioria das vezes na condição de microempresário ou empresário de pequeno porte (ME ou EPP).[1]

A grande inovação está no art. 977 desse capítulo, no qual o novo Código *faculta aos cônjuges contratar sociedade*, entre si ou com terceiros, desde que não tenham se casado no regime de comunhão universal de bens ou no de separação obrigatória. É a primeira vez no Direito de Empresa que se invoca a contratação de sociedades, e isso em um capítulo destinado à capacitação do empresário. A contratação de sociedades é tema que vai se desenvolver nos capítulos seguintes ao art. 977.

1.3. DAS SOCIEDADES

A análise de como elas são constituídas tem início, no Código Civil de 2002, com uma menção às pessoas que celebram contrato de sociedade e que reciprocamente se obrigam a contribuir, com bens ou serviços, para o exercício de atividade econômica e a partilha, entre si, dos resultados.

E elas são agrupadas em "não personificadas" – que são as Sociedades em Comum e as Sociedades em Conta de Participação, ou seja, aquelas em que a pessoa dos sócios ainda não se distingue da personalidade da sociedade, por não terem seus atos constitutivos devidamente arquivados no registro competente – e "personificadas" – cuja definição será analisada adiante.

1.3.1. Sociedades em Comum

No que toca às Sociedades em Comum, sucedâneas da antiga sociedade de fato, vale esclarecer que, enquanto não inscritos os seus atos constitutivos, suas regras serão as dispostas no capítulo próprio, observadas, subsidiariamente e no que com ele forem compatíveis, as normas da Sociedade Simples.

Nesse tipo societário não personificado, os sócios, nas relações entre si ou com terceiros, somente por escrito podem provar a existência da sociedade, mas os ter-

1 ME – Microempresa ou EPP – Empresa de Pequeno Porte. Regime tributário que concede benefícios fiscais àqueles que assim se enquadram, desde que perfaçam as condições legais.

ceiros podem prová-la de qualquer modo, sendo que os bens e dívidas sociais constituem patrimônio especial do qual os sócios são titulares em comum. Ademais, todos os sócios respondem solidária e ilimitadamente pelas obrigações sociais.

1.3.2. Sociedades em Conta de Participação

No mesmo diapasão, o Código Civil de 2002 manteve, nos arts. 991 a 996, o tipo societário para as Sociedades em Conta de Participação, que se caracterizam por um sócio ostensivo e um sócio participante (antes denominado oculto).

E inovou com a possibilidade de os sócios registrarem em cartório o instrumento contratual entre eles celebrado. É importante ressaltar que essa prática já era comum antes de o Código Civil de 2002 entrar em vigor, mas não havia uma previsão legal expressa a esse respeito. Contudo, o registro em cartório ainda não confere personalidade jurídica à sociedade.

Na Sociedade em Conta de Participação, a atividade constitutiva do objeto social é exercida unicamente pelo sócio ostensivo, em seu nome individual e sob sua própria e exclusiva responsabilidade, participando os demais dos resultados correspondentes. Obriga-se perante terceiro tão-somente o sócio ostensivo; e, exclusivamente perante este, o sócio participante, nos termos do contrato social.

Também na sociedade em conta de participação aplica-se, subsidiariamente e no que com ela for compatível, o disposto para a Sociedade Simples.

De acordo com o art. 985 do Código Civil, a sociedade só adquire personalidade jurídica com a inscrição, no registro próprio e na forma da lei, dos seus atos constitutivos (arts. 45 e 1.150). Ricardo Fiúza afirma, sobre a aquisição da personalidade jurídica das empresas, que:

> a aquisição de personalidade jurídica pela sociedade, simples ou empresária, depende da inscrição de seu ato constitutivo no registro próprio. No caso da sociedade simples, no Registro Civil das pessoas jurídicas. No caso da sociedade simples, no Registro Civil das pessoas jurídicas. No caso das sociedades empresárias, no Registro Publico de Empresas Mercantis (Fiúza, 2004, p. 908).

1.3.3. Das Sociedades Simples

Vemos, portanto, que o Código Civil de 2002 inovou em relação às sociedades personificadas ao criar uma espécie societária denominada "Simples". Esse tipo societário caracteriza-se por tratar *de todas as sociedades que não exerçam atividades empresárias* (atividade econômica organizada profissionalmente para produção ou circulação de bens e serviços) ou cujo objeto consista no exercício de profissão intelectual, de natureza científica, literária ou artística.

Saliente-se que a espécie Sociedade Simples não corresponde exatamente às antigas *Sociedades Civis* (S/C). No âmbito do Código Civil de 2002, um prestador de serviços, organizado economicamente sob forma empresarial, teria de se estabelecer conforme as regras de um dos tipos societários aplicáveis às Sociedades Empresárias.

A espécie societária denominada "Simples" constitui-se mediante contrato escrito, particular ou público, que, além de cláusulas estipuladas pelas partes, mencionará: nome, nacionalidade, estado civil, profissão e residência dos sócios, se pessoas naturais, e a firma ou a denominação, nacionalidade e sede dos sócios, se pessoas jurídicas; denominação, objeto, sede e prazo da sociedade; capital da sociedade, expresso em moeda corrente, podendo compreender qualquer espécie de bens, suscetíveis de avaliação pecuniária; a quota de cada sócio no capital social, e o modo de realizá-la; as prestações a que se obriga o sócio, cuja contribuição consista em serviços; as pessoas naturais incumbidas da administração da sociedade, e seus poderes e atribuições; participação de cada sócio nos lucros e nas perdas; e se os sócios respondem, ou não, subsidiariamente, pelas obrigações sociais.

Importante, portanto, que nessa espécie de sociedade, os sócios podem responder subsidiariamente, ou não, pelas obrigações sociais (art. 997, inciso VIII). E a denominação nas Sociedades Simples equipara-se ao nome empresarial para efeitos de proteção (art. 1.155, parágrafo único).

Na mesma linha de entendimento, o art. 997 também prevê que as matérias nele contidas – a alteração da denominação social, endereço, capital, ou a **indicação das pessoas naturais incumbidas da administração da sociedade** ou dos poderes e atribuições a elas conferidas etc. – precisam da concordância de todos os sócios para que suas modificações no contrato social sejam efetivadas.

Destaca-se que, enquanto a Sociedade Empresária vincula seus assentamentos inscricionais e demais registros ao Registro Público de Empresas Mercantis, a cargo das Juntas Comerciais, a **Sociedade Simples vincula-se ao Registro Civil de Pessoas Jurídicas**.

Segundo o art. 1.150 do Código Civil de 2002, o empresário e a sociedade empresária vinculam-se ao Registro Público de Empresas Mercantis a cargo das Juntas Comerciais, e a Sociedade Simples ao Registro Civil das Pessoas Jurídicas, o qual deverá obedecer às normas fixadas para aquele registro, se a Sociedade Simples adotar um dos tipos de sociedade empresária. O Enunciado nº 69, aprovado na Jornada de Direito Civil, promovida pelo Centro de Estudos Judiciários do Conselho da Justiça Federal, estabelece que as cooperativas são sociedades simples sujeitas a inscrição nas juntas comerciais. No mesmo sentido, o projeto de

Lei nº 7.160/2002 altera o art. 1.150 para esclarecer que as cooperativas estão sujeitas a inscrição nas juntas comerciais.

Desde que não haja estipulação em contrário, a contribuição de serviços é permitida na Sociedade Simples, a não ser que o sócio prestador de serviços se empregue em atividade estranha à sociedade. Nesse caso, ele pode ser privado de seus lucros e excluído da sociedade.

A responsabilidade dos sócios na Sociedade Simples é ilimitada, mesmo que entendida como subsidiária, pois o art. 1.023 do Código Civil dispõe que, caso os bens da Sociedade Simples não sejam suficientes para cobrir as dívidas por ela contraídas, os sócios responderão pelo saldo na proporção em que participarem das perdas sociais, salvo estipulação expressa de solidariedade.

> *Art. 1.023. Se os bens da sociedade não lhe cobrirem as dívidas, respondem os sócios pelo saldo, na proporção em que participem das perdas sociais, salvo cláusula de responsabilidade solidária.*

Significa que, caso o patrimônio da sociedade não suporte o pagamento de eventuais dívidas junto aos seus credores, os bens dos sócios serão penhorados em processo de execução, até a totalização dos montantes contraídos. Contudo, é de bom tom evidenciar que os bens particulares dos sócios só podem ser atingidos depois de realizada a execução de todos os bens da sociedade, conforme também se depreende do art. 1.024 do Código Civil.

> *Art. 1.024. Os bens particulares dos sócios não podem ser executados por dívidas da sociedade, senão depois de executados os bens sociais.*

Para retirada do sócio na Sociedade Simples, o Código Civil de 2002 prevê que, para aquele que faz a cessão de suas quotas, em razão de suas antigas obrigações societárias, a responsabilidade é solidária com aquele que as adquire, durante o prazo de dois anos. Ressalte-se, porém, que para a entrada e saída de sócios, para a cessão total ou parcial de quotas, é preciso que haja a aprovação **unânime** em deliberação social – característica da Sociedade Simples.

1.3.3.1. Da Administração nas Sociedades Simples

Quando, por lei ou pelo contrato social, competir aos sócios decidir sobre os negócios da sociedade, as deliberações serão tomadas por maioria de votos, contados segundo o valor das quotas de cada um. Para formação da maioria absoluta, são necessários votos correspondentes a mais de metade do capital.

Todavia, a administração da sociedade, nada dispondo o contrato social, competirá separadamente a cada um dos sócios, podendo cada um administrar a sociedade e ter poder para impugnar decisão pretendida pelo outro. Quando isso acontece, a questão é levada para deliberação social e será decidida pela maioria dos sócios, conforme se consignou anteriormente.

O administrador da sociedade deverá ter, no exercício de suas funções, o cuidado e a diligência que todo homem ativo e probo costuma empregar na administração de seus próprios negócios. Cumpre salientar que a intenção do legislador foi trazer o mesmo conceito e tratamento dado ao administrador de Sociedades Anônimas, conforme se verifica no art. 153 da Lei nº 6.404/1976.

> ***Art. 153 da Lei 6.404/1976*** *– O administrador da companhia deve empregar, no exercício de suas funções, o cuidado e a diligência que todo homem ativo e probo costuma empregar na administração dos seus próprios negócios.*

Neste diapasão, não podem ser administradores, além das pessoas impedidas por lei especial, os condenados, enquanto perdurarem os efeitos da condenação, a pena que vede, ainda que temporariamente, o acesso a cargos públicos; ou por crime falimentar, de prevaricação, peita ou suborno, concussão, peculato; ou contra a economia popular, contra o sistema financeiro nacional, contra as normas de defesa da concorrência, contra as relações de consumo, a fé pública ou a propriedade.

Aplicam-se à atividade dos administradores, no que couber, as disposições concernentes ao mandato.

Nesse campo de análise, é possível listar três situações específicas a respeito da responsabilidade do administrador: 1) quando estiver ciente (ou apresentar condições para estar) de que sua atuação está em desacordo com a da maioria dos sócios, ele responderá por perdas e danos perante a sociedade; 2) o administrador será responsabilizado pelo seu ato se possuir interesse contrário ao da sociedade e, ainda assim, tomar parte na deliberação; 3) os administradores são obrigados, sob pena de responsabilização, a prestar contas justificadas de sua administração e apresentar o inventário anual – juntamente com o balanço patrimonial e o balanço de resultado econômico – aos sócios.

As deliberações mais comuns em uma sociedade só poderão ser alteradas se houver unanimidade de votos – isso é o que prevê o art. 997 do Código Civil acerca da modificação do contrato social –, sendo que a unanimidade de votos é uma das características marcantes da Sociedade Simples, como foi dito anteriormente. Denominação, objeto, sede, prazo, capital, administração, participação dos sócios nos lucros e nas perdas e responsabilidade subsidiária dos sócios pelas obrigações sociais, ou seja, todas as deliberações relevantes para a sociedade necessitam de unanimidade de votos. Outros temas podem ser deliberados por maioria absoluta, se o contrato não determinar a necessidade de deliberação unânime.

Os votos são contados de acordo com a quantidade de quotas de cada sócio. Em caso de empate, prevalece a decisão aprovada pelo maior número de sócios e, se ainda assim persistir o empate, a decisão deve ser tomada por um juiz.

Para finalizar a análise referente à Sociedade Simples, é importante evidenciar que o Código Civil de 2002 equipara o nome empresarial à denominação da Sociedade Simples, mas não menciona o modo de formação da denominação da Sociedade Simples que a identifique no mercado, sendo oportuno consignar que a Sociedade Simples pode constituir-se em conformidade com um dos tipos regulados nos arts. 1.039 a 1.092; e, não o fazendo, subordina-se às normas que lhe são próprias.

Art. 983. A Sociedade Empresária deve constituir-se segundo um dos tipos regulados nos arts. 1.039 a 1.092; a Sociedade Simples pode constituir-se de conformidade com um desses tipos, e, não o fazendo, subordina-se às normas que lhe são próprias.

Parágrafo único. Ressalvam-se as disposições concernentes à sociedade em conta de participação e à cooperativa, bem como as constantes de leis especiais que, para o exercício de certas atividades, imponham a constituição da sociedade segundo determinado tipo.

1.4. DAS SOCIEDADES EMPRESÁRIAS

As Sociedades Empresárias, por sua vez, englobam o gênero de sociedades que se vinculam ao Registro Público de Empresas Mercantis (que está a cargo das Juntas Comerciais), conforme dispõe o art. 1.150 do Código Civil, e podem adotar os seguintes tipos: 1) Sociedades em Nome Coletivo; 2) Sociedades em Comandita Simples; 3) Sociedades Limitadas; 4) Sociedades Anônimas; 5) Sociedades em Comandita por Ações; 6) Sociedades Cooperativas; 7) Sociedades Coligadas. O modo de organização de cada uma delas também é regido de acordo com as regras aplicáveis, contidas no Código Civil de 2002. Vejamos.

1.4.1. Das Sociedades em Nome Coletivo (arts. 1.039 a 1.044 do CC)

São caracterizadas pela responsabilidade ilimitada dos sócios e operam, em geral, sob uma firma social: nome de um ou mais sócios seguido da expressão "& Companhia".

Nessa espécie de sociedade, apenas as pessoas físicas podem ser sócias (art. 1.039, CC); os sócios podem limitar, entre si, a responsabilidade de cada um (sem prejuízo da responsabilidade da empresa perante terceiros); a administração da sociedade cabe apenas aos sócios (art. 1.042, CC), e o credor particular de um sócio não pode, antes de a sociedade ser dissolvida, pretender a liquidação da quota do devedor (art. 1.043, *caput*).

A Sociedade em Nome Coletivo se rege pelas normas insertas no seu respectivo capítulo e, no que seja omisso, pelas normas atinentes à Sociedade Simples.

A administração da sociedade compete exclusivamente a sócios, sendo o uso da firma, nos limites do contrato, privativo dos que tenham os necessários poderes.

1.4.2. Das Sociedades em Comandita Simples (arts. 1.045 a 1.051 do CC)[2]

Na Sociedade em Comandita Simples, tomam parte sócios de duas categorias: os comanditados, pessoas físicas, responsáveis solidária e ilimitadamente pelas obrigações sociais; e os comanditários, obrigados somente pelo valor de sua quota. O contrato deve discriminar os comanditados e os comanditários.

Sem prejuízo da faculdade de participar das deliberações da sociedade e de lhe fiscalizar as operações, não pode o comanditário praticar qualquer ato de gestão, nem ter o nome na firma social, sob pena de ficar sujeito às responsabilidades de sócio comanditado. Pode o comanditário ser constituído procurador da sociedade, para negócio determinado e com poderes especiais.

Somente após averbada a modificação do contrato, produz efeito, quanto a terceiros, a diminuição da quota do comanditário, em conseqüência de ter sido reduzido o capital social, sempre sem prejuízo dos credores preexistentes.

2 Manifestação da Procuradoria da JUCESP. Protocolado nº 311.450/03-9. Assunto: Constituição de Sociedade em Comandita Simples – Proposta de elaboração de exigência – Contrato social deve atender aos dispositivos do novo Código Civil – Art. 1045 e seguintes e art. 997 e incisos do NCC. PARECER CJ/JUCESP Nº 113/2003. 1.Vistos. 2.Trata o presente protocolado de pedido de arquivamento de contrato de constituição de sociedade em comandita simples, tendo o Sr. Assessor Técnico remetido a matéria a esta Procuradoria, para análise e manifestação. 3.Com efeito. A sociedade em comandita simples é uma sociedade de pessoas e de natureza contratual e vem disciplinada no art. 1.045 e seguintes do novo Código Civil. É composta de sócios de duas categorias: os comanditados, necessariamente pessoas físicas com responsabilidade solidária e ilimitada pelas obrigações sociais, e os comanditários, pessoa física ou jurídica com responsabilidade limitada ao valor de sua quota, devendo o contrato social discriminar os comanditados e os comanditários. 4.Estabelece o art. 1.046 do novel Código Civil que à sociedade em comandita simples aplicam-se as normas da sociedade em nome coletivo, no que forem compatíveis com o capítulo que rege aquele tipo societário. Outrossim, reza o art. 1.041 que o contrato deve mencionar, além das indicações referidas no art. 997, também a firma social (regra essa que vale para os dois tipos societários, vez que as normas da sociedade simples aplicam-se subsidiariamente – art. 1.040). 5.Como é cediço, todo ato, documento ou instrumento apresentado a arquivamento será objeto de exame do cumprimento das formalidades legais pela Junta Comercial, de acordo com o que estabelece o art. 40 da Lei 8.934/94. Observa-se, por oportuno, que o novo Código Civil estabeleceu, em seu art. 1.153, que cumpre à autoridade competente (no caso, a Junta Comercial), antes de efetivar o registro, verificar a autenticidade e a legitimidade do signatário do requerimento, bem como fiscalizar a observância das prescrições legais concernentes ao ato ou aos documentos apresentados. 6.**Comandita** é vocabulário que se deriva do italiano *acommandita*, que significa *depósito, guarda*. Na terminologia comercial, possui em verdade, significação mais ou menos análoga, desde que a *comandita*, como capital de um sócio, que nada tem a ver com a administração e gerência da sociedade, mais se apresenta como *empréstimo de*

Mantêm o comanditado (pessoa física) responsabilidade solidária e ilimitada e o comanditário (pessoa física ou jurídica) responsabilidade limitada ao valor da respectiva quota. Os arts. 1.045 a 1.051 do Código Civil de 2002 fizeram pequenas alterações na legislação referente às Sociedades em Comandita Simples, o que é possível verificar se compararmos a Lei de 2002 com os arts. 311 a 314 do Código Comercial.

Interessante é que, nessa espécie de sociedade empresária, em caso de falecimento do comanditário, a sociedade continuará com seus sucessores, salvo quando houver disposição em contrário no contrato, sendo aplicadas às Sociedades em Comandita Simples, de forma subsidiária, as mesmas normas das Sociedades em Nome Coletivo (art. 1.046, CC).

1.4.3. Das Sociedades Limitadas

O Código Civil trouxe regras específicas e complexas para as sociedades limitadas. Antes de 2002, vigia o Decreto nº 3.708/1919, cujo teor era bem amplo e um tanto vago, e, por isso mesmo, permitia que a doutrina e a jurisprudência consolidassem entendimentos sobre pontos específicos, pacificando questões originalmente controversas.

capitais, assim, confiados à sociedade formada. Desse modo, é empregado para designar: a) As sociedades comerciais que se constituem pela composição de um capital, parte formada pelas cotas dos sócios solidários e parte formada pela cota de outra espécie de sócios (chamados *comanditários*), cuja responsabilidade social se limita a essa mesma cota. b) E designa a própria cota do sócio, com que se obrigou o sócio comanditário, para a formação do capital social (De Plácido e Silva, Vocabulário Jurídico, pág. 180, Editora Forente, 1999). 7.Dessa forma, à vista do que dispõe o parágrafo único de referido art. 1.153 do NCC, entende esta Procuradoria que deverá ser exarada exigência à interessada para que esta sane as irregularidades encontradas na análise do documento, obedecendo às formalidades legais, para que: a) fique claro tratar-se de um contrato de constituição de sociedade em comandita simples e não de firma (firma é nome empresarial que a designa), portanto o título dado ao contrato deve ser corrigido; b) conste expressamente do contrato a indicação do sócio comanditado e do sócio comanditário e suas responsabilidades (art. 1.045, parágrafo único, do NCC); c) cláusula quinta – redação incorreta, pois o sócio comanditário somente se obriga pelo valor da quota; d) cláusula quarta – falta o prazo de integralização do saldo pelo sócio comanditário; e) o sócio comanditado também deve integralizar sua quota no capital social com bens ou dinheiro (o sócio comanditado não pode contribuir apenas com serviços, pois o sócio comanditado tem responsabilidade ilimitada, ou seja, se obriga além dos fundos com os quais entrou ou se obrigou a entrar na sociedade). A sociedade em comandita simples não substitui a sociedade de capital e indústria, na qual um sócio podia contribuir apenas com prestação de serviços. Atualmente, há essa possibilidade apenas na sociedade simples. f) o contrato deve mencionar que ao sócio comanditado incumbe a administração da sociedade, bem como seus poderes e atribuições (art. 1.046 c/c arts. 1.040, 1.041 e art. 997, inciso VI, do NCC); g) a cláusula 9ª deverá atender ao disposto no art. 997, inciso VII, vez que é nula a estipulação contratual que exclua qualquer sócio de participar dos lucros e das perdas (art. 1.008 do NCC). 8.Com estas observações, propomos o retorno do presente ao Sr. Assessor Técnico, para elaboração de exigência à interessada nos termos do item retro. (SP 18/06/2003; Procuradoria da JUCESP: Rosa Maria Garcia Barros e Vera Lucia La Pastina, Procuradora do Estado).

Não é de se admirar que algumas disposições do Código Civil atual contrariam entendimentos da doutrina e da jurisprudência existentes sobre a matéria, impedindo a aplicação de regras já consagradas.

Inicialmente, cabe trazer à baila a questão da responsabilidade dos sócios,[3,4] que é restrita ao valor de suas quotas, mas todos respondem solidariamente pela integralização do capital social. Todavia, seu entendimento não é tão óbvio como parece, pois, diferentemente das demais espécies de sociedades já mencionadas, a Sociedade Limitada contempla a limitação da responsabilidade, estabelecendo total separação entre o patrimônio da sociedade e o patrimônio dos sócios, desde que devidamente subscrito e integralizado o capital social.

A responsabilidade de cada sócio, na Sociedade Limitada, é restrita ao valor de suas quotas, mas todos respondem solidariamente pela obrigação de integralizar o capital social – conceito equivalente ao do Decreto nº 3.708/1919, com a única diferença de que o Código Civil não exige a menção, no contrato social, da limitação de responsabilidade, como estabelecia o art. 2º, *in fine*, do referido decreto.

Isso quer dizer que o patrimônio pessoal dos sócios não pode ser alcançado em função de dívidas contraídas no desencadear das atividades negociais da sociedade. Existe uma verdadeira e evidente limitação da responsabilidade dos

3 Responsabilidade Pessoal do Sócio – Limites. Tributário – Embargos à Execução Fiscal – Responsabilidade pessoal do sócio gerente – Ausência de comprovação de má-fé e abuso de poderes. 1- A responsabilidade pessoal do sócio, gerente ou administrador é subjetiva, devendo a Fazenda Nacional provar que este agiu com má-fé, excesso de mandato ou infringiu a lei, para que seus bens respondam pelo debito. 2- Apelação provida. (TRF– 1ª Região – 8ª T.; ACi nº 1998.38.01.006273-9-MG; Rel. Des. Federal Convocado Roberto Veloso; j. 11/12/2006; v.u.). (Boletim AASP)

4 Manifestação da Procuradoria da JUCESP. Protocolado nº 162.926/03-0. Assunto: Instrumento de alteração contratual – Cláusula que disciplina a responsabilidade dos sócios obscura – Proposta de formulação de exigência – Nova redação da cláusula, nos termos do art. 1052, do novo Código Civil. Parecer CJ/JUCESP nº 12/2003. 1.Vistos. 2.Trata-se de instrumento de 2ª alteração contratual da sociedade (...), através do qual é modificado o seu quadro societário. 3. O presente protocolado foi encaminhado à esta Procuradoria face à solicitação da i. Assessoria Técnica para que este órgão jurídico se manifestasse quanto à redação dada à cláusula da responsabilidade dos sócios, perante o capital social (art. 1.052, do Código Civil). 4.É o breve relatório. Opinamos. 5.A cláusula 2ª, § 1º, do instrumento em comento, está redigida da seguinte forma: "nos termos do Art. 1.052 da Lei 10.406 de 10/01/2002, a responsabilidade dos sócios é limitada ao montante do Capital Social;". 6.A responsabilidade dos sócios na sociedade limitada está disciplinada no art. 1.052, da Lei 10.406/02, "in termis": "**Art. 1.052.** Na sociedade limitada, a responsabilidade de cada sócio é restrita ao valor de suas quotas, mas todos respondem solidariamente pela integralização do capital social." 7. À vista de mencionado dispositivo legal, verifica-se que a responsabilidade dos sócios é solidária quanto à integralização do capital social e limitada ao montante do capital subscrito. 8. Sendo assim, considerando que a cláusula que disciplina a responsabilidade dos sócios (item 5.) está obscura, opinamos pela formulação de exigência, para que a interessada redija referida cláusula claramente, conforme disposto nos itens 6. e 7. (SP 08/04/2003; Procuradoria da JUCESP: Rosa Maria Garcia Barros, Procuradora do Estado no exercício da Chefia)

sócios, respondendo cada um pela parcela do capital que integralizar. Tal expediente se assemelha à responsabilidade dos acionistas na Sociedade Anônima.

As Sociedades Limitadas são regidas pelas normas da Sociedade Simples, nas situações em que for omisso o capítulo destinado às Sociedades Limitadas, mas o contrato social da empresa pode prever a regência supletiva da Sociedade Limitada pelas normas das Sociedades Anônimas.

> *Art. 1.053. A Sociedade Limitada rege-se, nas omissões deste capítulo, pelas normas da sociedade simples.*
>
> *Parágrafo único. O contrato social poderá prever a regência supletiva da Sociedade Limitada pelas normas da sociedade anônima.*

Aliás, na comunidade jurídica, este é um ponto de muitas controvérsias. A antiga legislação contemplava a possibilidade de utilização subsidiária das normas da Sociedade Anônima, toda vez que houvesse dúvidas, laconismo ou omissão para aplicação das normas das Sociedades por Quotas de Responsabilidade Limitada.

Agora, com a redação trazida pelo Código Civil, as normas da Sociedade Anônima só podem ser aplicadas à Sociedade Limitada na ausência de normas específicas nas disposições existentes sobre estas, e depois de destrinchadas todas as formas de aplicação das normas da Sociedade Simples, que funcionam como **regra geral** para os assuntos societários.

Tem sido objeto de análise a composição do *caput* e do parágrafo único do art. 1.053, tendo em vista que, ao mesmo tempo em que o primeiro dá conta da aplicação da **regra geral**, o segundo indica a utilização suplética das normas da Sociedade Anônima.

Ora, se a aplicação das normas da Sociedade Anônima são previstas supletivamente, entende-se que sua utilização só vai se dar se não houver norma específica no próprio capítulo destinado à Sociedade Limitada ou no capítulo destinado à Sociedade Simples, que, como se viu, é a **regra geral** do Direito de Empresa.

Ainda, sem muito esforço, é simples a análise da expressão "supletiva" do artigo em comento, dada à regência da Sociedade Anônima. Segundo nosso vernáculo, supletivo vem próprio para "suprir". E, suprir, significa fornecer o que é preciso para eliminar, neutralizar ou preencher (falta, falha, lacuna, necessidade etc.) (Ferreira, 2005).

Está claro, portanto, que a aplicação das normas das Sociedades Anônimas só se daria na falta de outra norma. O que, não é o caso, visto que as normas atinentes às Sociedades Simples abarcam quase todo o expediente societário.

As normas dispostas sobre Sociedade Anônima continuam sendo preferidas pela comunidade advocatícia por causa da segurança jurídica que suas operacionalizações ocasionam. É certo que na aplicação das referidas regras da Sociedade Anônima, em virtude do tempo de sua vigência, se encontram uma vasta doutrina e jurisprudência, ambas abalizadas e garantidoras de uma relação societária estável.

Contudo, entendemos que as normas da Sociedade Anônima somente poderiam ser utilizadas na Sociedade Limitada da seguinte maneira: i) fosse exaurida a aplicação das normas destinadas ao próprio Capítulo de Sociedade Limitada; ii) fosse exaurida a possibilidade de aplicação das normas da Sociedade Simples; iii) se houver previsão contratual e, após verificada a impossibilidade de aplicação das normas da Sociedade Limitada e da Sociedade Simples, aí sim, utilizar-se-iam as normas próprias da Sociedade Anônima.

Esclarece-se, por oportuno, que a interpretação dada ao art. 1.053 não é a maneira que trará mais segurança jurídica aos contratantes, todavia é o que está consignado na lei. Fica, assim, a proposta de modificação legislativa, a fim de trazer os preceitos jurídicos para nossa realidade econômica e eminentemente negocial.

Nas Sociedades Limitadas, o capital social divide-se em quotas iguais ou desiguais. A contribuição dos sócios no capital social pode ser feita em dinheiro, bens ou créditos. E permanece vedada a contribuição de capital dos sócios com prestação de serviços. Saliente-se que a Sociedade Limitada adota sistemática diversa da Sociedade Simples, que admite a contribuição de sócio que consista em serviços.

Os arts. 1.055 a 1.059 do Código Civil apresentam as regras sobre o capital social e as quotas das Sociedades Limitadas. Especificamente, o art. 1.055 diz que o capital social divide-se em quotas, iguais ou desiguais, e que todos os sócios respondem solidariamente pelo valor estimado dos bens integralizados ao capital social da sociedade, pelo prazo de cinco anos contados da data do registro da sociedade.

O sócio pode ceder sua quota, total ou parcialmente, a quem seja sócio, independentemente de audiência dos outros, ou a estranho, se não houver oposição de titulares de mais de um quarto do capital social.

Em outras palavras, caso o contrato social não preveja uma forma específica para a cessão de quotas, ela pode ocorrer de duas maneiras:

1) O sócio poderá ceder, total ou parcialmente, sua quota para outro sócio da sociedade – nesse caso, a cessão pode ocorrer independentemente da anuência dos demais sócios; a falta de anuência se justifica porque não haverá qualquer modificação entre os membros da sociedade que acarrete prejuízos ou insatisfações entre os demais.

2) A cessão pode ocorrer do sócio para um terceiro, estranho à sociedade. Essa cessão só ocorrerá se não houver oposição de sócios representando mais de um quarto do capital social.

Efetivada a cessão de quotas, a responsabilidade do cedente não deixará de existir. De fato, o cedente permanece responsável pelas suas obrigações como sócio, em regime solidário com o cessionário, pelo prazo de dois anos, a contar da averbação da modificação do contrato.

Cumpre esclarecer que o art. 1.058 dá conta de que, se não for integralizada a quota de sócio remisso, os outros sócios podem tomá-la para si ou transferi-la a terceiros, excluindo o primitivo titular e devolvendo-lhe o que foi pago, deduzidos os juros de mora e as prestações estabelecidas no contrato mais as despesas.

Ademais, os sócios serão obrigados à reposição dos lucros e das quantias retiradas, a qualquer título, ainda que autorizados pelo contrato, quando tais lucros ou quantias se distribuírem com prejuízo do capital.

As inovações mais relevantes trazidas pelos arts. 1.055 a 1.059 do Código Civil são: os sócios respondem, solidariamente, pela exata estimação de bens conferidos ao capital social, até o prazo de cinco anos da data do registro da sociedade; é proibida a contribuição que consista em prestação de serviços; caso o contrato social seja omisso, o sócio poderá ceder a totalidade ou parte de sua quota a outro sócio, independentemente de anuência dos demais sócios, e/ou a terceiros, se não houver oposição de sócios representando mais de um quarto do capital social; a cessão somente terá eficácia para a sociedade e para terceiros a partir da averbação da alteração do contrato social no órgão competente, respondendo o cedente solidariamente como cessionário, por dois anos, perante a sociedade e terceiros, pelas obrigações que tinha como sócio; caso não seja integralizada quota de sócio remisso, os demais sócios podem tomá-la para si ou transferi-la a terceiros, excluindo do primitivo titular e devolvendo-lhe o que houver pago.

1.4.3.1. Da Administração

Os arts. 1.060 a 1.065 do Código Civil disciplinam a administração das Sociedades Limitadas[5] e apresentam as seguintes condições: a possibilidade de a admi-

5 Sociedade – Administração conjunta. Decisão do Tribunal que decidiu por este expediente em relação à holding. Restrição determinada pelo i. magistrado com relação às empresas controladas. Impossibilidade. Recurso provido, com observação (TJSP – 3ª Câm. De Direito Privado; AI nº 439.754-4/1-00-SP; Rel. Des. Caetano Lagrasta; j. 12/12/2006; v.u.). Acórdão. Vistos, relatados e discutidos estes autos de Agravo de Instrumento nº 439.754-4/1-00, da Comarca de São Paulo, em que é agravante L. V. S. P, sendo agravado E.V.: Acordam, em Terceira Câmara de Direito Privado do Tribunal de Justiça do Estado de São Paulo, profe-

nistração das Sociedades Limitadas ser exercida por sócios ou não sócios; a administração atribuída no contrato social a todos os sócios não se estende mais, de forma automática, aos que ingressarem na sociedade posteriormente; para a no-

rir a seguinte decisão: "Deram provimento ao Recurso, com observação, v.u.", de conformidade com o voto do Relator, que integra este acórdão. O julgamento teve a participação dos Desembargadores Antonio Maria e Donegá Morandini. São Paulo, 12 de dezembro de 2006. Caetano Lagrasta, relator. Relatório. Trata-se de Agravo de Instrumento interposto por L. V. S. P. em face de E. V., contra r. decisão de fl. 74, a qual, em Medida Cautelar, deferiu pedido do réu em relação a ordem anterior, que determinou a administração conjunta da sociedade, restringindo em relação às empresas controladas. Sustenta, em síntese, a ineficácia da decisão anterior, caso se mantenha a restrição, isto porque a *holding*, para a qual se determinou a administração conjunta, é a controladora das outras empresas, as quais atuam no mercado. Recurso tempestivo, preparado (fls. 8/10), processado com a Liminar (fl. 153), com interposição de Agravo Regimental (fls. 161/167), não conhecido (fls. 233-234), respondido (fls. 236/243), com pedido de suspensão (fls. 247-248), informações (fls. 254-255), e petição informando a frustração da tentativa de acordo (fl. 297). É o relatório. Voto. O recurso merece ser provido. A restrição determinada pelo i. magistrado, se mantida, tornara ineficaz a decisão anterior de administração conjunta da sociedade, eis que, de nada adiantará a administração conjunta da *holding*, se o sócio agravado continuar no controle das empresas controladas. Nesse sentido, deve-se manter a razão de decidir, conforme constou no Agravo de Instrumento nº 415.148-4/0: "(...) Conforme constou no despacho inicial deste Recurso, 'a gravidade da situação dessume dentre outras da circunstância de pretender o sócio adquirir a parte da autora, inicialmente por dois milhões de dólares americanos e, seis meses depois, por três milhões e duzentos dólares americanos. Esta circunstância é suficiente para deferir-se a pretensão liminar, pois que, evidenciado o interesse do sócio em remanescer, adquirindo as cotas do outro por valor, cuja realidade não pode ser de imediato aferida'. A insatisfação da Agravante em relação à forma como conduzida a administração por parte do sócio e irmão, somada às decisões conflitantes no que se referem a contratação, a demissão e a gerência de funcionários, demonstram a necessidade de comando, sob pena de indefinição das decisões da sociedade, perante funcionários e terceiros. Assim, impõe-se a administração conjunta, conforme pleiteado e deferido liminarmente, eis que a contratação de terceiro para a administração da sociedade traria, por ora, conseqüências danosas para esta." No caso, importante a observação acerca da natureza das *holdings*, conforme artigo publicado por este Relator, em 1985, na *Revista dos Tribunais* (RT 593-289/291), em artigo intitulado "*Holdings* e Consórcios de Investimento", do qual se destaca o seguinte trecho, com referência a John Kenneth Galbraith (*O Colapso da Bolsa, 1929.* 2ª ed., Expressão e Cultura, 1979): "(...) Uma legislação confusa e ainda incipiente e a ausência de número expressivo de julgados-paradigma sobre as atividades das Bolsas, bancos de investimento, *holdings* e conglomerados empresariais e bancários têm conduzido a uma certa instabilidade de conceituação e julgamento, disto aproveitando-se agentes inescrupulosos. Galbraith alerta sobre a motivação da instituição das holdings companies: '(...) Cada uma das novas grandes empresas dominava uma indústria e conseqüentemente exercia um controle relativo sobre preços e produção, e talvez sobre o investimento e o ritmo da inovação tecnológica'. (...) Sendo a *holding* uma 'companhia que controla outras pela aquisição das ações emitidas por elas', acaba por adquirir o controle de companhias produtoras e, numa infinita cadeia, o controle de outras *holdings*, que, por sua vez, também controlavam outras companhias produtoras (...)." Analisando a legislação atual, Fábio Ulhoa Coelho (Curso de Direito Comercial, vol. 2, 7ª ed., São Paulo, Saraiva, 2004, p. 488), assim descreve a empresa controlada: "A sociedade controlada é definida como aquela cujo capital outra sociedade participa com a maioria dos votos nas deliberações dos quotistas ou da assembléia geral e tem o poder de eleger a maioria dos administradores (...)." Isto para afirmar que "a controladora, em decorrência, (...) dirige efetivamente os negócios sociais." Por fim, e tendo em vista a petição de fl. 297, a qual informa a impossibilidade da composição, alerta-se a ambas as partes que, se a querela prolongar-se de forma a prejudicar os interesses da empresa, de credores e de funcionários, necessária será a nomeação de administrador de confiança do juízo, conforme decisão de fl. 233. Ante o exposto, dá-se provimento ao Agravo, com observação. Caetano Lagrata, relator. (Boletim AASP, nº 2517)

meação de administradores não-sócios, passa a ser requerida a aprovação da unanimidade dos sócios enquanto o capital da sociedade não estiver integralizado – após a integralização, é exigida a aprovação de dois terços; o administrador nomeado em ato separado do contrato deve assinar termo de posse no livro de atas da administração, para, então, ser investido no cargo; a renúncia de administrador das limitadas torna-se eficaz em relação à sociedade desde o momento em que esta toma conhecimento da comunicação escrita do renunciante; e, em relação a terceiros, após a averbação da comunicação no registro competente.

A instituição de quorum de deliberação específico para nomeação e destituição dos administradores foi a mudança mais relevante trazida pelo Código Civil de 2002 com relação à administração nas Sociedades Limitadas.

Ressalte-se que o *quorum* de deliberação para designação ou destituição do administrador varia de acordo com a sua qualidade de sócio ou não da sociedade, bem como do instrumento de designação (contrato social ou ato em separado), conforme mencionado anteriormente.

As denominações "administrador" ou "diretor" passaram a ser empregadas para o gerente. E o gerente passou a ser chamado, na nova lei, de preposto permanente no exercício de sua atividade na sede da sociedade, em sucursal, filial ou em agência.

O Código Civil de 2002 tratou da impossibilidade de uma pessoa jurídica exercer a administração da Sociedade Limitada.[6,7,8] Há muito tempo essa questão

6 Manifestação da Procuradoria da JUCESP. Parecer CJ/JUCESP nº 116/2004. Assunto: Requerimento da parte – Renúncia ao cargo de diretor – Necessidade de conhecimento, pela sociedade, da renúncia – art. 688, do novo Código Civil – Proposta de manutenção de exigência. Renúncia de Diretor Ltda. 1.Vistos. 2.Trata-se de requerimento, através do qual o Sr. ... solicita o arquivamento de Carta de Renúncia ao cargo de Diretor da sociedade .... O requerimento está acompanhado de cópia da Carta de Renúncia, cópia autenticada da notificação extrajudicial enviada à sociedade e aos seus sócios e diretores, bem como de certidão negativa, expedida pelo 3º Oficial de Registro de Títulos e Documentos e Civil de Pessoas Jurídicas da Comarca da Capital, que certifica que a sociedade destinatária é desconhecida. 3.O presente requerimento foi encaminhado à esta Procuradoria face à solicitação da 6ª Turma de Vogais para que este órgão jurídico se manifestasse quanto ao pedido de arquivamento. 4.É o breve relatório. Opinamos. 5. Entende esta Procuradoria que a interpretação do art. 1.063, § 3º, do novo Código Civil impõe-se no sentido de que deve ficar evidenciado claramente o conhecimento, pela sociedade, da renúncia do diretor, tendo em vista o que dispõe o art. 688, de referido texto legal. Vejamos: "***Art. 1.063.*** *O exercício do cargo de administrador cessa pela destituição, em qualquer tempo, do titular, ou pelo término do prazo se, fixado no contrato ou em ato separado, não houver recondução. (.....................) §3º. A renúncia de administrador torna-se eficaz, em relação à sociedade, desde o momento em que esta torna conhecimento da comunicação escrita do renunciante; e, em relação a terceiros, após a averbação e publicação". "Art. 688. A renúncia do mandato será comunicada ao mandante, que, se for prejudicado pela sua inoportunidade, ou pela falta de tempo, a fim de prover à substituição do procurador, será indenizado pelo mandatário, salvo se este provar que não podia continuar no mandato sem prejuízo considerável, e que não lhe era dado substabelecer."(g.n.).* 6.À vista dos dispositivos expostos, entendemos cogente a comunicação da sociedade a respeito da renúncia. Dessa forma, opinamos pela notifica-

estava consolidada pelos institutos empresariais, tornando-se um expediente bastante comum e útil para os sistemas societários nacionais e de origem estrangeira. Hoje, somente pessoas naturais é que podem exercer a administração da sociedade (aqui vale colocar em confronto os arts. 997 e 1.054).

Art. 1.054. O contrato mencionará, no que couber, as indicações do art. 997, e, se for o caso, a firma social.

Art. 997. A sociedade constitui-se mediante contrato escrito, particular ou público, que, além de cláusulas estipuladas pelas partes, mencionará:

ção do requerente, sugerindo que a comunicação seja feita por edital. Após tal providência, a comunicação de renúncia ao cargo de diretor estará apta a ser arquivada perante a Junta Comercial. (SP 14/04/2004; Procuradoria da JUCESP: Rosa Maria Garcia Barros, Procuradora do Estado).

7 Destituição de Administrador. Manifestação da Procuradoria da JUCESP. Protocolado nº 677.375/04-9. Deliberação de sócios. Assunto: Instrumento de alteração contratual – Destituição de Administração – Deliberação tomada por sócio representante de mais de 2/3 do capital social – Possibilidade. PARECER CJ/JUCESP nº 390/2004.1.Visto 2.Trata-se de pedido de arquivamento de instrumento de alteração contratual da interessada, através do qual a sócia ..., detentora de mais de 2/3 do capital social, delibera a destituição do sócio ... do cargo de administrador da sociedade. 3.Solicita o i. Julgador singular manifestação desta Procuradoria acerca da legalidade do arquivamento pretendido, tendo em vista a destituição do cargo de administrador. 4.É o relato. Passamos a nos manifestar. 4.1.Dispõe o art. 1.063, § 1º, do Código Civil: "***Art. 1.063.*** *O exercício do cargo de administrador cessa pela destituição, em qualquer tempo, do titular, ou pelo término do prazo se fixado no contrato ou em ato separado, não houver recondução.* ***§1º.*** *Tratando-se de sócio nomeado administrador no contrato, sua destituição somente se opera pela aprovação de titulares de quotas correspondentes, no mínimo a 2/3 (dois terços) do capital social, salvo disposição contratual diversa.* ....". 4.2. À vista do dispositivo acima transcrito, verifica-se que o quorum mínimo de deliberação (2/3), para destituição de sócio, nomeado no contrato, para o cargo de administrador foi obedecido. Porém, não há prova da convocação do sócio para reunião de quotistas, nos termos do art. 1072 cc o art. 1071, III, do Código Civil. 5.Opinamos pela formulação de exigência. (SP 04/10/2004; Procuradoria da JUCESP: Vera Lucia La Pastina, Procuradora do Estado).

8 Sociedade Ltda. Manifestação da Procuradoria da JUCESP. Protocolado: SR nº 016/03. Conselho de Administração. 1.Vistos. 2.Trata-se de pedido de reconsideração da interessada ..., tendo em vista que a sociedade apresentou a arquivamento instrumento de constituição, o qual foi objeto de exigência em 26.12.2002, para que esclarecesse os arts. 6º. 7º, que versam sobre Conselho de Administração, e 21º, que versa sobre a nomeação dos conselheiros. Ainda, acerca da procuração anexada, deveria ter firma reconhecida em Consulado Brasileiro, acompanhada de tradução efetuada por tradutor público, bem como registrada no Registro de Títulos e Documentos. Após prestar esclarecimentos, solicita a interessada o deferimento do instrumento de constituição. Postos os fatos, manifestamo-nos sobre o Direito. 3.A sociedade limitada pode ter Conselho de Administração, desde que observadas as disposições do art. 146 de Lei de S/A, na redação dada pela Lei 10.303, de 31.10.2001. 4. A Lei nº 10.303/2001 alterou o disposto no art. 146 da Lei das S/A para autorizar pessoa natural, acionista residente no exterior e com mandatário no País com poderes para receber citação, a integrar Conselho de Administração de companhia. 5. Se se cuida da aplicação supletiva da Lei das Sociedades Anônimas, ela deve ser observada em suas disposições. Logo, deve-se concluir que os membros do Conselho de Administração de sociedade limitada devem ser pessoas naturais, quotistas e se residentes no exterior, com mandatário com poderes para receber citação. 6. À vista do exposto, opinamos pela manutenção da exigência, uma vez que os membros do Conselho de Administração deverão ser sócios da interessada e pessoas naturais. (SP 10/02/2003; Procuradoria da JUCESP: Rosa Maria Garcia Barros. Visto. De acordo. Procuradora: Vera Lucia La Pastina, Procuradora do Estado)

I – nome, nacionalidade, estado civil, profissão e residência dos sócios, se pessoas naturais, e a firma ou a denominação, nacionalidade e sede dos sócios, se jurídicas;
II – denominação, objeto, sede e prazo da sociedade;
III – capital da sociedade, expresso em moeda corrente, podendo compreender qualquer espécie de bens, suscetíveis de avaliação pecuniária;
IV – a quota de cada sócio no capital social, e o modo de realizá-la;
V – as prestações a que se obriga o sócio, cuja contribuição consista em serviços;
VI – as pessoas naturais incumbidas da administração da sociedade, e seus poderes e atribuições;
VII – a participação de cada sócio nos lucros e nas perdas;
VIII – se os sócios respondem, ou não, subsidiariamente, pelas obrigações sociais.
Parágrafo único. É ineficaz em relação a terceiros qualquer pacto separado, contrário ao disposto no instrumento do contrato.

Quanto à responsabilidade dos administradores e dos conselheiros fiscais das limitadas, está claro que ela segue as regras contidas no Código Civil de 2002, no capítulo destinado às Sociedades Simples. Esse diploma legal também estabelece que, em caso de abuso da personalidade jurídica, caracterizado pelo desvio de finalidade ou pela confusão patrimonial, conforme o seu art. 50, os administradores poderão responder com o seu patrimônio pessoal. A responsabilidade dos conselheiros é solidária com a dos administradores da sociedade.

1.4.3.2. O Conselho Fiscal nas Sociedades Limitadas

Os requisitos e impedimentos relativos aos membros do Conselho Fiscal nas Sociedades Limitadas, bem como suas atribuições, estão disciplinados de forma expressa no Código Civil de 2002. Os membros tomam posse em livro próprio, em até 30 dias contados a partir da eleição na qual foram nomeados, e permanecem na função até a assembléia anual do ano seguinte. O trabalho dos membros do Conselho Fiscal deve fazer jus à remuneração que eles recebem, a ser fixada anualmente pela assembléia dos sócios.

Além de outras atribuições determinadas na lei ou no contrato social, aos membros do Conselho Fiscal incumbem, individual ou conjuntamente, os seguintes deveres: examinar, pelo menos trimestralmente, os livros e papéis da sociedade e o estado da caixa e da carteira, devendo os administradores ou liquidantes prestar-lhes as informações solicitadas; lavrar no livro de atas e pareceres do Conselho Fiscal o resultado dos exames referidos no Código Civil; exarar no mesmo livro e apresentar à assembléia anual dos sócios parecer sobre os negócios e as operações sociais do exercício em que servirem, tomando por base o balanço patrimonial e o de resultado econômico; denunciar os erros, fraudes ou crimes que descobrirem, sugerindo providências úteis à sociedade; convocar a assembléia dos sócios se a diretoria retardar por mais de 30 dias a sua convocação anual, ou sempre que ocorram motivos graves e urgentes; praticar, durante o período da liquidação da sociedade, os atos a que se refere o artigo mencionado, tendo em vista as disposições especiais reguladoras da liquidação.

1.4.3.3. Das Deliberações dos Sócios[9]

Sobre as Deliberações dos Sócios, nas Sociedades Limitadas, via de regra, há uma série de formalidades para realizar a convocação de assembléia. A assembléia de sócios deverá ser convocada pelos administradores nos casos previstos em lei ou no contrato.

Também pode ser convocada por sócio – quando os administradores retardarem a convocação por mais de 60 dias, nos casos previstos em lei ou no contrato – ou por titulares de mais de um quinto do capital – quando não atendido, no prazo de oito dias, pedido de convocação fundamentado, com indicação das matérias a serem tratadas. E o Conselho Fiscal, quando houver, poderá convocar assembléia de sócios nos casos previstos em lei.

A convocação da assembléia dos sócios deve ser publicada em anúncio por, pelo menos, três vezes. A primeira publicação, com um intervalo mínimo de oito dias contados da realização da assembléia, e as posteriores, com intervalo mínimo de cinco dias.

A assembléia dos sócios instala-se, em primeira convocação, com a presença de titulares de no mínimo três quartos do capital social. Em seguida, instala-se com qualquer número. O sócio poderá ser representado na assembléia por outro sócio ou por advogado, mediante outorga de mandato com especificação dos atos autorizados. Nenhum sócio, por si ou na condição de mandatário, poderá votar em matéria que lhe diga respeito diretamente, conforme se verá a seguir.

Ficam dispensadas as formalidades de convocação quando todos os sócios comparecerem ou se declararem cientes, por escrito, do local, data, hora e ordem do dia.

---

9 Deliberação. Manifestação da Procuradoria da JUCESP. Protocolado: 80.956/03-8. Assunto: Alteração contratual – abertura de filial – deliberação tomada por sócio majoritário. 1.Visto 2.Trata-se de deliberação de abertura de filial tomada pelo sócio majoritário, com mais de ¾ (três quartos) do capital social, administrador da interessada, representado por procurador da sociedade. O instrumento de procuração foi outorgado pela sociedade, representada por seu administrador. Do instrumento que se pretende arquivar consta que o contrato social autorizaria o administrador a decidir pela abertura de filial. 3.Considerando que ao administrador da sociedade compete praticar todos os atos pertinentes a gestão da sociedade e que o administrador pode constituir mandatários da sociedade para praticar atos especificados no instrumento, entendemos que não há óbice legal para o arquivamento pretendido. (SP 30/01/2003; Procuradoria da JUCESP: Vera Lucia La Pastina, Procuradora do Estado)

A assembléia deverá ser presidida e secretariada por sócios escolhidos entre os presentes, e os trabalhos e as deliberações serão lavrados no livro de atas de assembléia, a ser assinado pelos membros da mesa e pelos sócios participantes da reunião, quantos forem necessários para validar as deliberações, sem prejuízo de outros sócios que queiram assiná-la.

Isso é o que prevê o Código Civil, além de inovar trazendo a necessidade de se realizar assembléia de sócios ao menos uma vez por ano, nos quatro primeiros meses seguintes ao término do exercício social. O objetivo em estipular essa periodicidade é justamente tomar as contas dos administradores, deliberar sobre o balanço patrimonial e de resultado, designar administradores, quando for o caso, e deliberar sobre outras matérias constantes na ordem do dia.

As mesmas regras das assembléias podem ser aplicadas às reuniões, caso a sociedade adote essa forma de deliberação e o seu contrato social não estabeleça regras próprias, como periodicidade, convocação e quorum de instalação.

Observe-se que a deliberação em assembléia será obrigatória se o número dos sócios for superior a dez; se inferior, instalar-se-á a reunião.

O atual Código Civil sistematiza a análise conjunta de alguns artigos, ao tratar das normas deliberatórias, iniciando-se pela análise do *caput* do art. 1.010, quando consigna que **as deliberações serão tomadas por maioria de votos**, contados segundo o valor das quotas de cada um. Em ato contínuo, é de se observar a análise conjunta que deve ser feita dos arts. 1.071 e 1.076, pois deles objetivar-se-á o enfoque dos quoruns necessários.

> ***Art. 1.071.*** *Dependem da deliberação dos sócios, além de outras matérias indicadas na lei ou no contrato:*
> *I – a aprovação das contas da administração;*
> *II – a designação dos administradores, quando feita em ato separado;*
> *III – a destituição dos administradores;*
> *IV – o modo de sua remuneração, quando não estabelecido no contrato;*
> *V – a modificação do contrato social;*
> *VI – a incorporação, a fusão e a dissolução da sociedade, ou a cessação do estado de liquidação;*
> *VII – a nomeação e destituição dos liquidantes e o julgamento das suas contas;*
> *VIII – o pedido de concordata.*

> ***Art. 1.076.*** *Ressalvado o disposto no art. 1.061 e no § 1º do art. 1.063, as deliberações dos sócios serão tomadas:*
> *I – pelos votos correspondentes, no mínimo, a três quartos do capital social, nos casos previstos nos incisos V e VI do art. 1.071;*
> *II – pelos votos correspondentes a mais de metade do capital social, nos casos previstos nos incisos II, III, IV e VIII do art. 1.071;*

III – pela maioria de votos dos presentes, nos demais casos previstos na lei ou no contrato, se este não exigir maioria mais elevada

O Código Civil, no art. 1.071, lista as matérias que dependem, obrigatoriamente, de deliberação dos sócios para serem adotadas na sociedade – isso sem contar as demais matérias indicadas em lei ou no contrato social – e estabelece quorum específico para aprovação de certas matérias. Questão polêmica e de grande relevo é a necessidade de aprovação de sócios representando ao menos três quartos do capital para modificações do contrato social. Essa exigência impede que o detentor da maioria simples do capital tome decisões sozinho.

Antes do Código Civil de 2002, a maioria do capital social garantia ao seu titular o poder de aprovação de certas matérias. Hoje, é prudente verificar quais direitos do sócio detentor da maioria do capital social não foram alterados com a mudança da legislação.

Foi mantido o direito de retirada, por exemplo, no tocante ao sócio dissidente de alteração do contrato social, e foi introduzido expressamente nos casos de incorporação ou fusão. Entende-se que a cisão também enseja o direito de retirada, embora essa observação não seja mencionada expressamente.

O direito de retirada deve ser exercido nos 30 dias seguintes à reunião e, sendo o contrato social omisso a esse respeito, o valor da quota (considerada sempre pelo montante efetivamente integralizado) será liquidado com base na situação patrimonial da sociedade, verificada em balanço levantado para essa finalidade, conforme o Código Civil.

1.4.3.4. Do Aumento e Redução do Capital Social[10]

O capital social das limitadas somente poderá ser aumentado no momento em que a totalidade das quotas subscritas for integralizada, conforme previsto nos

10 Aumento de capital. Manifestação da Procuradoria da JUCESP. Protocolado: 253.642/03-6 e 253.641/03-2. Assunto: pedido de arquivamento de ata de reunião de quotistas e de instrumento de alteração contratual – observadas as disposições do novo Código Civil. 1.Visto. 2.Trata-se de pedido de arquivamento de ata de reunião de quotistas que deliberou o aumento do capital social da interessada em R$ 2.027.789,00 (dois milhões, vinte e sete mil, setecentos e oitenta e nove reais). O aumento foi deliberado pela sócia majoritária, detentora de mais de ¾ do capital social, que também subscreveu e integralizou o percentual equivalente à sua participação societária. A sócia minoritária foi notificada, para comparecer à reunião e lhe foi concedido o prazo de 30 dias para subscrever o percentual de aumento do capital social equivalente à sua participação societária. Acompanham a ata de reunião de quotistas instrumento procuração e a resposta da sócia minoritária à notificação para comparecer à reunião, que demonstra que teve ciência do local, hora data e ordem do dia da reunião de quotistas convocada, ficando assim, nos termos do art. 1.072, § 2º do novo Código Civil, dispensadas as formalidades de convocação. O instrumento de alteração contratual está de acordo com a deliberação tomada, contém cláusulas sobre a reunião dos sócios, a

arts. 1.081 a 1.084 do Código Civil. A modificação do contrato social para aumento de capital requer a aprovação de sócios representando pelo menos três quartos do capital social. O Código de 2002, como se vê, é mais rigoroso que a regra aplicável às sociedades por ações, cuja exigência para aumento de capital é de três quartos do capital social integralizado.

Os arts. 1.081 a 1.084 também determinam que: uma vez integralizadas as quotas, o capital social poderá ser aumentado com a respectiva modificação do contrato, tendo os sócios a preferência para, até 30 dias após a deliberação, participar do aumento, na proporção de sua participação no capital social. Decorrido o prazo de preferência, e subscrita pelos sócios ou por terceiros a totalidade do aumento, deverá haver reunião ou assembléia para que seja aprovada a modificação do contrato.

Neste tópico, que busca elucidar as questões inerentes ao aumento e redução do capital social, é importante deixar claro que o aumento de capital deve cumprir, de modo sistemático, os seguintes procedimentos: deliberar o aumento em reunião ou assembléia de sócios; aguardar exercício, pelos demais sócios, do direito de preferência no prazo de 30 dias; realizar reunião ou assembléia para aprovação da modificação do contrato social; arquivamento da modificação do contrato social na Junta Comercial.

Se não houver disposição contrária no contrato social, o direito de preferência poderá ser cedido, desde que não haja também oposição de titulares de mais de um quarto do capital social. E a reunião (ou assembléia) torna-se dispensável quando todos os sócios decidem por escrito sobre a matéria que seria o objeto dela.

Depois de integralizado, o capital poderá ser reduzido se: (a) houver perdas irreparáveis; ou (b) parecer excessivo em relação ao objeto da sociedade.

O conceito de perdas irreparáveis não está definido no Código Civil, mas pode ser interpretado como prejuízos acumulados, em analogia a termo adotado na Lei das Sociedades por Ações. O Projeto de Lei nº 7.160/2002 propõe nova redação ao art. 1.082 do Código Civil, que ficaria exatamente assim: "Pode a sociedade... I – depois de integralizado, se houver perdas e até o montante dos prejuízos acumulados".

exclusão de sócio, a administração da sociedade e consolida o contrato social. A sócia que não assina o instrumento, e que ao que parece modificou sua denominação social, não deveria constar do preâmbulo da alteração contratual, porém esse fato não constitui irregularidade formal que retira do ato jurídico a sua validade. 3.À vista do exposto, entendemos que não há óbice legal ao arquivamento dos instrumentos em exame. Sugerimos, porém a formulação de exigência, para que o Administrador não sócio, designado no contrato, assine o instrumento de alteração contratual. (SP 22/05/; Procuradoria da JUCESP: Vera Lúcia La Pastina, Procuradora do Estado)

Na primeira hipótese, haverá diminuição proporcional do valor nominal das quotas, tornando-se efetiva a partir da averbação da ata de assembléia que a tenha aprovado, no Registro Público de Empresas Mercantis.

Já na segunda possibilidade, haverá restituição de parte do valor das quotas aos sócios, ou dispensar-se-ão as prestações ainda devidas, com a diminuição proporcional, em ambos os casos, do valor nominal das quotas. A ata de assembléia que aprovar a redução deverá ser publicada, e o credor quirografário terá 90 dias, a contar da data de publicação da ata da assembléia que aprovar a redução, para opor-se a tal deliberação.

A redução somente será eficaz se ela não for impugnada em 90 dias ou se, nesse período, for provado o pagamento da dívida ou o depósito judicial de respectivo valor. Caso as referidas condições sejam satisfeitas, a ata que aprovar a redução será arquivada no órgão competente.

Ainda sobre a redução do capital social, vale trazer à baila o que é adotado pela Junta Comercial do Estado de São Paulo, no Enunciado nº 38 daquela instituição, especificamente, à possibilidade de arquivamento de sociedade que pretende reduzir o capital social. Vejamos o tópico a seguir.

1.4.3.5. Procedimento para Redução do Capital Social

A Sociedade Limitada que pretende arquivar documento em que se delibere reduzir o capital social, deverá consignar em cláusula própria os motivos da redução e apresentar as certidões legalmente exigidas.

Se a redução do capital tiver por base o inciso II, do art. 1.082, do Código Civil (capital excessivo em relação ao objeto da sociedade), a restituição aos sócios deverá atender ao disposto no art. 1.084, §§ 1º, 2º e 3º, do Código Civil.

O arquivamento da deliberação que trata da redução do capital social com fundamento no art. 1.082, II, do Código Civil, dependerá da juntada das publicações previstas no art. 1.084, § 1º, c/c art. 1.152 e seu § 1º, do Código Civil e somente poderá ser efetivado após o decurso do prazo de 90 dias da publicação, desde que não ocorra impugnação de credor quirografário da empresa.

1.4.3.6. Da Exclusão de Sócio[11,12,13]

A possibilidade de exclusão de sócio é um ponto polêmico na legislação antiga. O Código Civil de 2002, na seção referente à resolução da sociedade, estabeleceu

11 Exclusão de sócio. Manifestação da Procuradoria da JUCESP. Protocolo: 388.528/04-7 e 388.529/04-0. Assunto: Alteração contratual deliberada pela maioria do capital social – Exclusão de sócio por quebra de "affectio societatis" – Arquivamento de Ata da Reunião e das publicações dos Editais de Convocação – Possibilidade

que a maioria dos sócios, representativa de mais da metade do capital social, poderá deliberar a exclusão de um ou mais sócios que, com ato de inquestionável gravidade, estejam colocando em risco a continuidade da sociedade. Para que isso ocorra, é necessário que haja previsão de exclusão por justa causa no contrato social, conforme o art. 1.085.

---

de arquivamento. Parecer/JUCESP nº 204/2004.1.Visto. 2.Cuidam os presentes de pedido de arquivamento de Ata de Reunião de sócios, acompanhada das publicações dos editais de convocação dos sócios, realizada em 02.02.2004, na qual a sócia ..., que representa mais de ¾ (três quartos) do capital social da interessada, deliberou a exclusão do sócio ..., por quebra da "affectio societatis", bem como de arquivamento de instrumento de alteração contratual, consolidado de acordo com a modificação feita na reunião, qual seja, a exclusão do sócio ..., com a conseqüente redução do capital social. 3.Solicita o i. Julgador Singular manifestação desta Procuradoria acerca da exclusão de sócio. 4.Esse é o breve relatório. Passamos a nos manifestar. 4.1.Dispõe o art. 1.085, do Código Civil: "***Art. 1.085.*** *Ressalvado o disposto no art. 1.030, quando a maioria dos sócios, representativa de mais da metade do capital social, entender que um ou mais sócios estão pondo em risco a continuidade da empresa, em virtude de atos de inegável gravidade, poderá excluí-los da sociedade, mediante alteração do contrato social, desde que prevista neste a exclusão por justa causa.* ***Parágrafo único:*** *A exclusão somente poderá ser determinada em reunião ou assembléia especialmente convocada para esse fim, ciente o acusado em tempo hábil para permitir seu comparecimento e o exercício do direito de defesa.*" 4.2. A exclusão de sócio por justa causa, desde a entrada e vigor do novo Código Civil, em 11.01.2003, deve estar prevista no contrato social e o sócio deve ser notificado para apresentar a defesa que tiver na reunião convocada para esse fim. 4.3.No caso, o contrato social contém a previsão acima referida, vez que, conforme se verifica do instrumento arquivado sob nº 121.344/04-6, o art. 24, §1º, I, do contrato social, prevê a exclusão de sócio por quebra da "affectio societatis". 4.4. E, conforme se verifica dos documentos apresentados a arquivamento, em particular, as publicações dos editais, ficou comprovada a convocação do sócio minoritário para a reunião que deliberaria sobre sua exclusão, nos termos previstos no art. 1.085, parágrafo único, do Código Civil. 5.À vista do exposto, entendemos não haver óbice legal ao arquivamento dos instrumentos em exame. 6.Devolvemos os presentes ao i. Julgador Singular para prosseguir na análise. (SP 08/06/2004; Procuradoria da JUCESP: Vera Lucia La Pastina, Procuradora do Estado)

12 Exclusão de sócio. Manifestação da Procuradoria da JUCESP. Protocolado: nº. 213561/02-5. 1.Visto. 2.Trata-se de instrumento de alteração contratual, através do qual o sócio majoritário exclui o sócio minoritário .... 3.O sócio minoritário era sujeito passivo de medida cautelar de arrolamento de bens, preparatória de ação de separação judicial. Na ação de arrolamento de bens foi concedida a liminar impedindo que ... transferisse ou alienasse suas quotas na interessada. Acompanha o presente pedido certidão de objeto e pé, que certifica que a ação de arrolamento de bens está suspensa, porque o requerente faleceu. 4.Postos os fatos, manifestamo-nos. 4.1. Não obstante a certidão de objeto e pé se refira à suspensão da ação em virtude do falecimento, parece-nos que essa suspensão pode ser entendida como extinção do processo, uma vez que a ação principal de separação judicial é personalíssima, não podendo prosseguir pelos sucessores do falecido, até porque a morte extingue o casamento. 4.2. Raciocinando por hipótese, se a separação judicial e a partilha de bens ocorreram, a ex-cônjuge varoa adquiriu quotas, com direito ao haveres (não ganhou a condição de sócia que depende de consentimento dos outros sócios e da titular das quotas). Se não ocorreu a partilha de bens na separação judicial, e conforme regime de bens, essas quotas deverão ser inventariadas e a metade delas caberá aos herdeiros, que também terão direito aos haveres (a sucessão nas quotas não implica na assunção da condição de sócio). 4.3.A decisão judicial que impedia a transferência das quotas de titularidade do sócio minoritário atingia apenas a esfera jurídica deste, que não podia a título oneroso ou gratuito transferir suas quotas na interessada. Não interferia na esfera jurídica da sociedade, que não é parte na ação. A transferência de quotas depende da vontade do titular, enquanto que a sua exclusão da sociedade depende da vontade do sócio majoritário. 4.4.Ainda, no caso em questão, o valor dos haveres do sócio excluído está sendo colocado à disposição do Juízo; em outras palavras, as quotas estão sendo substituídas por dinheiro. 5.À vista do exposto, entendemos que não há impedimento para o arquivamento da

E há necessidade de realização de assembléia ou reunião específica para deliberar a exclusão do sócio – que deve receber convocação com o motivo da assembléia, para que possa elaborar a sua defesa e comparecer em tempo hábil.

O que o legislador quis compreender como "justa causa", segundo os preceitos do Código Civil de 2002 – desde já deixando de lado o conceito de justa causa da justiça do trabalho – é a falta de tolerância entre os sócios e, conseqüentemente, o surgimento do estado de prepotência.

Norberto Bobbio, em seu livro *Elogio da serenidade*, escreveu sobre harmonia social. É lógico que Bobbio desenvolveu seus pensamentos em sentido macro e os estabeleceu em relação à sociedade como estrutura sociológica; todavia, nos parece oportuno apresentar sua reflexão e fazer um paralelo com o que ocorre nas Sociedades Empresariais. Assim, vejamos:

> Como modo de ser em relação ao outro, serenidade resvala no território da tolerância e do respeito pelas idéias e pelos modos de viver dos outros. No entanto, se

presente alteração contratual e devolvemos ao i. Julgador Singular para prosseguir na análise do documento. (SP 24/05/2002; Procuradoria da JUCESP: Vera Lucia La Pastina, Procuradora do Estado)

13 Exclusão de sócio. Manifestação da Procuradoria da JUCESP. Protocolados: nºs 222.874/04-1 e 222.873/04-8. Assunto: Alteração contratual – Exclusão de sócios pela maioria – Possibilidade – Regras constantes no último contrato social consolidado, ainda não adaptado ao novo Código Civil – Considerações. Parecer CJ/JUCESP nº 102/2004. 1.Vistos. 2.Trata o presente de solicitação de arquivamento de Ata de Reunião de Sócios data de 03.12.2003, na qual a maioria dos sócios deliberou a exclusão de sócios, com cancelamento das respectivas quotas do capital social; a alteração da cláusula quinta do contrato social; outros interesses de assunto da sociedade. 3.Conforme documentos juntados, foi providenciada a notificação dos quotistas excluídos por cartas registradas, bem como foi providenciada a sua convocação por anúncios publicados no DOE e em jornal de grande circulação, nos termos da lei. 4.Questiona o Sr. Assessor Técnico a respeito da possibilidade de arquivamento do presente, tendo em conta a não anuência dos sócios excluídos no instrumento em análise. 5.Esse é o breve relatório. Passamos a nos manifestar. 6.De início, observa-se que a matéria em debate vem a ser regida, no caso em concreto, pelos termos do último contrato social consolidado arquivamento nº 234.456/02-4, de 18.10.2002, tendo em conta prazo em curso para adaptação do contrato, nos termos do art. 2.031 do novo Código Civil, alterado pela Lei nº 10.838, de 30.01.04. 7.Assim, consoante contrato social da interessada, a Cláusula Décima-Segunda estabelece que as deliberações serão tomadas por maioria de votos. Outrossim, a Cláusula Vigésima-Segunda, § 1º, prevê a exclusão de sócios por incompatibilidade com os demais, não estabelecendo quorum especial para tal deliberação. 8.Salienta-se, nesta ocasião, que o § 3º da Cláusula Vigésima-Segunda determina a forma de avaliação dos haveres dos sócios excluídos, sendo que pela Ata de Reunião de Sócios datada de 03.12.2003 deixou expresso que as quotas e os haveres respectivos, em razão do reembolso de capital, permanecerão em tesouraria. 9. Dessa forma, a princípio, esta Procuradoria não vê óbice legal à deliberação tomada pela maioria de sócios da interessada, quais sejam, ..., considerando o exposto no item 6 supra, a convocação dos sócios excluídos (item 3 retro), bem como o atendimento do previsto no art. 54, parágrafo único, do Decreto nº 1.800/96, tecendo, apenas, os seguintes comentários: a) face à exclusão de sócios referida, a rigor haveria redução do capital social da interessada. Entretanto, as sócias majoritárias, aparentemente, subscreveram as quotas dos sócios excluídos, devendo tal situação ficar expressa na Ata de Reunião de Sócios (subscrição), bem como a forma de sua integralização; b) deverá ser mantido o bloqueio da interessada, até que trazido o arquivamento instrumento de alteração contratual com as modificações estabelecidas na Ata de Reunião de Sócios. (SP 31/03/2004; Procuradoria da JUCESP: Rosa Maria Garcia Barros. De acordo: Vera Lucia La Pastana, Procuradora)

> o indivíduo sereno é tolerante e respeitoso, não é apenas isso. A tolerância é recíproca: para que exista tolerância é preciso que se esteja ao menos em dois. Uma situação de tolerância existe quando um tolera o outro. Se eu o tolero e você não me tolera, não há um estado de tolerância, mas, ao contrário, prepotência. Passa-se o mesmo com o respeito. Cito Kant: Todo homem tem o direito de exigir o respeito dos próprios semelhantes e reciprocamente estar obrigado ele próprio a respeitar os demais. O sereno não pede não pretende qualquer reciprocidade: a serenidade é uma disposição em relação aos outros que não precisa ser correspondida para se revelar em toda a sua dimensão. Como de resto a benignidade a benevolência a generosidade, a bienfainsance, que são todas virtudes sociais, mas são ao mesmo tempo unilaterais. Que não pareça uma contradição unilateral no sentido de que a direção de um em relação ao outro não corresponde a uma igual direção, igual e contrária, do segundo em relação ao primeiro. Eu tolero se você me tolera. Em vez disso: eu protejo e exalto minha serenidade – ou minha generosidade ou minha benevolência – com relação a você, independentemente do fato de que você também seja sereno – o generoso o benevolente – comigo. A tolerância nasce de um acordo e dura enquanto dura o acordo. A serenidade é um dom sem limites, pré estabelecidos e obrigatórios". (Bobbio, 2002, p. 143; Lafer, 2004, p. A11)

Se considerarmos o que os juristas pátrios consignaram acerca de justificativa para exclusão de sócios e relacionarmos com a estrutura social harmônica de Bobbio – principalmente quando este diz que "[...] a tolerância nasce de um acordo e dura enquanto dura o acordo. A serenidade é um dom sem limites preestabelecido e obrigatório" –, é tranqüilo concluir que uma sociedade possui estado de harmonia quando todos os seus pares (sócios) possuem uma convivência regida pelo estado de tolerância.

Embasados no pensamento de Bobbio, e trazendo-o para o sistema societário pátrio, temos que a "justa causa" do direito societário[14] ocorre quando o estado de tolerância deixa de estar presente. Surge, então, entre os sócios, o estado de prepotência, que acarreta o desajuste que gera o conflito.

1.4.3.7. Da Dissolução das Limitadas

A Sociedade Limitada poderá se dissolver quando ocorrer as seguintes situações: 1) vencimento do prazo de duração, exceto se esse prazo estiver vencido, se não houver oposição de sócio e a sociedade não entrar em liquidação – caso em que se prorrogará o prazo da sociedade para indeterminado; 2) consenso unânime dos sócios; 3) deliberação dos sócios por maioria absoluta na sociedade por prazo

14 José Renato Nalini cita trecho do livro de Bobbio relevante para o que aqui se aduz: "uma situação de tolerância existe quando um tolera o outro. Se eu o tolero e você não me tolera, não há um estado de tolerância, mas, ao contrário, prepotência." NALINI, José Renato. "A herança de Bobbio". *Jornal da Tarde*, segunda-feira, 12 jan. 2004. Caderno A. p. 2.

indeterminado; 4) falta de pluralidade de sócios que não for reconstituída no prazo de 180 dias; 5) extinção, na forma de lei, de autorização para funcionar.

Ao se fazer um retrospecto da situação existente antes de 2002, percebe-se que havia uma vasta jurisprudência sobre o tema. A sistemática utilizada previa a dissolução total ou parcial da Sociedade Limitada, bem como a dissolução extrajudicial ou judicial.

De acordo com o modo como se processava, a dissolução seria judicial ou extrajudicial; e seria parcial ou total em razão da extensão do rompimento do vínculo contratual dos sócios.

Nos casos de falência, morte, recesso, exclusão de sócio, entre outros, passou a ser aplicado intensamente pelos tribunais o conceito de dissolução, no qual se preserva a continuidade da sociedade.

Uma seção específica sobre dissolução na Sociedade Limitada foi estipulada no Código Civil de 2002, a qual remete aos motivos de dissolução para as Sociedades Simples.

A nova sistemática não incorporou o conceito de dissolução parcial. Contudo, é possível depreender sua regulação em vários dispositivos, como a liquidação de quotas em caso de morte, falência ou simples retirada e a possibilidade de liquidação de quotas de um ou mais sócios sem que ocorra a dissolução total.

Sócios que representem pelo menos três quartos do capital da sociedade devem aprovar a dissolução. Sobre o quorum de deliberação da dissolução de sociedade por prazo indeterminado, entretanto, estabeleceu-se a aprovação por maioria absoluta de votos.[15]

---

15 Dissolução Parcial de Sociedade. Admissibilidade – Devido processo legal observado, pois não consta prejuízo, haja vista concessão de lapso temporal a maior. Desnecessidade da sociedade a ser dissolvida integrar o pólo passivo. Sócio que apresenta obstáculos na administração da empresa. Inabilidade configurada. Comportamento que repercute nas atividades da empresa. Interesses antagônicos presentes que afrontam a preservação da empresa. Continuísmo da sociedade com a dissolução parcial amparo no interesse público, não podendo sobressair capricho ou desejo inconseqüente da ré. Apelo desprovido. (TJSP – 4ª Câm. de Direito Privado; ACi c/ Revisão nº 383.537-4/0-00-SP; Rel. Des. Natan Zelinschi de Arruda; j. 2/2/2006; v.u.). (Boletim AASP, nº 2506)

Dissolução Parcial da Sociedade. Direito Comercial – Falecimento de sócio – Dissolução parcial da sociedade – Apuração de haveres – Possibilidade – Ônus da prova – Desprovimento. 1- A morte de sócio é causa de dissolução parcial da sociedade, uma vez que seus sucessores não estão obrigados a nela ingressar se assim não for da sua vontade. 2- A apuração de haveres é procedimento decorrente da dissolução parcial, colimando a identificação do quantum devido pela sociedade ao sócio desvinculado, cabendo ao sócio remanescente provar que esta já ocorreu, nos termos do art. 333, II, do CPC. 3- Recurso desprovido. (TJDF – 3ª Câm. Cível; EI na ACi nº 2001. 01.1.060405-0-DF; Rel. Des. Mário-Zam Belmiro Rosa; j. 18/9/2006; v.u.). (Boletim AASP)

Dissolução de Sociedade por Sócios Minoritários – Impossibilidade. Comercial – Recurso Especial – Dissolução integral e liquidação de sociedade por quotas de responsabilidade limitada – Pedido de sócios minoritários – Argumentos que conduzem, no máximo, à dissolução parcial, com a saída dos dissidentes e apuração dos haveres – improcedência da pretensão. 1- Julga-se improcedente o pedido de dissolução integral e

1.4.4. Da Sociedade Anônima e da Sociedade em Comanditas por Ações

Na Sociedade Anônima ou companhia, o capital divide-se em ações, obrigando-se cada sócio ou acionista somente pelo preço de emissão das ações que subscrever ou adquirir. A Sociedade Anônima rege-se por lei especial, aplicando-se-lhe, nos casos omissos, as disposições do Código Civil.

Para se compreender o funcionamento deste tipo societário é interessante analisar o quadro a seguir disposto, o qual divide a companhia em seus principais pontos. Assim, vejamos:[16]

Ação	**Valores mobiliários**	**Capital Social**	**Constituição**	**Órgãos Sociais**	**Adminis-tração**	**Relações de poder na Cia**	**Resultados sociais**	**CVM**
Valor	Conceito e natureza	Função social	Requisitos	Assembléia Conselho de Adm.	Deveres	Acionista controlador	Demons-trações financeiras	Mercado de capitais Cia Aberta
Valor nominal	Debêntures	Formação	Registro de emissão	Conselho Fiscal	Adminis-tradores Respon-sabilidade	Estabilização das relações de poder	Reserva de lucros	
Valor patrimonial	Bônus de subscrição	Aumento Capital autorizado	Assembléia de fundações	Diretoria		Direitos essenciais		
Valor de negociação	Partes beneficiárias	Ações de compra	Abertura e fechamento de capital			Voto		
Valor econômico	Commercial Papers ADR e BDR	Redução subcapita-lização						
Preço de emissão								
Diluição de participação acionária								
Classificação Espécie, Classes e Forma								

liquidação da sociedade se requerido por sócios minoritários sem razões robustas, que demonstrem, no mínimo, o desvio da finalidade social. 2 – A estes sócios, insatisfeitos com a administração da sociedade, assiste o direito de retirada, com a devida apuração de haveres. (STJ – 3ª.; REsp nº 453.423-AL; Rel. Min. Humberto Gomes de Barros; j. 6/4/2006; v.u.). (Boletim AASP)

Dissolução de Sociedade. Apelação Cível – Dissolução parcial de sociedade requerida por ambos os sócios – Apuração de haveres. Hipótese em que os dois sócios propuseram ações de dissolução parcial de sociedade, cada qual objetivando a manutenção do negócio e a exclusão do outro. Restando evidenciado o desinteresse de um dos sócios pelo negócio, a continuidade do mesmo deve ser deferida em relação ao outro. Dever de prestar contas não configurado, pois ambos os sócios detinham poderes de gerência. Precariedade da documentação contábil, de modo que não se pode afirmar que a sociedade tenha gerado lucros a serem partilhados pelos sócios. Desvio dos lucros do restaurante não comprovado. A apuração dos haveres deve se dar de forma ampla, incluindo a avaliação do ponto comercial, sob pena de enriquecimento ilícito do sócio remanescente. Sucumbência mantida. Apelo provido em parte. (TJRS – 6ª Câm. Cível – Regime de Exceção; ACi nº 70011522109-Lajeado-RS; Rel. Des. José Conrado de Souza Junior; j. 23/6/2006; v.u.). (Boletim AASP, nº 2519)

16 O presente quadro, que se presta para uma análise didática da operacionalidade desenvolvida pelas companhias, foi inspirado e baseado no índice da obra *Curso de Direito Comercial*, vol. II, de autoria do Professor Fábio Ulhoa Coelho (Saraiva, 2007).

Especificamente em relação a esse tipo societário dar-se-á melhor destaque sobre a operacionalidade do dia-a-dia societário, conforme veremos a seguir.

Já a Sociedade em Comandita por Ações tem como base legal a Lei das Sociedades Anônimas. Somente acionistas podem exercer a direção de organizações que se estruturam conforme essa espécie de Sociedade Empresária.

Por isso, a função de diretor nesse tipo societário é muito importante, pois, em regra, uma vez designado um acionista para assumi-la, não será possível destituí-lo. A mudança de diretoria dependerá de aprovação de acionistas representando dois terços do capital social da empresa. O diretor, por sua vez, possui responsabilidades ilimitadas, subsidiárias e solidárias com a sociedade.

O Código Civil de 2002 restringiu a dois anos o prazo de responsabilidade do diretor destituído ou exonerado e estabeleceu que a assembléia geral não pode, sem o consentimento dos diretores, mudar o objeto essencial da sociedade, prorrogar-lhe o prazo de duração, aumentar ou diminuir o capital social, criar debêntures, ou partes beneficiárias.

1.4.5. Da Sociedade Cooperativa

A Sociedade Cooperativa, não obstante reger-se pelo disposto no Código Civil, possui uma legislação especial. Independentemente de seu objeto, considera-se simples, a cooperativa.

São características da Sociedade Cooperativa: variabilidade, ou dispensa do capital social; concurso de sócios em número mínimo necessário a compor a administração da sociedade, sem limitação de número máximo; limitação do valor da soma de quotas do capital social que cada sócio poderá tomar; intransferibilidade das quotas do capital a terceiros estranhos à sociedade, ainda que por herança; *quorum*, para a assembléia geral funcionar e deliberar, fundado no número de sócios presentes à reunião, e não no capital social representado; direito de cada sócio a um só voto nas deliberações, tenha ou não capital a sociedade, e qualquer que seja o valor de sua participação; distribuição dos resultados, proporcionalmente ao valor das operações efetuadas pelo sócio com a sociedade, podendo ser atribuído juro fixo ao capital realizado; indivisibilidade do fundo de reserva entre os sócios, ainda que em caso de dissolução da sociedade.

Na Sociedade Cooperativa, a responsabilidade dos sócios pode ser limitada ou ilimitada, ou seja, é limitada a responsabilidade na cooperativa em que o sócio responde somente pelo valor de suas quotas e pelo prejuízo verificado nas operações sociais, guardada a proporção de sua participação nas mesmas operações. É ilimitada a responsabilidade na cooperativa em que o sócio responde solidária e ilimitadamente pelas obrigações sociais.

1.4.6. Sociedades Coligadas

Consideram-se coligadas as sociedades que em suas relações de capital são controladas, filiadas ou de simples participação, na forma do art. 1.097 e seguintes.

O Código Civil inovou com um capítulo que trata especificamente das "Sociedades Coligadas"; portanto, agora há definição precisa de Sociedades Controladas, Sociedades Coligadas e Sociedades de Simples Participação, bem como das normas para a participação recíproca entre sociedades – inclusive, acerca da participação recíproca, indicando que se observe o limite das próprias reservas, verificadas em balanço, porque, se a participação exceder o limite de reservas, o direito de voto ficará obstado, e a sociedade terá de alienar tal parte nos 180 dias seguintes à aprovação do balanço.

A Lei das Sociedades Anônimas passou a tratar apenas das Sociedades Coligadas que foram registradas como Sociedades Anônimas. As demais sociedades personificadas têm, na regulação delas, as previsões contidas no Código Civil.

Percebe-se assim que o gênero Sociedade Coligada abrange as Sociedades Controladas, as de simples participação e as coligadas propriamente ditas – sendo que estas também podem ser chamadas de sociedades filiadas.

É controlada: a sociedade de cujo capital outra sociedade possua a maioria dos votos nas deliberações dos quotistas ou da assembléia-geral e o poder de eleger a maioria dos administradores; a sociedade cujo controle, referido no inciso antecedente, esteja em poder de outra, mediante ações ou quotas possuídas por sociedades ou sociedades por esta já controladas.

Diz-se coligada ou filiada a sociedade de cujo capital outra sociedade participa com dez por cento ou mais, do capital da outra, sem controlá-la. É de simples participação a sociedade de cujo capital outra sociedade possua menos de dez por cento do capital com direito de voto.

1.4.7. Da Liquidação das Sociedades

O Código Civil de 2002 previu expressamente a liquidação das Sociedades Empresárias e trouxe normas específicas para esse procedimento. Vale mencionar que as Sociedades Simples, possuem normas específicas relativas à sua dissolução

Na maioria dos casos, é necessário que um liquidante seja nomeado para coordenar o processo de liquidação, realizar ativos da sociedade, pagar os seus passivos e partilhar o remanescente, se houver, entre os sócios. De fato, quanto ao procedimento, não ocorreram modificações com a vigência do Código Civil.

Porém, quanto à liquidação, pode-se destacar entre as alterações: a necessidade de publicação de atas de dissolução e de liquidação da sociedade; o estabelecimento do prazo de 15 dias para que o liquidante elabore um balanço de ativos e passivos e a necessidade de convocação, pelo liquidante, de assembléias dos quotistas a cada seis meses, para prestação de contas. Vale indicar que, na prática, essas regras não são respeitadas, procedendo-se no mesmo ato a liquidação e a dissolução das sociedades, sem a devida observância dos expedientes.

1.4.8. Da Transformação, da Incorporação, da Fusão e da Cisão das Sociedades

O ato de transformação independe de dissolução ou liquidação da sociedade e obedecerá aos preceitos reguladores da constituição e inscrição próprios do tipo em que vai converter-se.

A transformação depende do consentimento de todos os sócios, salvo se prevista no ato constitutivo, caso em que o dissidente poderá retirar-se da sociedade, aplicando-se, no silêncio do estatuto ou do contrato social.

A transformação não modificará nem prejudicará, em qualquer caso, os direitos dos credores.

Vale indicar que para se operacionalizar qualquer ato de Incorporação, Fusão e Cisão das Sociedades é obrigatório anexar os comprovantes de quitação de tributos federais (INSS, FGTS, Receita Federal e Procuradoria da Fazenda Nacional) da sociedade que será objeto da aludida transformação.

Oportuno destacar a atuação do Conselho Administrativo de Defesa Econômica (CADE), sobretudo no tocante a fusões e aquisições, na prevenção aos abusos do poder econômico, por meio do controle de atos e contratos, conforme disposto no art. 54 da Lei nº 8.884/94, a Lei de Defesa da Concorrência.

Neste sentido, observa Vicente Bagnoli que "em qualquer operação em que as partes envolvidas detenham, mesmo que isoladamente (antes do ato) 20% de participação em um mercado relevante, ou uma das partes tenha registrado [faturamento bruto anual ilimitado ao território nacional], por si ou conjuntamente com o grupo econômico a que esteja ligada, R$ 400 milhões, essa operação deve ser submetida à apreciação do CADE, que dirá se ela limita ou prejudica a livre concorrência ou resulta na dominação de mercados relevantes de bens ou serviços". (Bagnoli, 2005, p. 168.)

1.4.9. Das Sociedades Estrangeiras

Os arts. 1.134 a 1.141 do Código Civil de 2002 regulam a constituição e a atividade das sociedades estrangeiras no Brasil.

O art. 1.134 é categórico ao dispor que a sociedade estrangeira, qualquer que seja o seu objeto, não pode, sem autorização do Poder Executivo, funcionar no País, ainda que por estabelecimentos subordinados, podendo, todavia, ressalvados os casos expressos em lei, ser acionista de Sociedade Anônima brasileira.

A redação desse artigo nos possibilita compreender que as sociedades estrangeiras somente podem participar de empresas nacionais na condição de acionistas – o que pode ser considerarado um item desatualizado no novo Código, pois está em desacordo com os elementos que fomentam o desenvolvimento da economia em tempos de globalização.

Sabe-se que a maioria das sociedades que vem operar aqui no Brasil busca sua constituição sob o tipo societário Limitada, principalmente por causa da agilidade operacional desse tipo de empresa. Portanto, na prática, o que se tem presenciado é o total descumprimento do art. 1.134 do Código Civil; pelo fato de este dispositivo legal estar fora do atual quadro de desenvolvimento do País – inclusive sua inconstitucionalidade já foi suscitada pelos operadores do Direito, em função do princípio da isonomia que, em tese, não deve permitir que se dê tratamento diferenciado aos tipos societários.

Seria utópico aguardar a autorização do Poder Executivo para o início das atividades de todas as sociedades estrangeiras que pretendem se instalar como sócias de outros tipos societários no Brasil, em especial das Sociedades Limitadas. Essa medida, no mínimo, inviabilizaria o País e tornaria mais alto o famoso "custo Brasil".

É opinião majoritária entre os operadores do Direito que a redação do art. 1.134, de fato, não proíbe a sociedade estrangeira de investir em outros tipos societários – porque, como já se disse, isso inviabilizaria economicamente o País, haja vista a quantidade de Sociedades Limitadas estrangeiras que figuram como sócia em sociedades nacionais. Além disso, pode-se afirmar que não houve alterações relevantes no tocante à outorga de aprovação pelo Poder Executivo para a sociedade estrangeira funcionar no Brasil

1.5. DA REGULAÇÃO DO ESTABELECIMENTO

A previsão pelo Código Civil de 2002 de normas regulando o estabelecimento também pode ser considerada inovação expressiva no Direito brasileiro. Antes dela, não se mencionava regulação sobre estabelecimento; existiam a esse respeito apenas as construções doutrinária, jurisprudencial e algumas disposições inseridas em leis esparsas – (Lei de Locação, arts. 51 a 57 da Lei nº 8.245/1991 – direito de renovação do contrato de locação comercial; alguns dispositivos da Lei de Falências, art. 487, III, do Regulamento do IPI aprovado pelo Decreto nº 2.637/1998 e art. 11, § 3º, da Lei Complementar nº 87/1996 – ICMS).

A nova lei conceitua o estabelecimento e regula a sua utilização dentro da sociedade, bem como a sua transferência. Segundo o Código Civil de 2002, estabelecimento é o complexo de bens organizado para o exercício da empresa, por empresário ou por Sociedade Empresária, objeto unitário de direitos e de negócios jurídicos, translativos ou constitutivos, que sejam compatíveis com a sua natureza.

Daí a compreensão de que o estabelecimento é um bem incorpóreo (móvel), objeto de direitos, passível de comercialização. E para que tenha validade perante terceiros, é preciso que seja feito o registro do estabelecimento na Junta Comercial, com a inscrição do empresário/sociedade, e, posteriormente, que ocorra a publicação em Diário Oficial.

É permitida a venda de estabelecimento, e o Código Civil regula a responsabilidade do alienante e do adquirente por meio da solvência do passivo relacionado ao estabelecimento.

É importante ressaltar que o adquirente do estabelecimento responderá pelos débitos anteriores à transferência, desde que tenham sido contabilmente levantados. Em relação aos débitos vencidos, o devedor responde solidariamente com o adquirente pelos débitos anteriores à transferência, durante o prazo de um ano a partir da publicação. Em relação aos demais créditos, a partir da data do vencimento.

Se não houver quantidade de bens suficiente ao alienante para solver o seu passivo, a alienação do estabelecimento depende do pagamento de todos os credores ou da anuência destes, em 30 dias a partir de sua notificação.

A transferência do estabelecimento acarreta a sub-rogação do adquirente nos contratos estipulados para operacionalização do estabelecimento, não havendo caráter pessoal. É válido dizer que, no caso de ocorrer justa causa, os terceiros poderão rescindir os contratos com o estabelecimento, dentro de 90 dias a contar da publicação da transferência, sendo configurada a responsabilidade do alienante.

O vendedor só poderá concorrer com o adquirente após cinco anos da data da venda, conforme a redação do Código, a não ser que haja autorização específica em sentido contrário.

1.6. DO PREPOSTO

No Código Civil há regras sobre os Institutos Complementares, como o preposto na condição de representante da sociedade em fins específicos. A outorga de poderes do preposto deve se realizar por meio de mandato, averbado no Registro Público de Empresas Mercantis.

Existe a regulação de que o preposto não pode negociar nem participar de operação semelhante à que ele está incumbido pela sociedade. Verificando-se essa atitude, o preposto arcará com perdas e danos e terá os lucros da operação retidos pelo preponente.

A entrega de papéis, bens ou valores ao preposto, pelo preponente, sem uma recusa expressa, é considerada perfeita, a não ser que haja prazo para reclamação.

Verifica-se a responsabilidade pessoal do preposto junto ao preponente por conta de atos culposos. No caso de ocorrência de ato doloso do preposto, haverá responsabilidade perante terceiros. O Código Civil de 2002 estipulou classes diferentes de prepostos, de acordo com a graduação, função e duração deles: gerentes; ou contabilista e outros auxiliares.

Cabe afirmar, a respeito do gerente, de acordo com o que já foi dito, que se trata de preposto permanente na operacionalidade empresarial. O gerente está autorizado a praticar todos os atos necessários ao exercício dos poderes que a ele foram outorgados, com exceção dos casos em que a lei exigir poderes especiais. Na prática, quer dizer que o gerente seria o chefe de determinado departamento da empresa.

Dessa forma, é solidária a responsabilidade dos gerentes, e os seus poderes devem ser arquivados no órgão incumbido do Registro Público de Empresas Mercantis, para serem opostos a terceiros. A limitação também poderá ocorrer se provar que ela era conhecida da pessoa que tratou com o gerente.

E acerca do contabilista, o Código assevera que os assentos lançados nos livros ou fichas, no mister de suas funções, produzem os efeitos como se tivessem sido efetuados pelo próprio empregador, a menos que tenha sido procedido de má-fé.

Todas as regras que disciplinam os antigos livros mercantis permanecem válidas, exceto as que foram revogadas pela aplicação do art. 2.037 do Código Civil.

Assim, os expedientes relativos à "falsidade documental" (Código Penal, art. 297) permanecem vigentes. E, nesse diapasão, permanece a vigência da Instrução Normativa do DNRC Nº 65/1997 (que unificou as normas esparsas relativas à autenticação dos livros e instrumentos de escrituração) e os Decretos-lei nº 486, de 3/3/1969, e nº 64.567, de 22/5/1969.

O pequeno empresário não precisa seguir as formalidades de escrituração, dispõe o Código Civil, sendo essas aplicáveis somente às sucursais, filiais ou agências no Brasil do empresário ou sociedade com sede em país estrangeiro.

A escrituração, desse modo, consuma-se em idioma e moeda corrente nacionais, e em forma contábil. A ordem cronológica de dia, mês e ano deve ser mantida sem intervalos em branco, nem entrelinhas, borrões, rasuras, emendas ou transportes para as margens.

O contabilista legalmente habilitado – inscrito no Conselho Regional de Contabilidade, sempre que houver um em sua localidade – é o responsável pela escrituração.

O empresário ou a Sociedade Empresária, segundo o Código Civil, possuirá os livros exigidos por lei e o Diário – mas este pode ser substituído por fichas, em casos de escrituração mecanizada ou eletrônica. A adoção de fichas não dispensa o uso de livro apropriado para o lançamento dos Balanços Patrimonial e de Resultado Econômico.

É permitido ao empresário ou Sociedade Empresária criar os livros que entender convenientes para sua atividade, sem deixar, é lógico, de manter os livros obrigatórios, que, antes de serem utilizados, precisam ser autenticados no Registro Público de Empresas Mercantis.

A função do Diário é propiciar o lançamento – com individualização, clareza e caracterização de documento – de todas as operações que digam respeito ao exercício da empresa. Tal lançamento deve ser efetuado dia a dia, como o próprio nome sugere, e de forma escrita. Também serão lançados no Diário os balanços (patrimonial e os de resultado econômico).

Acerca dos atos empresariais escriturados, correspondência e demais papéis, enquanto não ocorrer prescrição ou decadência, o empresário ou a Sociedade Empresária deve conservar tais documentos em boa guarda.

O Balanço Patrimonial e o Resultado Econômico (Demonstração da Conta de Lucros e Perdas) devem ser claros e fiéis à situação real da empresa. O Balanço deve apresentar o ativo e o passivo, enquanto o Resultado Econômico trará o crédito e o débito da atividade negocial.

Para a contabilização de ativos da atividade negocial, deve-se utilizar o método de custo de aquisição, para a contabilização de participações societárias.

1.7. DA DESCONSIDERAÇÃO DE PESSOA JURÍDICA[17]

A teoria da desconsideração da personalidade jurídica já foi bastante estudada pelos doutrinadores. Ela tem sua origem no Direito inglês (*Piercing the Corporate Veil*) e está, hoje em dia, totalmente difundida no Direito brasileiro.

17 01 – Fraude não constatada. Agravo de Instrumento – Desconsideração da personalidade jurídica – Não localização de bens da executada – Não constatada fraude. 1-Trata-se de Agravo de Instrumento, com pedido de efeito suspensivo, interposto pela ..., contra a decisão que indeferiu o pedido de desconsideração da personalidade jurídica da presente Execução contra o devedor solvente. 2-Os sócios respondem com o próprio patrimônio pelas dívidas da empresa, conforme a teoria da desconsideração da personalidade jurídica, quando agir com dolo ou má-fé, fraudando credores ou contrariando a lei, nos termos do art. 50 do CC. 3-Desta forma, só se aplica a desconsideração da personalidade jurídica, isto a *disregard doctrine*, quando houver a prática do ato irregular. 4-A intenção da desconsideração da pessoa jurídica não é a de considerar ou declarar nula a personificação, mas de torná-la ineficaz para determinados atos em benefício dos credores lesados. No entanto, para que isso ocorra, os requisitos de sua caracterização devem encontrar-se presentes e cabalmente demonstrados, o que não ocorreu no presente caso, vez que não ficou comprovado que a agravada agiu de má-fé ou em fraude à lei dos credores. 5-Verifica-se, ainda, que a agravada sofreu transformação societária, tendo sido reincorporada a outra pessoa jurídica, de maneira que a cobrança deva ocorrer contra esta, em virtude do disposto nos arts. 568, inciso II e 584, parágrafo único, do Código de Processo Civil, que dispõem sobre a responsabilidade dos sucessores dos devedores. 6-Agravo de Instrumento a que nego provimento, restando o Agravo Regimental prejudicado. (TRF – 3ª Região; 5ª T.; AI nº 210803 – SP; Processo nº 2004.03.00. 036249-1; Rel. Des. Federal Suzana Camargo; j. 17/4/2006; v.u.) site www.trf3.gov.br

02 –Desconsideração da Personalidade Jurídica – Admissibilidade. Execução – Penhora – Sócios – Desconsideração da personalidade jurídica – Admissibilidade. Execução. Penhora de bens dos sócios, aplicando-se o Princípio da Desconsideração da Personalidade Jurídica do executado. Admissibilidade. Diligências para localização de bens da sociedade que resultaram infrutíferas. Aplicação do art. 50 do Código Civil, regra que representa a recolocação do patrimônio da sociedade na esfera d atualização do credor. Penhora que se volta aos bens particulares dos sócios, para segurança do juízo executório e afetividade dos serviços (art. 5º, XXXV, da CF). Provimento. (TJSP – 4ª Câm. de Direito Privado; AI nº 440.607-4/4-00 – Santo André-SP; Rel. Des. Ênio Santarelli Zuliani; j. 27/4/2006) site www.tj.sp.gov.br

03 – Hipóteses – Cabimento. Execução diversa – Desconsideração da personalidade jurídica – Hipóteses de cabimento. A desconsideração da personalidade societária é hipótese a ser considerada somente nos casos de comprovado abuso de direito para fraudar a lei ou prejudicar terceiros, nos termos da jurisprudência pátria. (TRF – 4ª Região; 3ª T.; AI nº 2005.04.01.051620-5-PR; Rel. Juíza Federal Vânia Hack de Almeida; j. 6/3/2006; v.u.) site www.trf4.gov.br

04 – Hipóteses – Cabimento. Execução de sentença – Redirecionamento para o sócio-gerente – Hipóteses de cabimento. Os Tribunais vêm admitindo a tese da desconsideração da personalidade jurídica nos casos em que a sociedade se presta como disfarce para ato abusivo ou em fraude a credores. Todavia, para que seja declarada é necessária a prova cabal da fraude realizada pelos sócios ou administradores da pessoa jurídica. (TRF – 4ª Região; 3ª T.; AI nº 2006.04.00.011446-9-SC; Rel. Juíza Federal Vânia Hack de Almeida; j. 17/10/2006; v.u.) site www.trf4.gov.br

05 – Litisconsórcio. Civil e Processo Civil – Litisconsórcio – Legitimidade passiva – Mérito – Desconsideração da personalidade jurídica. 1-A responsabilidade por ato ilícito é solidária e, portanto, não se fala em litisconsórcio entre os causadores do dano, cabendo à vítima processar um ou alguns ou todos ao seu critério. 2-A preliminar de ilegitimidade passiva, baseada no argumento de não ser o apelante associado da F... extinta, se confunde com o mérito, que, no caso, consiste exatamente em saber se teve ou não responsabilidade pelo ato gerador do dano, assim como descrito na inicial. 3-A inicial pede indenização pelo dano causado pelo ato de extinção da F... em fraude aos seus credores, posto que não quitadas as dividas antes da extinção. 4-O apelante não é associado nem participou da administração da F... em qualquer tempo, muito menos participou da Assembléia (fls. 30) que deliberou sua extinção, logo, por óbvio, não pode ser respon-

O Direito brasileiro passou a assimilá-la por meio das sucessivas decisões dos tribunais, mas é oportuno dizer que há tempos a doutrina já vinha aceitando tal mecanismo jurídico.

sabilizado por essa extinção e seus efeitos. 5-A inicial encerra uma pretensão de desconsideração da personalidade jurídica, a partir da qual se busca alcançar os associados que administravam a F..., pelas dívidas por esta deixadas. O apelante, entretanto, não era associado nem administrava. 6-Apelação provida. Sucumbência invertida em relação ao apelante (5% do valor cobrado). (TRF – 1ª Região; 5ª T.; ACi nº 2000.01.00.116793-9-DF; Rel. Des. Federal Fagundes de Deus e Rel. Convocado Juiz Federal César Augusto Bearsi; j. 8/11/2006; v.u.) site www.trf1.gov.br.

06 –Pressupostos – Comprovação. Processual Civil – Agravo de Instrumento – Aplicação da teoria da desconsideração da pessoa jurídica – Deferimento condicionado à comprovação de existência dos pressupostos autorizadores – CC/2002, art. 50 - Precedentes. 1-O juiz poderá desconsiderar a personalidade jurídica da sociedade quando houver abuso de direito, excesso de poder, ato ilícito por parte de seus sócios dirigentes, falência ou insolvência. 2-A inobservância da cláusula contratual quanto ao recolhimento do ICMS não dá ensejo à teoria da desconsideração da personalidade jurídica posto que não se reveste do caráter de excepcionalidade. 3-Agravo da ... improvido. (TRF – 1ª Região; 5ª T.; AI nº 2004.01.00.048962-6-MG; Rel. Des. Federal Selene Maria de Almeida; j. 5/7/2006; v.u.) site www.trf1.gov.br

07 – Pressupostos Inexistentes. Processual Civil – Execução. Redirecionamento à pessoa do sócio – Desconsideração da pessoa jurídica da empresa executada – Pressupostos – Inexistência. 1-Não comprovada a alegada extinção irregular da empresa executada, assim como a sua utilização pelos sócios para fraudar credores, pressuposto indispensável para ensejar o redirecionamento da execução ao sócio, correta a decisão que indeferiu pedido da exeqüente, visando a desconsideração da personalidade jurídica da empresa executada. 2-Agravo desprovido. (TRF – 1ª Região; 6ª T.; AI nº 2005.01.00.058867-5-MG; Rel. Des. Federal Daniel Paes Ribeiro; j. 28/8/2006; v.u.) site www.trf1.gov.br

08 – Requisitos. Agravo de instrumento – Desconsideração da personalidade jurídica da pessoa jurídica. A importância do princípio da autonomia patrimonial da pessoa jurídica impõe a aplicação da desconsideração apenas em casos excepcionais, atendidos determinados requisitos bem específicos, não sendo o caso em questão. (TRF – 4ª Região; 1ª T.; AI nº 2005.04.01.052195-0-PR; Rel. Des. Federal Edgard Antônio Lippmann Júnior; j. 31/1/2006; v.u.) site www.trf4.gov.br

09 – Responsabilidade dos Sócios. Comercial – Teoria da Desconsideração da Personalidade Jurídica – Extinção irregular da sociedade – Responsabilidade dos sócios.
Execução. Penhora. Sociedade. Bens pessoais do sócio. Teoria da desconsideração da personalidade jurídica. Ante a extinção irregular da sociedade, que restou sem patrimônio, para fazer face aos débitos pendentes, respondem os bens particulares dos sócios, desconsiderando-se, para esse efeito, a personalidade jurídica da devedora. Precedentes. Provimento do Agravo de Instrumento, prejudicado o Agravo (TRF – 4ª Região; 3ª T.; AI nº 2004.04.01.022400-7-RS; Rel. Des. Federal Carlos Eduardo Thompson Flores Lenz; j. 22/8/2006; m.v. e v.u.) site www.trf4.gov.br

10 – Responsabilidade dos Sócios – Ausência. Agravo de Instrumento – Execução de sentença de honorários advocatícios – Responsabilidade pessoal dos sócios da empresa executada – Ausência. A desconsideração da personalidade jurídica constitui medida de exceção ao princípio que lhe atribui existência e patrimônio distintos dos seus integrantes, só se justificando quando evidenciada a utilização da pessoa jurídica da empresa para acobertar fraude ou abuso de direito (art. 50 do NCC). Ausência de prova da responsabilidade dos sócios e da dissolução irregular da empresa executada. (TRF – 5ª Região; 3ª T.; AI nº 66673-SE; Rel. Des. Federal Ridalvo Costa; j. 20/7/2006; v.u.) site www.trf5.gov.br

11 – Abuso de Direito. Agravo de Instrumento – Pessoa jurídica – Desconsideração da personalidade jurídica – Abuso de direito – Confusão patrimonial – Art. 50 do Código Civil. 1-Embora a personalidade da sociedade comercial não se confunda com a daqueles que compõem o quadro societário, circunstancia que, em princípio, impossibilita a penhora dos bens particulares de qualquer dos sócios, há casos que demandam

As leis foram editadas para abarcar a viabilidade de desconsideração da pessoa jurídica em certos casos específicos. A primeira legislação pátria a tratar dessa possibilidade foi o Código de Defesa do Consumidor. Em seu art. 28, o diploma

providência mais enérgica dos órgãos Jurisdicionais, sob pena de se frustrar o princípio da efetividade da jurisdição. 2-Nessa esteira de raciocínio, dispõe o art. 50 do Código Civil que, em caso de abuso da personalidade jurídica, caracterizado pelo desvio de finalidade, ou pela confusão patrimonial, pode o juiz decidir, a requerimento da parte, ou do Ministério Público quando lhe couber intervir no processo que os efeitos de certas e determinadas relações de obrigações sejam estendidos aos bens particulares dos administradores ou sócios da pessoa jurídica. 3-A inexistência de bens passíveis de penhora, somada às particularidades do caso sob julgamento (indicativas da confusão entre os patrimônios da sociedade e de seus sócios) caracteriza o abuso do qual tratou a norma civil e autoriza a desconsideração da personalidade jurídica da sociedade executada, para permitir que a penhora alcance os bens de seus sócios. 4-Agravo de Instrumento conhecido e provido. (TJDF – 6ª T. Cível; AI nº 2006.00.2.010620-8-DF; Rel. Des. João Batista Teixeira; j. 16/11/2006; v.u.) site www.tjdf.gov.br

12 – Bem de Família. Direito do Consumidor e Processual Civil – Apelação Cível – Embargos de Terceiro – Personalidade jurídica – Desconsideração – Teoria Menor – Aplicação – Bem de família – Único bem do executado – Citação do devedor no mesmo endereço do imóvel ofertado à penhora – Presunção de impenhorabilidade – Incidência da Lei nº 8.009/1990. 1-Ocorrendo obstáculo ao ressarcimento do consumidor, assim demonstrado pelas exaustivas e frustradas diligências promovidas pelo credor para localizar bens da empresa devedora, tudo a indicar sua insolvência, incide a regra do art. 28 do CDC, que disciplina a Teoria Menor da Desconsideração da Personalidade Jurídica. 2-Se o endereço ao qual se dirigiu o Oficial de Justiça, com o propósito de proceder à citação, é o mesmo do imóvel apresentado à penhora, não tendo, ademais, o executante demonstrado haver outros bens de propriedade do devedor passíveis de constrição,esses fatos são suficientes para firmar a presunção de que o bem é o único a guarnecer a entidade familiar do executado, impossibilitando, com isso, a respectiva penhora. 3-Recurso provido. (TJDF; 3ª T. Cível; ACi nº 2002.01.1.090200-9-DF; Rel. Des. Benito Tiezzi e Rel. Designado Des. Mário-Zam Belmiro Rosa; j. 23/2/2006; m.v) site www.tjdf.gov.br

13 – Bloqueio de Numerário Via Bacen-Jud. Direito Civil e Direito Processual Civil – Execução – Dissolução irregular da empresa devedora – Desconsideração da personalidade jurídica – Bloqueio de numerário via Bacen-Jud – Suspensão de instância. 1-A dissolução irregular de sociedade por quotas de responsabilidade limitada, aliada à inexistência de endereço certo e de bens passíveis de penhora, autoriza a desconsideração da personalidade jurídica (*disregard doctrine*) e, por conseqüência, a responsabilização patrimonial de seus sócios pela dívida executada. Inteligência do art. 50 do Código Civil/2002, c.c. art. 596 do CPC. 2-In casu, não há de cogitar em bloqueio de numerário via Bacen-Jud, sob pena de supressão de instância. O MM. Juiz de Primeiro Grau nada disse sobre o referido requerimento, porquanto – ao que tudo indica – entendeu estar o seu deferimento ligado intimamente à possibilidade de desconsideração da personalidade jurídica da agravada. Como esta última medida foi indeferida, reputou prejudicado o pedido de bloqueio do dinheiro. 3-Agravo de Instrumento conhecido e parcialmente provido. Unânime. (TJDF – 2ª T. Cível; AI nº 2006.00.2.003691-1-DF; Rel. Des. Waldir Leôncio Júnior; j. 14/6/2006; v.u.) site www.tjdf.gov.br

14 – Cadastro de Inadimplentes – Inclusão. Agravo de Instrumento – Dívida de pessoa jurídica – Inclusão do nome de sócio-gerente em cadastros de inadimplentes – Desconsideração da personalidade jurídica (art. 50 do CCB), sequer requerida. É sabido que o patrimônio da sociedade é distinto do patrimônio do sócio, sendo certo que somente em situações excepcionais, desde que efetivamente comprovado o abuso da personalidade , caracterizado pelo desvio de finalidade ou pela confusão patrimonial, o sócio pode ser forçado a garantir, com seu patrimônio particular, dívida da sociedade. Não possuindo o sócio-gerente responsabilidade pelo pagamento das dívidas da pessoa jurídica que administra, indevida a inclusão de seu nome em cadastros de inadimplentes ou sua indicação como devedor em títulos da empresa levados a protesto. (TJDF – 2ª T. Cível; AI nº 2005.00.2.011942-5-DF; Rel. Des.Carmelita Brasil; j. 30/8/2006; v.u.) site www.tjdf.gov.br

"consumerista" dispõe que o juiz pode desconsiderar a personalidade jurídica quando, em detrimento do consumidor, os sócios ou administradores praticarem atos com abuso de direito, excesso de poder, infração da lei, fato ou ato ilícito ou violação dos estatutos ou contrato social.

O Direito brasileiro passou, então, a adotar a teoria da desconsideração de pessoa jurídica, de modo que eventuais atos de abuso de poder ou intuito fraudulento dos sócios possam acarretar a extensão da responsabilidade da sociedade, atingindo, por conseguinte o patrimônio pessoal dos sócios. Tal expediente visa reparar danos ou prejuízos causados pela sociedade a terceiros.

A pessoa jurídica tem existência distinta da dos seus membros, sendo titular de direitos e obrigações. Isso é regra de direito. Para abalizar essa afirmação, basta se ater à redação dos seguintes artigos:

---

15 – Desconsideração da Personalidade Jurídica. Agravo de Instrumento – Direito Civil. Decisão que determinou desconsideração da personalidade jurídica da empresa executada. Prática abusiva caracterizada. A doutrina da superação ou desconsideração da personalidade jurídica, por óbvio, não pode ser reputada panacéia a ser aplicada indistintamente a todos os casos em que o patrimônio da pessoa jurídica for inferior ao seu débito. Todavia, o encerramento das atividades da empresa, em clara tentativa de furtar-se de obrigação constituída e existente, de sorte a não pagar seus débitos, constitui manobra aviltante, devendo ser repelida pelo Judiciário. Medida necessária à obtenção do crédito. Decisão mantida. Agravo desprovido. (TJRJ – 15ª Câm. Cível; AI nº 22649/2005-RJ; Rel. Des. José Pimentel Marques; j. 18/1/2006; v.u.) site www.tj.rj.gov.br

16 – Excesso de Execução. Embargos à Execução – Constrição de bens alienados fiduciariamente e em nome de terceiros – Excesso de execução. Titular do bem penhorado sendo sócio majoritário da empresa executada. Requerimento de desconsideração da personalidade jurídica da empresa em sede recursal. Automóvel penhorado que pertence ao sócio da empresa, que não ocupa o pólo passivo da execução. Inexistência de norma legal autorizando a constrição realizada. Discussão acerca da possibilidade de desconsideração da personalidade jurídica da empresa que não foi sustentada na exordial dos Embargos à Execução, não sendo admitida na fase recursal, sob pena de violação do devido processo legal e dos princípios do contraditório e da ampla defesa. Além do mais, necessária a prova irreprochável para autorizar o reconhecimento da desconsideração, na forma do novo ordenamento jurídico, com as normas insertas no Código Civil atual. Sucumbência recíproca arbitrada na r. sentença, que merece prestigio, já que julgado procedente apenas um dos pedidos da embargante, aplicando-se o art. 21, *caput* do CPC. Negado provimento. (TJRJ – 4ª Câm. Cível; AP nº 63642/06-RJ; Rel. Des. Reinaldo Pinto Alberto Filho; j. 9/1/2007; v.u.) site www.tj.rj.gov.br

17 – Insolvência Civil Não Caracterizada. Apelação Cível – Insolvência civil – Extinção do processo sem apreciação do mérito – Art. 267, IV, CPC – Existência de bem imóvel de valor superior ao passivo indicado pelo credor. O principal requisito para a caracterização da insolvência é o de que as dívidas excedam o valor dos bens do devedor. De acordo com a norma do art. 748 do CPC, não se pode considerar insolvente aquele que nomeia à penhora bem de valor superior à dívida apontada pelo credor. Correta a sentença que extinguiu o processo ante a existência de bem imóvel, em tese, superior ao valor do crédito reclamado, bem assim em razão de os executados não serem os originais devedores, mas pessoas físicas que tiveram seus bens alcançados face à desconsideração da personalidade jurídica, eis que sócios da sociedade condenada em processo judicial. Recurso improvido. (TJRJ – 11ª Câm. Cível; ACi nº 2006.001. 58201-RJ; Rel. Des. José Carlos de Figueiredo; j. 24/1/2007; v.u.) site www.tj.rj.gov.br
(Boletim AASP, nº 2521)

> *Art. 985. A sociedade adquire personalidade jurídica com a inscrição, no registro próprio e na forma da lei, dos seus atos constitutivos (arts. 45 e 1.150);*
> *Art. 1.024. Os bens particulares dos sócios não podem ser executados por dívidas da sociedade, senão depois de executados os bens sociais.*

Mas a partir da vigência do Código de 2002, surgiram inovações a esse respeito. O art. 50 prevê que "em caso de abuso da personalidade jurídica, caracterizado pelo desvio de finalidade, ou pela confusão patrimonial, pode o juiz decidir, a requerimento da parte, ou do Ministério Público quando lhe couber intervir no processo, que os efeitos de certas e determinadas relações de obrigações sejam estendidos aos bens particulares dos administradores ou sócios da pessoa jurídica".

O Brasil aderiu, dessa forma, à teoria da Desconsideração da Pessoa Jurídica. O Código Civil de 2002 representa uma evolução, pois não permite que o juiz decrete a desconsideração da pessoa jurídica *ex oficio*. O Código Civil de 2002 não considera a simples "má administração" para decretar a desconsideração. É necessário constatar a ocorrência de ato abusivo ou fraudulento ou, ainda, a confusão patrimonial e o desvio de finalidade.

É possível afirmar que a desconsideração da pessoa jurídica é uma medida excepcional, que não pode ser concedida indiscriminadamente. Ela não pode se tornar regra nos processos judiciais nem recurso para a obtenção de reparação sem a devida verificação de responsabilidade e nexo causal entre o sócio e a lesão.

O juiz precisa coordenar investigação que permita determinar se os titulares da sociedade agiram de modo faltoso ou impróprio em relação à sociedade para a realização da desconsideração da pessoa jurídica.

Necessário também verificar a existência de falência, estado de insolvência ou contribuição para cessação da atividade social por atos de má gestão.

Como se vê, a desconsideração não pode ser realizada como se fosse procedimento rotineiro, genérico, inserindo sócio sem conhecimento algum do pleito. Tanta cautela tem por objetivo evitar que esse expediente promova qualquer tipo de fraude. Portanto, a desconsideração não se presume, mas deve ser comprovada por quem a alega.

As principais inovações societárias trazidas pelo diploma legal de 2002, conclui-se, são essenciais para melhor implemento das relações societárias, correta e clara inserção de dados nos instrumentos societários, os quais devem respeitar os princípios da legalidade, impessoalidade, moralidade, publicidade e eficiência.

Considerando que até aqui se efetuou uma análise societária do Código Civil de 2002, principalmente no que toca às principais inovações trazidas pelo Direito de Empresa, convém, agora, destrinchar os principais expedientes que são tratados no dia-a-dia do operador do Direito.

Fundamentalmente, temos as inscrições do empresário individual, as constituições e alterações societárias das Sociedades Limitadas e, finalmente, as constituições e demais atos das Sociedades Anônimas, com especial destaque aos órgãos societários, como objeto da operacionalidade empresarial. Deste modo, analisaremos cada um, separadamente, com o fim metodológico de auxílio àqueles que necessitem da utilização desses procedimentos.

Capítulo 2
Operacionalidades Comuns no Dia-a-dia Societário

2.1. DO EMPRESÁRIO

Os procedimentos mais usuais no dia-a-dia da execução do Direito Societário dizem respeito aos atos individuais de empresários das Sociedades Limitadas e das Sociedades Anônimas.

A caracterização de empresário individual pressupõe a existência de uma pessoa física, que explora atividade econômica organizada para a produção ou a circulação de bens ou de serviços, com a finalidade de obter lucro. Cumpre consignar, para melhor elucidação, o parágrafo único do art. 966 do Código Civil de 2002, assim vejamos: "Não se considera empresário quem exerce profissão intelectual, de natureza científica, literária ou artística, ainda com o concurso de auxiliares ou colaboradores, salvo se o exercício da profissão constituir elemento de empresa."

Para ser considerado empresário individual, o indivíduo precisa que seus atos sejam registrados na Junta Comercial, mediante requerimento que contenha suas qualificações pessoais (nome, nacionalidade, domicílio, estado civil e, se casado, regime de bens), a firma com a respectiva assinatura autógrafa, o capital, a atividade econômica e a sede onde ele exercerá sua atividade econômica. A firma, que tem apenas um titular, é o nome empresarial que designa o empresário.

É prudente destacar que, na área de atuação empresarial, firma é a composição do nome do titular da empresa individual, conjuntamente com a atividade econômica escolhida. Ela deve ser assinada em todos os atos que ele pratica como empresário, pois é autógrafa (art. 968, inciso II, do Código Civil). No caso de inscrição, a assinatura deve ser a que o empresário usa normalmente em relação ao seu nome.

A total regularidade do registro de empresário na Junta Comercial exige que ele tenha seus atos elaborados em documento sem rasuras ou entrelinhas. O nome do titular deve ser grafado de forma completa.

A nacionalidade e o nome do país em que o titular nasceu são itens obrigatórios, bem como as informações sobre filiação e qualificação dele. Para efetivação do registro, são necessárias a indicação e a informação dos documentos do interessado: carteira de identidade, certificado de reservista, carteira profissional do Ministério do Trabalho, carteira de exercício profissional ou carteira de identidade de estrangeiro (com visto permanente) do titular e a carteira nacional de habilitação. Também é imprescindível que constem o endereço completo do titular e o endereço do estabelecimento comercial a ser instituído.

O nome do titular deve ser completo, ou abreviado, desde que a abreviação não incida sobre o último nome, podendo agregar, se quiser, designação precisa sobre sua qualificação profissional ou sobre o gênero de sua atividade. Se existir nome semelhante registrado, o titular é obrigado a alterar o nome para que não haja colidência.

Serão anotadas, no registro de empresário e no de nome comercial, as alterações das declarações subseqüentes, objeto do registro inicial. E a data do cadastro deve coincidir com o início das atividades.

As atividades do empresário devem ser escritas de forma que exprimam seus objetivos, sendo proibida a inserção de termos estrangeiros na descrição, exceto quando não houver termo correspondente em português. O objeto a ser desenvolvido como atividade econômica não poderá ser inconveniente ou contrário aos bons costumes ou à ordem pública.

E não podem ser empresários os indivíduos proibidos e impedidos de exercer atos empresariais: os cônsules, nos seus distritos, com exceção dos não remunerados; os médicos, para o exercício simultâneo da farmácia; os farmacêuticos, para o exercício simultâneo da medicina; os servidores públicos civis e militares da ativa; os estrangeiros (sem visto permanente); estrangeiros naturais de país limítrofe, domiciliado em cidade contígua ao território nacional.

Para o registro da inscrição de empresário, é necessária a aceitação prévia da Secretaria de Assuntos Estratégicos da Presidência da República, sempre que se tratar de atividades relacionadas a radiodifusão de sons ou de sons e imagens, pesquisa, lavra, exploração e aproveitamento de recursos minerais na faixa de fronteira (150 quilômetros ao longo das fronteiras terrestres).

O cidadão português, no gozo de seus direitos e obrigações, conforme prevê o Estatuto da Igualdade, pode se inscrever como empresário individual, exceto na hipótese de atividade jornalística e de radiodifusão sonora e de sons e imagens. Da mesma forma, não pode ser empresário individual para o exercício de atividade jornalística e de radiodifusão de sons e de sons e imagens o brasileiro naturalizado há menos de dez anos.

Determinadas atividades dependem, obrigatoriamente, de autorização prévia de órgãos governamentais para o seu funcionamento. É o caso das instituições financeiras.

Quando o ato inscricional do empresário individual ocorrer por procuração, o requerimento de empresário deve ser assinado pelo procurador, nomeado por meio de procuração passada por instrumento público, contendo poderes específicos para o registro na Junta Comercial. A procuração também será arquivada, com o processo, na Junta Comercial.

As pessoas absolutamente incapazes e as pessoas relativamente incapazes não podem ser empresárias.

Todas as filiais devem ser registradas na Junta Comercial, mas poderá ser utilizada uma única capa de processo/requerimento para todos os formulários de inscrição apresentados pelo empresário.

A alteração de nome comercial da sede atinge, automaticamente, as suas filiais no Estado, sem a necessidade de apresentação de novos formulários para mudança de cada uma delas.

É tarefa do empresário o arquivamento, nas Juntas Comerciais dos Estados em que se encontram as suas filiais, de cópias da anotação que alterou o nome empresarial, chancelada pela Junta da sede da empresa.

Qualquer mudança de nome civil do empresário individual, como em função de matrimônio ou de retificação de assento, requer a alteração do nome empresarial. Os processos de transformação, incorporação, cisão e fusão de empresas não se aplicam aos empresários, perante o órgão responsável pela execução do registro público mercantil, pois o empresário individual não é a sociedade (trata-se apenas de equiparação à sociedade) e, por conseqüência, não possui quotas sociais. Contudo, ele tem bens do ativo que compõem seu estabelecimento empresarial. Esses bens podem ser transferidos a terceiros.

O pedido de arquivamento de atos de extinção de empresário será instruído com os seguintes comprovantes de quitação de tributos e contribuições sociais federais: Certidão de Quitação de Tributos e Contribuições Federais com a Fazenda Nacional, emitida pela Receita Federal; Certidão Negativa de Débito (CND), fornecida pelo Instituto Nacional de Seguridade Social (INSS); Certificado de Regularidade do Fundo de Garantia por Tempo de Serviço (FGTS), fornecido pela Caixa Econômica Federal; e Certidão Negativa de Inscrição na Dívida Ativa; se por falecimento do titular: Certidão de Inventariança, expedida pelo Juízo competente; se tiver base no art. 29 da Lei nº 8.864/1994, declaração firmada pelo empresário, sob as penas da lei, de que não exerceu atividade econômica de qualquer espécie durante cinco anos consecutivos anteriormente ao pedido, e comprovante de pagamento do preço do serviço (recolhimento estadual e federal.)

A anulação por falecimento do empresário deve ser efetivada mediante apresentação do alvará específico para o seu encerramento, assinado pelo inventariante.

A complementação ao nome empresarial das siglas ME ou EPP (Microempresa ou Empresa de Pequeno Porte, respectivamente) não pode ser feita na declaração de registro de empresário. Esse procedimento só ocorre depois de efetivada a declaração, em um documento apartado que levará o número dois e deverá ser protocolado simultaneamente. É importante ressaltar que determinados objetos sociais não admitem o enquadramento nos regimes de microempresa ou empresa de pequeno porte.

Somente depois de o registro inscricional ser efetuado pela Junta Comercial é que se fará o enquadramento do empresário na condição de microempresa ou empresa de pequeno porte, perante declaração própria para essa finalidade. A partir daí, esses termos serão acrescentados ao nome empresarial.

Empresários que podem ser enquadrados como microempresa ou empresa de pequeno porte, e que, no período de cinco anos, não tenham exercido atividade econômica de qualquer espécie, poderão solicitar a baixa no registro perante a Junta Comercial, mesmo sem prova de quitação de tributos e contribuições para com a Fazenda Nacional, bastando para isso a apresentação da declaração de inatividade.

Portanto, o empresário pode ser considerado uma versão do que antes se chamava titular da firma individual. E a ausência de registro na Junta Comercial implica sanções que, se devidamente aplicadas, podem impedi-lo de requerer falência do seu devedor; buscar recuperações de créditos judiciais ou extrajudiciais; utilizar seus livros como prova junto ao Poder Judiciário; e, na hipótese de ter sua falência decretada, a possibilidade de responder por crime falimentar, ficando, conseqüentemente, impedido de exercer a atividade empresária por algum tempo. Ele também estará sujeito a eventual autuação e multa pelos organismos incumbidos de fiscalização, nos âmbitos municipal, estadual e federal.

2.2. SOCIEDADE LIMITADA

De acordo com as informações do Departamento Nacional do Registro do Comércio (DNRC), a maioria das Sociedades Empresárias em atividade no Brasil pertence ao tipo societário limitada, porque esse enquadramento se ajusta à constituição das pequenas, médias e grandes empresas.

A Sociedade Limitada é aquela em que a responsabilidade de cada sócio é restrita ou limitada ao valor de suas quotas, conforme representadas no capital social. Por isso, ela garante aos seus titulares a limitação de suas responsabilidades, estabelecendo uma distinção precisa entre o patrimônio da sociedade e o patrimônio pessoal dos sócios.

2.2.1. Constituição Social

Para a apresentação correta da Sociedade Limitada perante o Registro Público de Empresa, é obrigatório que seja confeccionado o instrumento de contrato social e que este esteja assinado por todos os sócios ou seus procuradores.

Sempre que o contrato social for assinado por procurador, é preciso apresentar também o documento de procuração com poderes específicos para esse ato e a aprovação prévia do órgão governamental competente, quando for o caso. Desde já, vale esclarecer que é necessário também que esteja consignada, no corpo do instrumento de constituição, em cláusula própria, ou em ato separado, a declaração de desimpedimento do administrador.

No caso de haver participação societária de empresa estrangeira, a prova da existência legal da empresa e da legitimidade de sua representação deve ser anexada ao instrumento de constituição.

Se a sociedade apresentar participação societária de empresa pública, sociedade de economia mista, autarquia ou fundação pública, deve-se juntar ao contrato social a edição da folha do *Diário Oficial* da União, do Estado ou do Município na qual tiver sido publicada a autorização legislativa. Se isso não for possível, é preciso constar citação, no contrato social, referente à natureza, ao número e à data do ato de autorização legislativa, bem como nome, data e folha do jornal oficial em que a autorização foi publicada. Também são exigidos: fotocópia do documento de identidade do representante legal, ficha de cadastro e comprovantes de pagamento dos emolumentos dos serviços (recolhimento federal e recolhimento estadual).

A exigência mínima para a confecção do instrumento de contrato social de uma Sociedade Empresária são os seguintes elementos: título; preâmbulo; corpo do contrato; cláusulas obrigatórias (Lei nº 8.934/1994); fecho. O instrumento contratual não poderá conter emendas, rasuras ou entrelinhas.

No preâmbulo do instrumento de constituição social, deve constar a qualificação completa dos sócios, pessoas físicas ou jurídicas, e/ou de seus representantes. No caso de qualquer dos sócios ser representado por procurador, deve constar no preâmbulo do instrumento a qualificação completa do procurador.

No corpo do instrumento, serão apresentados o nome empresarial (que pode ser razão social – nesse caso, ela deve ser composta por sobrenome ou nome civil, completos ou abreviados, de pelo menos um dos sócios – ou denominação social), o capital da sociedade, a participação de cada sócio, a forma e o prazo de sua integralização; o município da sede em que a sociedade será estabelecida, com endereço completo, bem como o endereço das filiais – se houver –, declaração precisa e minuciosa do objeto social, prazo de duração da sociedade, data de encerramento do exercício social, quando não coincidente com o ano civil e com a nomeação do administrador, devidamente qualificado.

Ao final do instrumento contratual, devem constar local e data, nomes dos sócios e as respectivas assinaturas deles, e os nomes e assinaturas das testemunhas instrumentárias (no mínimo duas), com o número do documento da identidade e o órgão expedidor de cada uma delas. O visto de advogado não é exigido para as Microempresas (ME) e Empresas de Pequeno Porte (EPP).

Podem ser sócios de Sociedade Empresária, desde que não haja empecilho legal, os absolutamente capazes e o menor emancipado, se devidamente representado.

Os estrangeiros sem visto permanente são incapacitados de ser sócios e tampouco de exercer a administração de sociedades no Brasil; todavia, podem ser representados por instrumento particular, outorgado a brasileiros, com poderes específicos para receber citação – art. 119 da Lei das Sociedades Anônimas.

A razão e a denominação sociais devem ter a indicação do objeto social. O nome empresarial deve obedecer ao princípio da veracidade e da novidade, incorporando os dados específicos ou complementares exigidos ou não proibidos em lei. Não é permitido o registro de instrumento de constituição social cujo nome empresarial inclua ou reproduza, em sua composição, sigla ou denominação de órgão público da Administração Direta, Indireta e fundacional, federal, estadual ou municipal nem de organismos internacionais.

As quotas do capital social que estiver descrito no contrato social serão correspondentes ao montante da contribuição de cada sócio. Poderão ser utilizados para integralização de capital quaisquer bens, desde que suscetíveis de avaliação em dinheiro.

É proibida a participação de pessoa jurídica no capital social de empresa jornalística ou de radiodifusão, conforme o que foi descrito anteriormente sobre empresário individual.

Se a Sociedade Empresária mantiver filiais, o instrumento de constituição para cada uma delas deve indicar o município e o endereço completo de onde elas irão funcionar.

A sociedade que possuir sócio analfabeto deve ter, no seu instrumento de constituição, a assinatura de procurador daquele que não sabe assinar. O procurador deve ter sido designado por meio de procuração passada por instrumento público, contendo poderes específicos para assinar o contrato. Essa procuração, ou sua cópia autenticada, será anexada à documentação.

2.2.2. Alteração Contratual[1]

Os requisitos para o registro de alteração contratual são os mesmos necessários para o instrumento de constituição social, principalmente em relação ao preâmbulo e ao corpo do instrumento.

No instrumento de alteração contratual, porém, devem-se mencionar as alterações pretendidas e, no caso de consolidação, deve ser inserida nova redação, de acordo com a mudança pretendida.

Para a redução do capital social por motivo de perdas irreparáveis, o instrumento de alteração contratual precisa ser firmado pelos sócios. Nele se formalizará a redução do capital, com a diminuição proporcional do valor nominal das quotas para cada um (arts. 1.082 e 1.083, CC/2002).

Quando houver redução de capital porque este é considerado alto em relação ao objeto da sociedade, o instrumento de alteração contratual precisa ser formalizado com a indicação da redução e da devolução de parte do valor das quotas para os sócios – a devolução também pode ser considerada dispensando os sócios de prestações ainda devidas, com a redução proporcional do valor nominal de suas quotas.

Nesse caso, o registro do instrumento de alteração contratual precisa ser apresentado após o cumprimento do prazo de 90 dias, a partir das publicações do Balanço da sociedade em *Diário Oficial* da União, Distrito Federal ou do Estado, conforme o local da sede da sociedade e o jornal de grande circulação nele existente.

As certidões usuais (INSS, FGTS, CND, Receita Federal e Certidão Negativa de Inscrição na Dívida Ativa da União) deverão ser anexadas em quaisquer casos de redução de capital, exceto quando se trata de microempresa ou de empresa de pequeno porte (Lei nº 9.841 de 5/10/1999, art. 6º, II).

1 Aumento de capital. Comercial – Sociedade por quotas – Aumento de capital. Na vigência do Decreto nº 3.708/1919, o que nele ou no contrato social não estivesse normatizado ficaria sujeito à disciplina subsidiária da Lei das Sociedades Anônimas (art. 18); conseqüentemente, nenhuma alteração social, aumentado o capital, podia ser levada a efeito sem que dela os quotistas fossem intimados a subscrever as notas quotas com antecedência mínima de trinta dias. Recurso Especial conhecido e provido, em parte. (STJ – 3ª T.; REsp nº 696.726-SE; Rel. Min. Ari Pargendler; j. 8/8/2006 ; v.u.). (Boletim AASP).

O instrumento de alteração deve ser apresentado em uma via original, pelo menos, e poderá ser realizado por escritura pública ou particular, independentemente da forma de que se houver revestido o respectivo ato de constituição.

Ele precisa conter, no mínimo, os seguintes elementos: título, preâmbulo, corpo da alteração (nova redação das cláusulas alteradas, expressando as modificações introduzidas, a redação das cláusulas incluídas e a indicação das cláusulas suprimidas) e fecho.

No preâmbulo do instrumento de alteração, quando for requerido por deliberação majoritária, deverá constar o nome dos sócios que dela fazem parte, bem como a informação de que a deliberação se faz por maioria do capital, respeitando-se todas as normas dispostas no Código Civil de 2002.

A hipótese de a sociedade adquirir quotas de sócio, quando houver quotas liberadas – ou seja, integralizadas – pode ser evidenciada no instrumento de alteração, desde que esse procedimento ocorra com fundos disponíveis e sem ofensa ao capital, por acordo dos sócios. Da mesma forma, a sociedade pode adquirir quotas não liberadas de sócio remisso excluído, desde que o faça com fundos disponíveis e sem ofensa ao capital.

O instrumento de alteração que contenha a realização de capital com bens móveis ou semoventes deve contemplar uma relação desses bens no próprio corpo do contrato ou em documento à parte.

O ingresso ou a retirada de sócio da sociedade por ato *inter vivos* ou *causa mortis* dependem de alteração contratual, para ocasionar efeitos contra terceiros. Sempre que se tratar de instrumento de alteração que contenha sócio morto, o *de cujus* será representado pelo inventariante.

Todos os sócios e duas testemunhas assinarão as alterações contratuais, quando estas forem registradas por instrumento particular, salvo na hipótese de determinação majoritária. E em hipótese alguma os registros de instrumentos de alterações sociais representam a constituição de nova sociedade.

2.2.3. **Distrato Social**[2]

O distrato social poderá ser concretizado por escritura pública ou por instrumento particular, independentemente da forma de que se houver revestido o ato de

2 Certidão Negativa de Débitos. Tributário – Recurso Especial – Certidão negativa de débitos – Pessoa jurídica com quadro societário comum a outra empresa devedora do Fisco – Ilegalidade do indeferimento da certidão. 1-O fato de um dos sócios da pessoa jurídica ser devedor do Fisco, seja na qualidade de pessoa física ou de integrante de outra empresa que possua dívidas fiscais, não autoriza o Estado a recusar a expedição de certidão negativa de débitos à entidade que mantém o pagamento de seus tributos em dia. 2-Recurso Especial não provido. (STJ – 2ª T.; REsp nº 493.135-ES; Rel. Min. João Otávio de Noronha; j. 18/5/2006; v.u.). (Boletim AASP)

constituição da sociedade. O instrumento de distrato social deve conter os mesmos dados da constituição da sociedade, pelo menos, e estes devem ser seguidos das cláusulas próprias, como: a importância repartida entre os sócios; referência a pessoa ou a pessoas que ostentarem o ativo e o passivo da empresa; e indicação dos motivos da dissolução, quando não for realizada por mútuo consenso.

A dissolução/extinção de sociedade deverá ser arquivada na Junta Comercial, juntamente com: Certidão de Quitação de Tributos e Contribuições Federais para com a Fazenda Nacional, emitida pela Receita Federal; Certidão Negativa de Débito (CND), fornecida pelo Instituto Nacional de Seguridade Social (INSS); Certificado de Regularidade do Fundo de Garantia por Tempo de Serviço (FGTS), fornecido pela Caixa Econômica Federal; e Certidão Negativa de Inscrição na Dívida Ativa.

2.3. SOCIEDADE ANÔNIMA[3]

A Sociedade Anônima ou companhia pode ser definida como o tipo societário destinado aos grandes empreendimentos empresariais, que envolvem altos investimentos financeiros e que têm por objetivo o desenvolvimento da estrutura econômica – que desencadeiam fatores de produção, circulação, repartição e consumo – e o lucro de seus acionistas.

3 S/A. Manifestação da Procuradoria da JUCESP. Protocolado: SR nºs 412/03 à 427/03. Junta Comercial. Assunto: Pedido de reconsideração – Exigências sem respaldo legal.

1.Visto. 2.Trata-se de pedido de reconsideração de exigências exaradas pela i. 1ª Turma de Vogais desta Junta Comercial, ao analisar o pedido de arquivamento das Atas de Assembléias Gerais Ordinárias realizadas pelas interessadas em 30.04.2003, através das quais deliberadas a aprovação das demonstrações financeiras referentes ao exercício encerrado em 2002 e a distribuição de dividendos, bem como a eleição dos membros da diretoria e fixação de sua remuneração. 3.Conforme consta dos pedidos de reconsideração, foram proferidas as seguintes exigências: (i) juntar demonstrações financeiras dos exercícios findos em 2001 e 2002; (ii) juntar certidões negativas de débitos da Receita Federal e INSS das interessadas e dos seus sócios; (iii) anexar cópia dos livros Diários dos exercícios de 2001, 2002, 2003 (até 31 de maio); (iv) juntar cópia autenticada do RG e CPF dos sócios eleitos das interessadas. 4.Esse é o relatório. Passamos a nos manifestar. 4.1.Nos termos do art. 37, parágrafo único, da Lei 8.934/94, que regula o registro público de empresas mercantis e atividades afins, a Junta Comercial para efetuar o arquivamento dos instrumentos trazidos a registro, só poderá exigir outros documentos, além daqueles enumerados nas alíneas do art. 37, se referida exigência estiver prevista em lei. 4.2.Ao término do exercício social, a diretoria deve providenciar a elaboração das demonstrações financeiras da companhia (art. 176, da Lei 6.404/76), que são documentos contábeis destinados a retratar diversos aspectos do seu desenvolvimento. As demonstrações financeiras, junto com o relatório da administração serão postos à disposição dos acionistas (art. 133, da Lei 6.404/76) 30 (trinta) dias antes da realização da Assembléia Geral Ordinária (art. 132, I, da Lei 6.404/76), e devem ser publicados 05 dias antes da realização desta (art. 133, § 3º, da Lei 6.404/76). O art. 294, da Lei 6.404/76, dispõe que a companhia fechada que tiver menos de 20 (vinte) acionistas, com patrimônio líquido inferior a R$ 1.000.000,00 (um milhão de reais), poderá deixar de publicar os documentos de que trata o art. 133, dentre eles as demonstrações financeiras (art. 133, II), desde que sejam, por cópias autenticadas, arquivados no Registro do Comércio. As demonstrações financeiras e o relatório da administração, relativos ao

Ela é sempre considerada uma Sociedade Empresária, conforme o art. 982, parágrafo único, da Lei nº 6.404/1976, que regula a constituição e o funcionamento dessa espécie societária de natureza eminentemente mercantil.

O Código Civil de 2002 apenas incluiu a definição legislativa desse tipo societário, que tem o seu capital social dividido em ações.

A responsabilidade dos sócios ou acionistas nas Sociedades Anônimas é limitada pelo preço de emissão das ações que ele subscrever ou adquirir. Por isso, na Sociedade Anônima, cada acionista responde pelas ações que se obrigar a adquirir e que venha efetivamente a realizar para a formação do capital. Portanto, é o tipo societário no qual a limitação de responsabilidade dos sócios é

---

exercício findo em 2002, acompanham a ata que se pretende arquivar. 4.3.Ressalta-se, ainda, que para arquivamento de ata de assembléia geral ordinária, as demonstrações financeiras, bem como os livros Diários do exercícios anteriores, não devem ser exigidos, tendo em vista que tais exigências não estão amparadas por disposição legal. 4.4.De acordo com o inciso V, do artigo 37, da Lei 8.934/94, deve acompanhar o instrumento que se pretende arquivar a prova de identidade do titular de firma individual e dos administradores da sociedade. A Lei não exige prova de identidade de todos os sócios, nem reconhecimento de firma (art. 63) e os documentos são devolvidos ao interessado, logo após o exame (art. 34, inciso V, "c", do Decreto n.º 1.800/96). Ainda, de acordo com o dispositivo no art. 34, V, "d", do Decreto 1.800/96, fica dispensada nova apresentação de prova de identidade no caso de ter sido anotada em processo anteriormente arquivado. Consta das fichas cadastrais da interessada, a anotação referente à qualificação de seus administradores. 4.5. Com relação à apresentação de certidões negativas de débitos de contribuições sociais ao INSS, à Receita Federal, ao FGTS e da Dívida Ativa da União, ressalta-se que estão sujeitas respectivamente ao disposto no art. 47, I, "d", da Lei 8.212/91, no art. 27, "e", da Lei 8.036/90 e no art. 62, do Decreto-lei nº 147, 03.02.1967. O arquivamento da ata de assembléia geral ordinária que tem por objeto as matérias mencionadas no item 2. supra, não configura hipótese legal de exigência das referidas certidões. Logo, não podem ser exigidas pela JUCESP. 5.Os documentos solicitados pela i. Turma de Vogais não estão previstos em lei. 6.Diante do exposto, opinamos pelo acolhimento do pedido de reconsideração. (SP 14/07/2003; Procuradoria da JUCESP: Vera Lucia La Pastina)

Recesso de Acionistas. Comercial – Lei das Sociedades Anônimas – Caso Branco ... S/A – Contrato de compra e venda de ativos e passivos realizado com o Banco ... S/A – Regime de administração especial temporária – Direito de recesso dos acionistas – Prova emprestada – Violação do contraditório – Ilegitimidade passiva do comprador – Sucessão universal – Inexistência – Inteligência do art. 136 da Lei nº 6.404/1976 – Balanço Patrimonial maquiado – Relatório do Banco Central – Validade – Honorários advocatícios – Majoração. Não se declara a nulidade do processo em razão do uso de prova emprestada, quando esta não é decisiva para a resolução da demanda. Inexiste violação do direito de produzir prova quando o autor recusa indicar aquelas que seriam necessárias para a tutela de seus interesses. A aquisição pelo Banco ... S/A de ativos e passivos do Banco ...S/A, especificados em contrato de compra e venda feito com a autorização do Banco Central, não o transforma em parte legítima para a ação promovida por acionistas que pretendem exercer o direito de recesso ou reembolsá-lo do custo das ações. Em face do estado de insolvência do Banco ... S/A e do regime de administração temporária imposto pelo Banco Central, não há cogitar de direito de recesso ou pagamento de ações. Os honorários advocatícios devem ser majorados quando, reexaminados os critérios estabelecidos no art. 20, §§ 3º e 4º, CPC, arbitrou-se quantia que não condiz com a complexidade da causa. Preliminares rejeitadas, terceira Apelação não provida e primeira e segunda Apelações parcialmente providas. (TJMG – 10ª Câm. Cível; ACi nº 1.0024.96.086833-9/001-Belo Horizonte-MG; Rel. Des. Alberto Vilas Boas; j. 26/9/2006; v.u.). (Boletim AASP)

efetiva, não havendo solidariedade entre os acionistas por obrigações contraídas pela companhia.

O estudo das Sociedades Anônimas pode ser iniciado, de forma sistemática, da seguinte forma: ela se caracteriza por ser um grande empreendimento com, no mínimo, dois acionistas e um capital dividido em ações – que, em regra, representam a menor fração do capital social. Os demais títulos emitidos pela companhia, os quais conferem créditos aos seus titulares, são: partes beneficiárias, debêntures e bônus de subscrição.

O acionista, nas Sociedades Anônimas, é o titular de ações, aquele que possui direitos e deveres, de acordo com a espécie das ações de que for detentor.

E é relevante elencar e conceituar os órgãos sociais da companhia, no que se refere à instrumentalidade das Sociedades Anônimas, quais sejam: Assembléia Geral, Conselho de Administração, Conselho Fiscal e Diretoria. Cada um deles possui complexidades próprias e uma operacionalização específica.

Tratemos aqui da estrutura societária, posicionando os órgãos sociais de acordo com suas atribuições e competências, para melhor compreensão do tema.

O primeiro deles são as assembléias, que, dentro da sistemática jurídica, têm o significado de reunião. Mas não se pode dar essa denominação de assembléia a qualquer reunião. É necessário que as pessoas que a componham tenham igualdade ou semelhança de situação, estejam ligadas pelo mesmo interesse ou por identidade de funções e tenham sido previamente convocadas para deliberar ou resolver sobre questões específicas, conforme as regras ou formalidades estatuídas para esse fim.

No âmbito das Sociedades Empresariais, notadamente nas Sociedades Anônimas, a assembléia indica sempre a reunião dos sócios, previamente convocados, de acordo com as regras estatutárias ou contratuais, para deliberar sobre o objeto da convocação (quando se tratar de Sociedades Anônimas, as regras são sempre estatutárias).

No Direito brasileiro, a "assembléia geral" é definida como o órgão máximo de deliberação da sociedade, e pode ser realizada de modo ordinário (uma vez ao ano, para apreciar várias questões de rotina, previstas na legislação e no estatuto) ou de modo extraordinário (mediante convocação, sempre que necessário, para a deliberação de assunto de natureza eventual, porém importante, como a reforma de estatutos, a criação de ações, a mudança de objeto, a dissolução da sociedade, a participação em grupo de sociedades etc.). As assembléias extraordinárias podem necessitar de *quorum* qualificado para a deliberação, dependendo do assunto de que for tratar.

Como órgão supremo da sociedade, a assembléia tem poderes para decidir sobre todos os negócios sociais e para tomar as medidas que julgar convenientes para a defesa da sociedade e o desenvolvimento de suas operações.

Como competência privativa da assembléia geral, figuram os poderes de:

a) eleger ou destituir os administradores e os fiscais da companhia;
b) tomar anualmente as contas dos administradores e deliberar sobre as demonstrações financeiras por eles apresentadas;
c) autorizar a emissão de debêntures;
d) suspender os direitos do acionista;
e) reformar o estatuto;
f) deliberar sobre a avaliação dos bens com que o acionista concorre para a formação do capital social;
g) autorizar a emissão de partes beneficiárias;
h) deliberar sobre fusão, incorporação, cisão, dissolução e liquidação da sociedade, elegendo e destituindo o liquidante, julgando-lhe as contas;
i) autorizar os administradores a confessar a falência da sociedade e a propor recuperação judicial.

As assembléias devem ser instrumentalizadas por meio de atas, que, por sua vez, precisam ser arquivadas no órgão responsável pela execução do registro público mercantil – que é a Junta Comercial – e publicadas na imprensa.

Para a constituição de Sociedade Anônima, especificamente, a assembléia será instalada em primeira convocação, com a presença de subscritores que representem pelo menos metade do capital social e, em segunda convocação, com qualquer número.

O presidente da assembléia geral de constituição declarará formada a companhia, depois de observadas as formalidades legais e não havendo resistência de subscritores que representem mais da metade do capital social.

Para o deferimento da assembléia que se destina à constituição da Sociedade Anônima pela Junta Comercial, são necessários: a relação completa dos subscritores do capital social (ou lista, boletins, carta de subscrição); recibo do depósito bancário da parte do capital realizado em dinheiro (é exigido depósito de pelo menos 10% do capital subscrito em dinheiro); ata de eleição de peritos ou de empresa especializada, na presunção de realização em bens; ata de deliberação sobre laudo de avaliação dos bens, se não incluída a deliberação na ata de constituição, acompanhada do laudo; as folhas do *Diário Oficial* e do jornal particular que publicaram o anúncio convocatório da assembléia de constituição e das assembléias preliminares, quando for o caso.

A assembléia de constituição deve gerar uma ata, que será levada para registro na Junta Comercial. Essa ata indicará, obrigatoriamente, local, hora, dia, mês e ano da realização da assembléia; composição da mesa (nome completo do presidente e do secretário e quorum de instalação); e os dados da publicação do edital de convocação, salvo no caso da presença de todos os subscritores, o que tornam desnecessárias as publicações.

É de bom-tom que se faça a indicação na ata dos jornais que publicaram o edital por três vezes, seja o *Diário Oficial* ou jornal particular, com o detalhamento de data da edição e números das folhas/páginas em que a convocação foi publicada. Todavia, aconselha-se a apresentação à Junta Comercial dos originais dos jornais para arquivamento/anotação.

Entre as deliberações que precisam constar na ordem do dia, na ata de assembléia de constituição de Sociedade Anônima, devem estar pelo menos a avaliação dos bens, quando houver, com a nomeação de peritos ou de empresa especializada, e a deliberação a respeito, desde que essas formalidades sejam tomadas na própria assembléia de constituição, e a aprovação do estatuto.

Os bens da sociedade que serão incorporados em assembléia de constituição devem ser identificados com precisão em ata. Caso seja feita apenas uma descrição sumária dos bens em ata, será preciso suplementar com uma declaração assinada, contendo todas as informações necessárias para a transcrição no registro de imóvel, sendo observada a presença obrigatória dos peritos na assembléia.

Todos os subscritores, ou quantos forem necessários, devem assinar a ata para validar as deliberações. Caso a ata inclua a transcrição do estatuto, ela precisa ser assinada por todos os subscritores, pois o Estatuto Social tem de ser assinado por todos os subscritores do capital social. O estatuto conterá o visto de advogado – com indicação de nome e número de registro na Ordem dos Advogados do Brasil deste profissional.

A ata não pode conter emendas nem rasuras, e deve ter a assinatura das partes.

Podem ser acionistas de Sociedade Anônima, desde que não haja impedimento legal, homem ou mulher (solteira ou casada), de nacionalidade brasileira ou estrangeira, que se encontre na livre administração de sua pessoa e de seus bens; menor emancipado; os relativamente incapazes, assistidos, e os absolutamente incapazes, representados.

São impedidos de integrar o Conselho de Administração, de exercer função de diretor ou ser membro do Conselho Fiscal de Sociedade Anônima os relativamente e absolutamente incapazes; o estrangeiro, sem visto permanente: a pessoa jurídica estrangeira, em pessoa jurídica que seja titular de direito real sobre imóvel rural na faixa de fronteira – com 150 quilômetros de largura ao longo das fronteiras terrestres –, exceto com assentimento prévio da Secretaria de Assuntos Estratégicos (SAE) da Presidência a República.

A pessoa natural não acionista não pode ser membro do Conselho de Administração, embora possa ser diretor da Sociedade Anônima.

E é vetada a membrasia do Conselho Fiscal para pessoa que estiver incursa nos impedimentos já mencionados; membro de órgão de administração da própria companhia ou de sociedade controlada ou do mesmo grupo; empregado da companhia ou de sociedade controlada ou do mesmo grupo; e o cônjuge ou parente, até terceiro grau, de administrador da companhia.

A pessoa declarada incapaz por ato da Comissão de Valores Mobiliários não pode ser membro da administração (Conselho de Administração ou Diretoria) de companhia aberta.

Para receber nomeação como membro do Conselho de Administração, é obrigatório ser pessoa natural residente no País e acionista da sociedade. Somente pode ser diretor o indivíduo natural residente no País, acionista ou não. E para ser integrante do Conselho Fiscal, é preciso atender a um dos seguintes requisitos, além de não estar incurso em impedimento legal: ser diplomado em curso de nível superior ou ter executado, por prazo mínimo de três anos, cargo de administrador de empresa ou de conselheiro fiscal.

É obrigatório que o Estatuto Social contenha: nome empresarial; prazo de duração; o município da sede, com endereço completo, e foro; objeto social, definido de modo preciso e completo; capital social, emitido em moeda nacional; ações (número em que se divide o capital, espécie – ordinária, preferencial, fruição –, classes das ações e se terão valor nominal ou não, conversibilidade, se houver, e forma nominativa); diretores (número mínimo de dois ou limites máximo e mínimo permitidos); modo de sua substituição; prazo de gestão, que não poderá ser superior a três anos; atribuições e poderes; Conselho Fiscal estabelecendo se sua atividade será ou não permanente, com a enumeração de seus membros; efetivos e suplentes; término do exercício social, fixando a data, quando não coincidente com o ano civil.

Dispositivos específicos, quando houver, são necessários: ações preferenciais (indicação de suas vantagens e as restrições a que ficarão sujeitas); acréscimo do *quorum* de deliberações (especificação, além do percentual, das matérias a ele sujeitas); Conselho de Administração (número de membros ou limites máximo ou mínimo de sua composição, processo de escolha e substituição do presidente do Conselho, o modo de substituição dos conselheiros, o prazo de gestão e normas sobre convocação, instalação e funcionamento); isenção; direito; preferências; aumento de capital; sociedade de capital autorizado, art. 168, Lei nº 6.404/1976.

Dispositivos que sejam contrários à lei, à ordem pública e aos bons costumes, que excluam o acionista dos direitos essenciais, que atribuam voto plural a qualquer classe de ação, e que deleguem a outro órgão as atribuições e os poderes conferidos pela lei aos órgãos de administração não podem constar no estatuto, que deve ser assinado por todos os subscritores com indicação do nome de cada um por extenso.

A relação completa, lista, boletim ou carta de subscrição deverá conter qualificação dos subscritores do capital, compreendendo: pessoa física, qualificação completa; pessoa jurídica com sede no país, qualificação da empresa e do representante; pessoa jurídica com sede no exterior, qualificação completa da empresa e de seu representante, bem como: número de ações subscritas, a sua espécie e classe, se houver mais de uma, e o total da respectiva entrada, se a subscrição for em dinheiro; e autenticação pelos fundadores, pelo Presidente da assembléia de constituição ou diretor, no caso da relação de subscrição, ou assinatura dos subscritores, no caso de lista, boletim ou carta de subscrição.

A denominação da Sociedade Anônima pode conter o nome do fundador, acionista ou de pessoa que, por qualquer outra forma, tenha concorrido para o êxito da empresa, com a necessidade de constar indicação do objeto da sociedade. Ela deve ser acompanhada das expressões "companhia" no início ou "sociedade anônima" ao final, expressas por extenso ou de forma abreviada, mas, saliente-se, é proibido o uso da palavra companhia ao final.

O estatuto deve ser assinado por todos os subscritores com indicação de seu nome por extenso. A relação completa, a lista, boletim ou carta de subscrição deverá conter: qualificação dos subscritores do capital, compreendendo: pessoa física, qualificação completa, pessoa jurídica com sede no País, qualificação da empresa e do representante; pessoa jurídica com sede no exterior, qualificação completa da empresa e de seu representante, bem como: número de ações subscritas, a sua espécie e classe, se houver mais de uma, e o total da respectiva entrada, se a subscrição for em dinheiro; e autenticação pelos fundadores, pelo Presidente da assembléia de constituição ou diretor, no caso da relação de subscrição, ou assinatura dos subscritores, no caso de lista, boletim ou carta de subscrição.

Podem convocar a assembléia geral o Conselho Fiscal, nos casos previstos na lei, qualquer acionista, quando os administradores retardarem a convocação, ou acionistas que representem pelo menos 5% do capital votante.

Para a realização da assembléia, deve ser observado o prazo de oito dias, no mínimo, a partir do dia em que foi feita a primeira publicação do convite. Porém, se a assembléia não se reunir em primeira convocação – para que ela ocorra, em regra, é necessária a presença de acionistas que representem pelo menos um quarto do capital social da sociedade, com direito a voto –, será feita uma segunda convocação, e nesse caso a assembléia será instalada com qualquer número de acionistas.

Contudo, existem assembléias gerais que necessitam de maior representação do capital social para a sua realização e convocação. Nas companhias fechadas, o acionista que representar 5% ou mais do capital social será convocado por telegrama ou por carta, registrados e expedidos com a antecedência de, pelo menos, oito dias a partir da data marcada para a assembléia, desde que o tenha requerido à companhia, por escrito, com a indicação do endereço completo e do prazo de vigência do pedido, não superior a dois exercícios sociais, sendo esse prazo renovável. Mas nem assim a sociedade fica dispensada de publicar o aviso de convocação da assembléia (art. 124, § 3º, Lei das Sociedades Anônimas).

Todos os que possuem ações nominativas ou endossáveis precisarão exibir documentos de sua identificação, se a sociedade assim exigir, pois a propriedade dessas ações é denunciada pelos livros Registro de Ações Nominativas e Registro de Ações Endossáveis, que ficam em poder da sociedade. Os acionistas podem não comparecer pessoalmente às assembléias, fazendo-se presentes por seus representantes legais ou por procuradores.

E, nas companhias abertas, o procurador também pode ser uma instituição financeira, mas cabe ao administrador de fundos públicos representar os condôminos. O livro de Presença de Acionistas precisa ser assinado por todos os que comparecerem à assembléia, com informações completas a seu respeito – nome, nacionalidade, residência e o número das ações que possuem, com a respectiva natureza destas.

Nas assembléias gerais, as deliberações são tomadas por maioria de votos, cabendo a cada ação um voto. Porém, há ações cujos titulares não votarão, ou seja, as chamadas ações preferenciais sem direito a voto e as ações ao portador. Os titulares desses tipos de ações podem comparecer à assembléia e tomar parte nas discussões, mas não podem votar.

Por ser a Sociedade Anônima uma sociedade de capitais, a maioria das ações obriga a minoria a seguir a sua decisão, ainda que a minoria seja formada por maior número de pessoas. É importante evidenciar que na contagem dos votos não são computados os votos em branco.

Há um livro de Atas das Assembléias Gerais, no qual são lavradas as atas de todas as reuniões desse gênero. As atas devem ser assinadas pelos membros da mesa e por acionistas que constituem, por seus votos, a maioria necessária para a validade das deliberações tomadas pela assembléia. Assim, a falta de assinatura de algum acionista não invalida a ata, desde que se verifique que ela não é fundamental para a deliberação. As atas também podem ser lavradas na forma de sumário dos fatos ocorridos, com anotações das dissidências e dos protestos, bem como a transcrição das deliberações tomadas. Da ata serão tiradas cópias autênticas ou certidões para os fins legais.

Além disso, as assembléias gerais poderão ser ordinárias e extraordinárias. Cada um desses tipos de assembléias obedece a regras especiais, que não se chocam com as regras comuns, aqui mencionadas, sobre convocação, instalação e funcionamento das assembléias gerais.

2.3.1. Espécies de Assembléias

2.3.1.1. Assembléia Geral Ordinária

A assembléia geral ordinária presta-se a examinar as contas dos administradores e as demonstrações financeiras para deliberar sobre a destinação do lucro líquido do exercício e a distribuição de dividendos, elegendo os administradores e, se for o caso, os fiscais.

Todos os documentos que precisam ser submetidos à assembléia geral ordinária devem, até cinco dias antes do evento, ser publicados pela imprensa. Mas o anúncio de que esses documentos se encontram à disposição dos acionistas deve ser feito, por meio da imprensa, um mês antes.

A lei estabelece o dever para a Sociedade Anônima de enviar cópias dos documentos citados aos acionistas que solicitarem, por escrito, desde que os requerentes possuam 5% ou mais do capital social (art. 133, § 2º, da Lei das Sociedades Anônimas).

A falta de publicação de anúncios ou a não observância dos prazos estipulados em lei para esse procedimento são falhas desconsideradas pelas assembléias que reúnam a totalidade dos acionistas. Todavia, é necessária a publicação dos documentos antes da realização da assembléia (art. 133, § 4º, Lei das Sociedades Anônimas).

A lei permite que o acionista seja representado por procurador não acionista desde que este seja advogado ou administrador (art. 126, § 1º, da Lei das Sociedades Anônimas).

Antes de a assembléia ser oficialmente aberta, os acionistas devem assinar o Livro de Presença, com suas informações completas: nome, nacionalidade, residência, quantidade, espécie e classe de ações das quais são titulares (art. 127 da Lei das Sociedades Anônimas).

A mesa dirige os trabalhos da assembléia, exceto se o estatuto da sociedade dispuser algo diferente. A mesa deve ser composta por presidente e secretário escolhidos pelos acionistas presentes.

Os membros da administração e do Conselho Fiscal também serão escolhidos na assembléia geral ordinária. Somente quando se esgotar o período a que os administradores foram escolhidos é que será realizada nova eleição. Os membros do Conselho Fiscal e seus suplentes exercerão seus cargos até a primeira assembléia geral ordinária que se realizar após a sua eleição, e poderão ser reeleitos. Por esse motivo, em todas as assembléias gerais ordinárias será feita a eleição desses membros e de seus suplentes.

A assembléia geral ordinária deve conter, para a composição de um instrumento a ser designado ao Registro Público de Empresa: Capa de Processo/Requerimento; cópia autêntica da ata da assembléia geral ordinária em três vias; folhas do *Diário Oficial* e do jornal particular que publicaram o aviso de que o relatório da administração, cópia das demonstrações financeiras e parecer dos auditores independentes, se houver, se encontram à disposição dos acionistas. A ata não pode conter emendas, rasuras e entrelinhas. Ressalva expressa no próprio instrumento, porém, é admitida nesses casos, com a assinatura das partes. Nos instrumentos particulares, não deverá ser utilizado o verso das folhas da ata, cujo texto será grafado na cor preta, obedecidos os padrões técnicos de indelebilidade e nitidez para permitir sua reprografia, microfilmagem e/ou digitalização.

2.3.1.2. Assembléia Geral Extraordinária[4]

Assuntos que fogem do escopo das assembléias gerais ordinárias devem ser resolvidos por meio de assembléias gerais extraordinárias, que se realizarão sem data certa, quando assim requererem os interesses da sociedade.

4 CNDs. Manifestação da Procuradoria da JUCESP. Protocolado nº. 494-824/04-9. Assunto: Arquivamento de Ata de Assembléia Geral Extraordinária – Apresentação das certidões negativas de débito – Necessidade. Parecer CJ/JUCESP nº 200/2004. 1.Visto. 2.Trata-se de pedido de arquivamento de Ata de Assembléia Geral Extraordinária da interessada, realizada em 30.04.2004, através da qual deliberada a aprovação das contas

Nesse tipo de assembléias, seguem-se as normas comuns a respeito das assembléias gerais. A assembléia geral extraordinária que tiver por objeto a reforma do estatuto somente se instalará em primeira convocação com a presença de acionistas que representem dois terços, no mínimo, do capital com direito a voto, mas poderá se instalar em segunda convocação, com qualquer número.

Porém, pelo fato de nas assembléias gerais extraordinárias serem tratados assuntos de importância vital para a sociedade, como a reforma de estatutos, a

no período de Liquidação Ordinária, o encerramento do regime de Liquidação da Sociedade, nos termos do art. 219, da Lei 6.404/76, bem como a extinção e dissolução da interessada, ficando o Sr. ... (liquidante) responsável pelos livros e documentos contábeis. 3.Solicita a i. 3ª Turma de Vogais manifestação desta Procuradoria acerca da necessidade de apresentação das certidões negativas de débito. 4.Postos os fatos, manifestamo-nos. 4.1.Com relação à apresentação das certidões negativas, previstas em lei e enumeradas no Enunciado JUCESP nº 21/2003, nos casos de extinção de sociedade comercial, temos a considerar. 4.1.1.Dispõe o art. 47, da Lei 8.212/91, na redação dada pela Lei 9.528/97. ***"Art. 47. É exigida Certidão Negativa de Débito-CND, fornecida pelo órgão competente, nos seguintes casos: I – da empresa: .... d) no registro ou arquivamento, no órgão próprio, de ato relativo a baixa ou redução de capital de firma individual, redução de capital social, cisão total ou parcial, transformação ou extinção de entidade ou sociedade comercial ou civil e transferência de controle de cotas de sociedade de responsabilidade limitada."*** O dispositivo legal acima reproduzido estabelece as hipóteses em que, para arquivamentos de atos societários nos órgãos competentes, devem ser apresentadas certidões negativas de contribuições sociais, emitidas pela Receita Federal e pelo INSS. 4.1.2.Com relação à apresentação do Certificado de Regularidade do FGTS, fornecido pela Caixa Econômica Federal, estabelece a Lei n. 8.036, de 11.05.90, "in verbis": ***"Art. 27. A apresentação do Certificado de Regularidade do FGTS, fornecido pela Caixa Econômica Federal, é obrigatório nas seguintes situações: .... e) registro ou arquivamento, nos órgãos competentes, de alteração ou distrato de contrato social, de estatuto, ou de qualquer documento que implique modificações na estrutura jurídica do empregador ou na sua extinção." (g.n.).*** 4.1.3.A apresentação da certidão negativa da Inscrição de Dívida Ativa da União, fornecida pela Procuradoria Geral da Fazenda Nacional está prevista no art. 62, do Decreto-lei nº 147, 03.02.1967, que dispõe: ***"Art. 62 – Em todos os casos em que a lei exigir a apresentação de provas de quitação de tributos federais, incluir-se-á, obrigatoriamente, dentre aquelas, a certidão negativa de inscrição da dívida ativa da União, fornecida pela Procuradoria da Fazenda Nacional competente".*** 4.1.4. Ainda, conforme o disposto no inciso III, do parágrafo § 6º, do art. 257, do Decreto nº 3.048/99, tem a redação dada pelo Decreto 3.668/2000, o INSS passou a expedir certidão negativa com finalidade específica para a extinção de sociedade comercial, senão vejamos: ***"Art. 257. Deverá ser exigido documento comprobatório de inexistência de débito relativo às contribuições a que se referem os incisos I, III, IV, V, VI e VII do parágrafo único do art. 195, destinadas à manutenção da seguridade social, fornecida pelo órgão competente, nos seguintes casos: (.....................). § 6º É dispensada a indicação da finalidade no documento comprobatório de inexistência de débito, exceto: (Redação dada pelo Decreto nº 3.265, de 29.11.99) (.....................) III – no registro ou arquivamento, no órgão próprio, de ato relativo a baixa ou redução de capital de firma individual, redução de capital social, cisão total ou parcial, transformação ou extinção de entidade ou sociedade comercial ou civil e transferência de controle de cotas de sociedades de responsabilidade limitada. (Redação dada pelo Decreto nº 3.668, de 22.11.2000) (.....................)" (g.n.).*** 5.À vista do exposto, opinamos pela formulação de exigência para que a interessada apresente as certidões de regularidade fiscal perante a Secretaria da Receita Federal – SRF, a Procuradoria da Fazenda Nacional – PFN, a Caixa Econômica Federal – CEF e o Instituto Nacional do Seguro Social – INSS, ressaltando que esta última deve ser específica para a hipótese de extinção de sociedade. (SP 14/06/2004; Procuradoria da JUCESP: Vera Lucia La Pastina)

criação de ações preferenciais ou as alterações nas preferências ou nas vantagens conferidas a uma ou mais classes dessas ações – ou até mesmo a mudança do objeto da sociedade –, a lei impõe algumas medidas derrogatórias daquele princípio comum, não só quanto à representação do capital necessário para a instalação da assembléia, mas também em relação ao sistema de votação das deliberações.

A lei procura, com essas medidas restritivas, assegurar aos acionistas uma garantia maior para o sucesso da sociedade, evitando que assuntos de magna importância para a sociedade sejam resolvidos sem a devida atenção – o que pode ser perigoso.

Também, para a correta instrumentalização para o Registro Público de Empresa, a assembléia geral extraordinária deverá conter: Capa de Processo/Requerimento; cópia autêntica da ata da assembléia geral ordinária em três vias; folhas do *Diário Oficial* e do jornal particular que publicaram o aviso de que o relatório da administração, cópia das demonstrações financeiras e o parecer dos auditores independentes, se houver, encontram-se à disposição dos acionistas. A ata não poderá conter emendas, rasuras e entrelinhas, admitida, porém, nesses casos, ressalva expressa no próprio instrumento, com assinatura das partes. Nos instrumentos particulares, não deverá ser utilizado o verso das folhas da ata, cujo texto será grafado na cor preta, obedecidos os padrões técnicos de indelebilidade e nitidez para permitir sua reprografia, microfilmagem e/ou digitalização.

2.3.2. Convocação da Assembléia[5]

A Diretoria e o Conselho de Administração, se houver, têm a competência de convocar a assembléia geral ordinária (art. 123 da Lei das Sociedades Anônimas). A reunião dos membros do Conselho de Administração é válida desde que sejam obedecidas as formalidades legais para a sua efetivação.

---

5 Convocação S/A. Manifestação da Procuradoria da JUCESP. Protocolado nº. 8583/04-3

Assunto: Arquivamento de ata de AGE – Necessidade de apresentação dos jornais de publicação da convocação da AGE – Fundamento legal: art. 124, § 1º, inciso I e art. 289, da Lei nº 6.404/76 e art. 1153, do novo Código Civil. Parecer CJ/JUCESP nº 99/2004.

1.Vistos. 2.Trata o presente protocolado de solicitação da interessada para deixar de apresentar a publicação no DOE e jornal de grande circulação, demonstrando a publicação da convocação dos acionistas (Deliberação JUCESP nº 06/95) para comparecimento à AGE realizada dia 14.08.2003, tendo em conta tratar-se de sociedade de economia municipal, no regime fechado, regida pela Lei das Sociedades Anônimas. 3.Cita a interessada, para justificar sua pretensão, o art. 294 e o § 6º, do art. 176, da Lei nº 6.404/76. Nessas condições, solicita o Sr. Vogal desta Junta Comercial (6ª Turma), manifestação por parte desta Procuradoria. 4.Esse o breve relatório. Passamos a opinar. 5.Esclarecemos, de inicio, que o artigo 289, da Lei nº 6.404,

A Lei nº 9.457, de 5 de maio de 1997, que alterou a Lei nº 6.404/1976, aditando ao parágrafo único do art. 123 as alíneas *c* e *d*, de jeito que a AGO poderá ser convocada:

a) pelo Conselho Fiscal, nos casos previstos no inciso V, do art. 163;
b) por qualquer acionista, quando os administradores retardarem, por mais de 60 dias, a convocação, nos casos previstos em lei ou no estatuto;
c) por acionistas que representem 5%, no mínimo, do capital social, quando os administradores não atenderem, no prazo de oito dias, a pedido de convocação que apresentarem devidamente fundamentado, com indicação das matérias a serem tratadas;
d) por acionistas que representem cinco por cento, no mínimo, do capital votante, ou cinco por cento, no mínimo, dos acionistas sem direito a voto, quando os administradores não atenderem, no prazo de oito dias, a pedido de convocação de assembléia para instalação do Conselho Fiscal.

---

de 15 de dezembro de 1976 (Lei das Sociedades Anônimas), dispõe: *"Art. 289. As publicações ordenadas pela presente lei serão feitas no órgão oficial da União ou do Estado ou do Distrito Federal, conforme o lugar em que esteja situada a sede da companhia, e em outro jornal de grande circulação editado na localidade em que está situada a sede da companhia." (...)*. 6.Verifica-se, pela leitura de referido dispositivo legal, estar determinado que as publicações ordenadas pela Lei das Sociedades Anônimas serão realizadas no órgão oficial do Estado (Diário Oficial do Estado), onde esteja situada a sede da companhia, e em outro jornal de grande circulação editado na localidade em que está situada a sede da companhia. 6.1. Tratam-se de duas espécies de publicações, vez que o legislador pátrio usou a conjunção aditiva "e", o que nos leva a concluir ser necessária a publicação no Diário Oficial do Estado, e em outro jornal de grande circulação onde esteja situada a sede da companhia. 7. Quanto ao arquivamento das publicações das sociedades anônimas, o § 5º, do artigo 289, da Lei nº 6.404/76, estabelece: *"§ 5.º Todas as publicações ordenadas pela Lei das Sociedades Anônimas deverão ser arquivadas no Registro do Comercio." (g.n)*. 8.Outrossim, o art. 124, § 1º, inciso I, da Lei das S/A é claro ao determinar que a convocação dos acionistas para participar de assembléia deve ser feita mediante anúncio publicado por três vezes, no mínimo, sendo que na companhia fechada, a primeira convocação deverá ser feita com oito dias de antecedência, no mínimo, contado o prazo da publicação do primeiro anúncio. 9.Por fim, oportuno mencionar que o artigo 1.152, § 1.º, do novo Código Civil, reza que cabe ao órgão incumbido do registro, no caso, a Junta Comercial, por força, do que dispõe o artigo 1.150 de referida lei, verificar a regularidade das publicações, na forma que segue, "in termis": *"Art. 1.152. Cabe ao órgão incumbido do registro verificar a regularidade das publicações determinadas em lei, de acordo com o dispositivo nos parágrafos deste artigo. § 1.º Salvo exceção expressa, as publicações ordenadas neste Livro serão feitas no órgão oficial da União ou do Estado, conforme o local da sede do empresário ou da sociedade, e em jornal de grande circulação." (...)*. 10. Sendo assim, alertamos que a inobservância dos preceitos dos artigos 124, § 1º, inciso I e do 289, da Lei n.º 6.404/76, bem como do artigo 1.152, do novo Código Civil, quando das publicações atinentes às sociedades anônimas, evidencia infração a dispositivo legal, sendo aplicável contra os infratores as medidas administrativas e judiciais cabíveis. 11.Observa-se, antes de finalizar, que a questão em debate não envolve a análise dos arts. 294 e 176, § 6º, da Lei das S/A, vez que não se está a exigir da interessada a publicação das demonstrações financeiras da companhia. 12.Com estes esclarecimentos, propomos a devolução do presente à 6ª Turma, para sua ciência e notificação da interessada. (SP 30/03/2004; Procuradoria da JUCESP: Rosa Maria Garcia Barros, Procuradora do Estado. De acordo: Vera Lucia La Pastina, Procuradora do Estado.)

Geralmente, a convocação da AGO é providenciada pelo presidente do Conselho (ato comum e rotineiro). A inobservância pode gerar a responsabilização do presidente.

Conforme o art. 123 da Lei das Sociedades Anônimas, pode a convocação ocorrer por iniciativa da Diretoria, pois o Conselho de Administração só é obrigatório para as sociedades abertas e de economia mista. Também não é exigido que o órgão "Diretoria" tome para si a convocação, mas isso pode ser feito por qualquer de seus membros. A definição está consignada em estatuto ou pode ser objeto de deliberação de reunião de Diretoria.

O Conselho Fiscal somente pode convocar a assembléia geral (ordinária ou extraordinária) quando o Conselho de Administração ou a Diretoria retardar a convocação por mais de um mês.

A convocação pelo Conselho Fiscal é típica após o decurso do quinto mês do exercício, sob pena de responsabilização de seus membros.

Há outros motivos que revestem a possibilidade de convocação pelo Conselho Fiscal: os graves ou urgentes. Nesses casos, ocorrerão as assembléias gerais extraordinárias. Em caso de não constatação de motivos graves ou urgentes, a assembléia deve destituir seus membros.

As convocações por acionistas podem ocorrer em quatro situações de inércia dos órgãos de administração: 1) quando a reunião assemblear é obrigatória por lei ou pelo estatuto; 2) para instalação do Conselho Fiscal; 3) para apreciação de matérias que reputam relevantes; 4) para deliberar sobre conflito de interesses inibidor do exercício de voto.

Ao se analisar cada uma dessas situações, pode-se verificar que, quando se trata de reunião obrigatória, por determinação legal ou estatutária, qualquer acionista poderá convocar (independentemente do número de ações) a assembléia, se os órgãos da administração retardaram a providência por mais de 60 dias.

No caso de inércia para a convocação da assembléia que objetive a instalação do Conselho Fiscal, acionistas representando pelo menos 5% do capital podem solicitar a convocação do órgão competente (conforme o caso, o Conselho de Administração ou a Diretoria). Se a convocação não for providenciada em oito dias, a assembléia pode ocorrer tendo como pauta a instalação do Conselho Fiscal.

Em caso de discussão de matéria relevante, 5% dos acionistas podem solicitar sua convocação ao órgão competente.

E, se houver inércia dos órgãos de administração para deliberar sobre conflitos de interesses inibidor do exercício do direito de voto, acionistas representando 10% do capital (no mínimo) ou 5% do capital votante podem, nos 30 dias seguintes à data em que tiveram ciência inequívoca do potencial conflito de interesses capaz de inibir o exercício do direito a voto, requerer a convocação da assembléia aos administradores.

Nesses dois últimos casos, depois de oito dias sem a devida convocação, os acionistas podem tomar a iniciativa do ato convocatório.

E, por fim, existe a possibilidade de a própria assembléia se autoconvocar. Embora não haja previsão legal, a doutrina aceita essa hipótese, desde que sejam respeitadas todas as formalidades.

Segundo João Baptista Morello Netto, ex-presidente da Junta Comercial do Estado de São Paulo, o modo de convocação das assembléias procede-se da seguinte maneira:

> A convocação far-se-á mediante anúncio publicado por 3 (três) vezes, no mínimo, contendo, além do local, data e hora da assembléia, a Ordem do Dia. Prazos, conforme a Lei nº 10.303, de 31/10/2001 (art. 124, § 1º):
>
> Para a companhia fechada:
> 1ª convocação – antecedência mínima de 8 (oito) dias, contando o prazo da publicação do primeiro anúncio.
> 2ª convocação – antecedência mínima de 5 (cinco) dias, caso não se realize a assembléia em primeira convocação.
> Para a companhia aberta:
> 1ª convocação – antecedência mínima de 15 (quinze) dias.
> 2ª convocação – antecedência mínima de 8 (oito) dias.
> Observações:
> As convocações deverão ser feitas em cada caso não se admitindo anúncios prevendo desde logo a 2ª convocação, caso não se realize na data da convocação inicial.
> b) O acionista que possuir 5% do capital nas companhias fechadas poderá ser convocado por carta registrada ou telegrama, desde que tenha previamente solicitado à Companhia (art. 124, 3º).
> Dispensa da convocação: comparecimento à AGO ou AGE de acionistas representando a totalidade do capital social (art. 124, 4º). A lei refere-se a "todos os acionistas", e não apenas aos que possuem "direito de voto".
> Conforme modificação da Lei nº 10.303, foram incluídos novos §§ 5º e 6º, ao art. 124, segundo o qual, a CVM poderá a seu exclusivo critério, mediante decisão fundamentada de seu colegiado, a pedido de qualquer acionista, e ouvida companhia:
> I – aumentar, para até 30 (trinta) dias, a contar da data em que os documentos relativos às matérias a serem deliberadas forem colocados à disposição dos acionistas, o prazo de antecedência de publicação do primeiro anúncio de convocação da assembléia geral de companhia aberta, quando esta tiver por objeto operações que, por sua complexidade, exijam maior prazo para que possam ser conhecidas e analisadas pelos acionistas:

> II – interromper, por até 15 (quinze) dias, o curso do prazo de antecedência da convocação de assembléia geral extraordinária de companhia aberta, a fim de conhecer e analisar as propostas a serem submetidas à assembléia e, se for caso, informar à companhia até o término da interrupção, as razões pelas quais entende que a deliberação proposta à assembléia viola dispositivos legais ou regulamentares.
> § 6º – As companhias abertas com ações admitidas à negociação em Bolsa de Valores deverão remeter, na data da publicação do anúncio de convocação da assembléia, à Bolsa de Valores em que suas ações forem mais negociadas, os documentos postos à disposição dos acionistas para deliberação na assembléia geral." (Morello Netto, 15 p.)

E quanto ao local, segundo Morello Netto:

> A assembléia deverá realizar-se na sede da companhia. Excepcionalmente, poderá realizar-se em outro local, porém, na localidade da sede (art. 124, 2º). Trata-se de exceção, que deverá ser justificada em cada caso.
>
> Nada impede que, para maior facilidade da companhia, sejam realizadas em atos seqüenciais assembléias ordinárias e extraordinárias, estabelecendo a lei que a assembléia geral ordinária e a assembléia geral extraordinária podem ser, cumulativamente, convocadas e realizadas no mesmo local, data e hora, instrumentadas em ata única (art. 131, parágrafo único)." (Morello Netto, p. 15)

É necessário *quorum* de, no mínimo, um quarto do capital social com direito de voto para a primeira convocação. Para a segunda, porém, pode haver qualquer número de participantes (art. 125 da Lei das Sociedades Anônimas).

A maioria absoluta é exigida para que ocorram as deliberações assembleares, salvo se houver disposição estatutária ampliativa (art. 129 da Lei das Sociedades Anônimas). Se ocorrer empate na votação, a decisão será viabilizada por meio de arbitragem ou norma estatutária diversa. A possibilidade de uma nova assembléia é concedida após dois meses ou a partir de decisão judicial a esse respeito (art. 129, 2º da Lei das Sociedades Anônimas).

Morello Netto também se manifesta acerca do *quorum* qualificado:

> A Lei nº 9.457/1997, e, recentemente, a Lei nº 10.303/2001, alteraram a redação dos arts. 136 e 137, da Lei nº 6.404/1976 que a seguir será consignada em sua íntegra, os quais, inclusive quanto ao direito de recesso e ao critério para o reembolso das ações, dispõem o seguinte:
> Art. 136. É necessária a aprovação de acionistas que representem metade, no mínimo, das ações com direito a voto, se maior *quorum* não for exigido pelo estatuto da companhia cujas ações não estejam admitidas à negociação em bolsa ou no mercado de balcão, para deliberação sobre:

I – criação de ações preferenciais ou aumento de classe de ações preferenciais existentes, sem guardar proporção com as demais classes de ações preferenciais, salvo se já previstos ou autorizados pelo estatuto;
II – alteração nas preferências, vantagens e condições de resgate ou amortização de uma ou mais classes de ações preferenciais, ou criação de nova classe mais favorecida;
III – redução do dividendo obrigatório;
IV – fusão da companhia, ou sua incorporação em outra;
V – participação em grupo de sociedades (art. 265);
VI – mudança do objeto da companhia;
VII – cessação do estado de liquidação da companhia;
VIII – criação de partes beneficiárias;
IX – cisão da companhia;
X – dissolução da companhia.
§ 1º. Nos casos dos incisos I e II, a eficácia da deliberação depende de prévia aprovação ou da ratificação, em prazo improrrogável de um ano, por titulares de mais da metade de cada classe de ações preferenciais prejudicadas, reunidos em assembléia especial convocada pelos administradores e instalada com as formalidades desta Lei.
§ 2º. A Comissão de Valores Mobiliários pode autorizar a redução do quorum previsto neste artigo no caso de companhia aberta com a propriedade das ações dispersa no mercado, e cujas 3 (três) últimas assembléias tenham sido realizadas com a presença de acionistas representando menos da metade das ações com direito a voto. Neste caso, a autorização da Comissão de Valores Mobiliários será mencionada nos avisos de convocação e a deliberação com quorum reduzido somente poderá ser adotada em terceira convocação.
§ 3º. O disposto no § 2º deste artigo aplica-se também às assembléias especiais de acionistas preferenciais de que trata o § 1º.
§ 4º. Deverá constar da ata da assembléia geral que deliberar sobre as matérias dos incisos I e II, se não houver prévia aprovação, que a deliberação só terá eficácia após a sua ratificação pela assembléia especial prevista no § 1º.
Art. 137. A aprovação das matérias previstas nos incisos I a VI e IX do art. 136 dá ao acionista dissidente o direito de retirar-se da companhia, mediante reembolso do valor das suas ações (art. 45), observadas as seguintes normas:
I – nos casos dos incisos I e II do art. 136, somente terá direito de retirada o titular de ações de espécie ou classe prejudicadas;
II – nos casos dos incisos IV e V do art. 136, não terá direito de retirada o titular de ação de espécie ou classe que tenha liquidez e dispersão no mercado, considerando-se haver:
a) liquidez, quando a espécie ou classe de ação, ou certificado que a represente, integre índice geral representativo de carteira de valores mobiliários admitido à negociação no mercado de valores mobiliários, no Brasil ou no exterior, definido pela Comissão de Valores Mobiliários; e

> b) dispersão, quando o acionista controlador, a sociedade controladora ou outras sociedades sob seu controle detiverem menos da metade da espécie ou classe de ação;
> III – no caso do inciso IX do art. 136, somente haverá direito de retirada se a cisão implicar:
> a) mudança do objeto social, salvo quando o patrimônio cindido for vertido para sociedade cuja atividade preponderante coincida com a decorrente do objeto social da sociedade cindida;
> b) redução do dividendo obrigatório; ou
> c) participação em grupo de sociedades;
> IV – o reembolso da ação deve ser reclamado à companhia no prazo de 30 (trinta) dias contado da publicação da ata da assembléia geral;
> V – o prazo para o dissidente de deliberação de assembléia especial (art. 136, § 1º) será contado da publicação da respectiva ata;
> VI – o pagamento do reembolso somente poderá ser exigido após a observância do disposto no § 3º e, se for o caso, da ratificação da deliberação pela assembléia geral.
>
> § 1º. O acionista dissidente de deliberação da assembléia, inclusive o titular de ações preferenciais sem direito de voto, poderá exercer o direito de reembolso das ações de que, comprovadamente, era titular na data da primeira publicação do edital de convocação da assembléia, ou na data da comunicação do fato relevante objeto da deliberação, se anterior.
> § 2º. O direito de reembolso poderá ser exercido no prazo previsto nos incisos IV ou V do *caput* deste artigo, conforme o caso, ainda que o titular das ações tenha se abstido de votar contra a deliberação ou não tenha comparecido à assembléia.
> § 3º. Nos 10 (dez) dias subseqüentes ao término do prazo de que tratam os incisos IV e V do *caput* deste artigo, conforme o caso, contado da publicação da ata da assembléia geral ou da assembléia especial que ratificar a deliberação, é facultado aos órgãos da administração convocar a assembléia geral para ratificar ou reconsiderar a deliberação, se entenderem que o pagamento do preço do reembolso das ações aos acionistas dissidentes que exerceram o direito de retirada porá em risco a estabilidade financeira da empresa.
> § 4º. Decairá do direito de retirada o acionista que não o exercer no prazo fixado). (Morello Netto, p. 6)

No que toca à representação, devem ser comprovadas a titularidade das ações e a identidade dos acionistas. Mas o acionista pode ser representado na assembléia geral por procurador constituído há menos de um ano, que seja acionista, administrador da companhia ou advogado. Na companhia aberta, o procurador pode ser uma instituição financeira, e cabe ao administrador de fundos de investimentos representar os condôminos (art. 126, § 1º, da Lei das Sociedades Anônimas).

Sobre as formalidades, para Fábio Ulhoa Coelho, é necessário que se dê especial atenção à observância de ritual próprio, compreendendo determinadas falas e ações, para que ocorra a validade da reunião assemblear. Esse autor ensina que "a direção dos trabalhos da assembléia cabe à mesa, composta na forma estipulada (presidente e secretário) em estatuto ou eleito pelos acionistas" (Coelho, 2005).

Significa que, depois de a mesa diretora ser devidamente constituída, caberá aos seus membros operacionalizar os debates e a votação dos itens em pauta para, efetivamente, dar aos acionistas que estiverem presentes na assembléia o pleno exercício do direito de voz e voto.

A publicação das convocações, dos anúncios, das demonstrações financeiras e da ata das assembléias gerais deve seguir as regras do art. 289 e seus respectivos parágrafos da Lei das Companhias.

> *Art. 289. As publicações ordenadas pela presente Lei serão feitas no órgão oficial da União ou do Estado ou do Distrito Federal, conforme o lugar em que esteja situada a sede da companhia, e em outro jornal de grande circulação editado na localidade em que está situada a sede da companhia.*
>
> *§ 1º. A Comissão de Valores Mobiliários poderá determinar que as publicações ordenadas por esta Lei sejam feitas, também, em jornal de grande circulação nas localidades em que os valores mobiliários da companhia sejam negociados em bolsa ou em mercado de balcão, ou disseminadas por algum outro meio que assegure sua ampla divulgação e imediato acesso às informações.*
> *§ 2º. Se no lugar em que estiver situada a sede da companhia não for editado jornal, a publicação se fará em órgão de grande circulação local.*
> *§ 3º. A companhia deve fazer as publicações previstas nesta Lei sempre no mesmo jornal, e qualquer mudança deverá ser precedida de aviso aos acionistas no extrato da ata da assembléia geral ordinária.*
> *§ 4º. O disposto no final do § 3º não se aplica à eventual publicação de atas ou balanços em outros jornais.*
> *§ 5º. Todas as publicações ordenadas nesta Lei deverão ser arquivadas no registro do comércio.*
> *§ 6º. As publicações do balanço e da demonstração de lucros e perdas poderão ser feitas adotando-se como expressão monetária o milhar de reais.*
> *§ 7º. Sem prejuízo do disposto no caput deste artigo, as companhias abertas poderão, ainda, disponibilizar as referidas publicações pela rede mundial de computadores.*

Esclarece-se que as publicações devem ser feitas, obrigatoriamente, no *Diário Oficial* do Estado e não no *Diário Oficial* da União, e também em um outro jornal de grande circulação, editado na localidade em que está situada a sede da companhia.

A respeito da ata, Morello assevera que:

dos trabalhos e deliberações da assembléia, diz a lei, será lavrada, em livro próprio, ata assinada pelos membros da mesa e pelos acionistas presentes, sendo suficientes para a sua validade, a assinatura de quantos bastem para constituir a maioria necessária para as deliberações tomadas na assembléia (art. 130).

É autorizado pela legislação a confecção da ata na forma de sumário dos fatos ocorridos, incluindo dissidências e protestos, contendo, tão somente, as deliberações tomadas. Nesta condição, os documentos ou propostas, declarações de voto, impugnações, poderão ser apenas referidas na ata, identificados e arquivados na companhia (art. 130, 1º, *a* e *b*). Na Sociedade Anônima aberta a assembléia geral pode autorizar a publicação da ata com omissão da assinatura dos acionistas (art. 30, § 2º). Convém observar que a cópia da ata deverá ser arquivada na Junta Comercial em 3 (três) vias, certificadas por um dos integrantes da mesa diretora da assembléia ou por um dos administradores da companhia, dispensado o reconhecimento de firma. Saliente-se que a transcrição do texto, por cópia, deve ser integral, constando o nome dos acionistas que o assinaram.

A Ata da AGO deverá ser arquivada na JUCESP e publicada (art. 134, § 5º, da Lei das Sociedades Anônimas). (Morello Netto, p. 6)

2.4. REGISTRO MERCANTIL – JUNTA COMERCIAL

Quando se aborda o tema "Junta Comercial", é necessário, em primeiro lugar, ater-se ao conceito etimológico, histórico e jurídico da palavra "Junta", pois, conforme o Dicionário Jurídico De Plácido e Silva, esta palavra "deriva do latim '*Junctus*' (unido-reunido); e ela é tomada substantivamente na linguagem jurídica para designar toda corporação ou reunião de pessoas assim postas para que cumpram um objetivo determinado, em comum" (Silva, 1999, p. 463)

Partindo do conceito etimológico, é possível se deparar com a importância histórica do termo, tendo em vista que remonta do ano de 1808 sua instalação, coincidindo com a chegada da Família Real ao Brasil.

Nessa época, era denominada "Real Junta do Comércio, Agricultura, Fábricas e Navegação do Brasil e Domínios Ultramarinos", com incumbências administrativas e judiciárias.

Cada unidade da federação possui a sua Junta Comercial, sendo certo que apenas no ano de 1890 elas passaram a ter atribuições semelhantes às de hoje, ou seja, administrativas e de proteção de nome comercial.

Passemos, agora, ao estudo das Juntas Comerciais, que são órgãos estatais que desempenham funções de natureza federal, bem como de execução e administração dos serviços públicos.

Com a consolidação apresentada pela Lei nº 8.934, de 18 de novembro de 1994, regulamentada pelo Decreto nº 1.800, de 30 de janeiro de 1996, o Registro Público de Empresas Mercantis e Atividades Afins passou a ser exercido em todo o território nacional, de forma sistêmica, por órgãos federais e estaduais com a finalidade de:

a) dar garantia, publicidade, autenticidade, segurança e eficácia aos atos jurídicos das empresas mercantis, sujeitos a registro;
b) cadastrar as empresas nacionais e estrangeiras em funcionamento no país e manter atualizadas as informações relacionadas a essas empresas;
c) proceder às matrículas dos agentes auxiliares do comércio, bem como à sua anulação;
d) dar proteção ao nome empresarial.

Especificamente, sobre o último item relacionado, cumpre definir nome empresarial como aquele sob o qual o empresário e a Sociedade Empresária exercem suas atividades e se obrigam aos atos a eles pertinentes.

2.4.1. Nome Empresarial[6,7]

O nome empresarial compreende a firma e a denominação. A firma é o nome utilizado pelo empresário ou pela sociedade em que houver sócio de responsabili-

6 Uso de Nome Comercial. Ação cominatória de obrigação de não fazer – Tutela Antecipada – Uso de nome comercial – Prescrição vintenária – Atividades empresariais idênticas – Ausência de *periculum in mora*. Prescreve em 20 (vinte) anos a ação que objetiva fazer cessar o ilícito pela violação ao uso do nome ou marca comercial. A antecipação dos efeitos da tutela prevista no art. 273 do CPC tem como pressupostos básicos: a probabilidade de existência do direito afirmado pelo demandante que é a reunia da prova inequívoca e da verossimilhança da alegação; o risco de que o direito sofra um dano de difícil ou impossível reparação ou o abuso de direito de defesa do demandado e a reversibilidade dos efeitos do provimento. Não há risco de dano de difícil ou impossível reparação (*periculum in mora*) que justifique o deferimento da antecipação da tutela para fins de abstenção do uso do nome comercial da empresa agravante se as duas sociedades atuam no mesmo mercado, embora em cidades diferentes, com o mesmo nome há mais de 10 anos. (TJMG – 9ª Câm. Cível; Ag. nº 1.0024.05.735926-7/001 – Belo Horizonte-MG; Rel. Des. Antônio de Pádua; j. 11/7/2006; v.u.)

7 Denominação LTDA. Manifestação da Procuradoria da JUCESP. Protocolado: 394417/04-5 Assunto: Arquivamento de Ata de Reunião de Sócios – Indagação do i. Julgador Singular acerca da composição da denominação – Proposta de formulação de exigência. Parecer CJ/JUCESP nº 150/2004. 1.Visto. 2.Trata-se de pedido de arquivamento de Ata de Reunião de Sócios, realizada em 02.04.2004, através da qual os sócios da interessada deliberaram acerca do balanço patrimonial e demonstrações financeiras, bem como da distribuição de lucros e pró-labore. 3.Solicita o i. Julgador Singular manifestação desta Procuradoria acerca da formulação da denominação social, vez que a expressão limitada não está ao final. 4. É o breve relato. Passamos a nos manifestar. 5. A sociedade limitada pode adotar firma ou denominação. 5.1.A interessada adotou como nome empresarial uma denominação que, de acordo com as novas disposições do Código Civil, deve ser composta por 03 (três) elementos, a saber: o elemento individualizador (a expressão de fantasia); o elemento que indica a atividade econômica, que deve refletir o objeto social da sociedade, em obe-

dade ilimitada e, de forma facultativa, pela Sociedade Limitada. Já a denominação é o nome utilizado pela Sociedade Anônima e Cooperativa e, em caráter opcional, pela Sociedade Limitada e em Comandita por Ações.

O nome empresarial atenderá aos princípios da veracidade e da novidade e identificará, quando assim exigir a lei, o tipo jurídico da sociedade. O nome empresarial não poderá conter palavras ou expressões que sejam atentatórias à moral e aos bons costumes.

Observado o princípio da veracidade, o empresário só poderá adotar como firma o seu próprio nome, inserir, se quiser ou quando já existir nome empresarial idêntico, designação mais precisa de sua pessoa ou de sua atividade.

Observando-se, ainda, o mesmo princípio, a firma da sociedade em nome coletivo, se não individualizar todos os sócios, deverá conter o nome de pelo menos um deles, acrescido do aditivo "e companhia", por extenso ou abreviado; a Sociedade em Comandita Simples deverá conter o nome de pelo menos um dos sócios comanditados, com o aditivo "e companhia", por extenso ou abreviado; a Sociedade em Comandita por Ações só poderá conter o nome de um ou mais sócios diretores ou gerentes, com o aditivo "e companhia", por extenso ou abreviado, acrescido da expressão "comandita por ações", por extenso ou abreviado; e, por fim, a Sociedade Limitada, se não individualizar todos os sócios, deverá conter o nome de pelo menos um deles, acrescido do aditivo "e companhia" e da palavra "limitada", por extenso ou de forma abreviada.

A denominação é formada com palavras de uso comum ou vulgar na língua nacional ou estrangeira e/ou expressões de fantasia, com a indicação do objeto da sociedade. Na Sociedade Limitada, deverá ser seguida da palavra "Limitada", por extenso ou de forma abreviada; na Sociedade Anônima, deverá ser acompanhada das expressões "companhia" ou "Sociedade Anônima", por extenso ou de forma abreviada, vedada a utilização da primeira ao final; na Sociedade em Comandita por Ações, deverá ser seguida da expressão "em comandita por ações", por extenso ou de forma abreviada.

---

diência ao princípio da veracidade; e o tipo societário, no caso sociedade limitada. 5.2. Acerca da obrigatoriedade da indicação do tipo societário limitada, estabelece o "caput", do art. 1.158, do Código Civil: *"**Art. 1.158.** Pode a sociedade limitada adotar firma ou denominação, integrados pela palavra final "limitada" ou a sua abreviatura. (.....................)". (g.n.).* 5.3.Da análise do dispositivo acima, verifica-se que a firma ou a denominação social devem, obrigatoriamente, ser integradas pela palavra final limitada ou a sua abreviatura. 6.À vista do exposto, considerando que a atual formação da denominação da sociedade está em desacordo com o ordenamento jurídico positivo, opinamos pela formulação de exigência, para que a interessada retifique a formação do seu nome empresarial, acrescentando-se a palavra limitada ou a sua abreviatura ao final da denominação social. (SP 13/05/2004; Procuradoria da JUCESP: Vera Lucia La Pastina, Procuradora do Estado.)

Finalmente, na firma, observar-se-á, ainda, que o nome do empresário deverá figurar de forma completa, podendo ser abreviados os prenomes; os nomes dos sócios poderão figurar de forma completa ou abreviada, sendo admitida a supressão de prenomes; o aditivo "e companhia" ou "& Cia." poderá ser substituído por expressão equivalente, como "e filhos" ou "e irmãos", dentre outras.

O nome empresarial não poderá conter palavras ou expressões que denotem atividade não prevista no objeto da sociedade.

Observado o princípio da novidade, não poderão coexistir, na mesma unidade federativa, dois nomes empresariais idênticos ou semelhantes. Se a firma ou denominação for idêntica ou semelhante à de outra empresa já registrada, deverá ser modificada ou acrescida de designação que a distinga.[8]

No caso de o nome fantasia já existir, será admitido o seu uso, desde que expressamente autorizado pelos sócios da sociedade anteriormente registrada com o mesmo nome fantasia.

Não são registráveis os nomes empresariais que incluam ou reproduzam, em sua composição, siglas ou denominações de órgãos públicos da administração direta ou indireta e de organismos nacionais e internacionais.

Ficam estabelecidos os seguintes critérios para a análise de identidade e semelhança dos nomes empresariais, pelos órgãos integrantes do Sistema Nacional de Registro de Empresas Mercantis (Sinrem):

I – entre firmas, consideram-se os nomes por inteiro, havendo identidade de nome se este for homógrafo, ou seja, se tiver a mesma grafia de outro nome; e semelhança de nome se este for homófono, ou seja, apresentar o mesmo som de outro nome;

8 Marca – Garantia de Exclusividade. Preliminar – Sentença *citra petita* – Ausência de fundamentação – Rejeição – Marca – Princípio da Especificidade – Utilização da expressão distintiva registrada junto ao INPI em feira relacionada à atividade do titular – Deslealdade concorrencial – Procedência. Tendo sido julgado o pedido de proteção da marca, com fulcro no Princípio da Especificidade, não há de se falar em sentença nula, por ser *citra petita*, ou por ausência de fundamentação. A marca caracteriza-se como bem incorpóreo que constitui o estabelecimento comercial. E seu registro, junto ao INPI, confere-lhe proteção, evitando que outro empresário a utilize, evitando-se, assim, a deslealdade concorrencial. Segundo o Princípio da Especificidade, a proteção da marca, conferida pelo registro no INPI, restringe-se à classe em que é registrada, com exceção daquelas de alto renome. Utilizada a marca registrada junto ao INPI em feira de produtos e serviços de construção, evidencia-se o prejuízo da construtora titular do registro, em virtude de seus concorrentes, na condição de expositores, promoverem a divulgação de suas atividades às custas da expressão que a identifica. O nome e a marca exercem um importante papel público e privado, eis que, ao mesmo tempo que defendem o consumidor, evitando-se confusão e prejuízo, também auxiliam seu titular no combate à concorrência desleal, coibindo o aproveitamento indevido da atividade mercantil ou industrial por outrem, ou mesmo da sua imagem. (TJMG – 17ª Câm. Cível; ACi nº 2.0000.00.484103-4/000-Belo Horizonte-MG; Rel. Des. Eduardo Mariné da Cunha; j. 31/8/2006; v.u.)

II – entre denominações:
a) consideram-se os nomes por inteiro, quando compostos por expressões comuns, de fantasia, de uso generalizado ou vulgar, ocorrendo identidade se homógrafos e semelhança se homófonos;
b) quando os nomes tiverem expressões de fantasia em comum, elas serão analisadas isoladamente, ocorrendo identidade se homógrafas e semelhança se homófonas.

Não são exclusivas, para fins de proteção, palavras ou expressões que denotem:
a) denominações genéricas de atividades;
b) gênero, espécie, natureza, lugar ou procedência;
c) termos técnicos, científicos, literários e artísticos do vernáculo nacional ou estrangeiro, assim como quaisquer outros de uso comum ou vulgar;
d) nomes civis.

Não são suscetíveis de exclusividade letras ou conjuntos de letras, desde que não configurem siglas.

No caso de transferência de sede ou abertura de filial de empresa em outra unidade federativa, havendo identidade ou semelhança entre nomes empresariais, a Junta Comercial não procederá ao arquivamento do ato, salvo se:

I – na transferência de sede a empresa arquivar na Junta Comercial da unidade federativa de destino, concomitantemente, ato de modificação de seu nome empresarial;
II – na abertura de filial arquivar, concomitantemente, alteração de mudança do nome empresarial, arquivada na Junta Comercial da unidade federativa onde estiver localizada a sede.

A proteção ao nome empresarial decorre, automaticamente, do ato de inscrição de empresário ou do arquivamento de ato constitutivo de Sociedade Empresária, bem como de sua alteração nesse sentido, e circunscreve-se à Unidade Federativa de jurisdição da Junta Comercial que o tiver procedido. A proteção ao nome empresarial na jurisdição de outra Junta Comercial decorre, automaticamente, da abertura de filial nela registrada ou do arquivamento de pedido específico, instruído com certidão da Junta Comercial da Unidade Federativa onde se localiza a sede da sociedade interessada.

Arquivado o pedido de proteção ao nome empresarial, deverá ser expedida comunicação do fato à Junta Comercial da Unidade Federativa onde estiver localizada a sede da empresa.

O empresário poderá modificar a sua firma, devendo ser observadas, em sua composição, as regras da instrução explicitada anteriormente.

Havendo modificação do nome civil de empresário, averbada no competente Registro Civil das Pessoas Naturais, deverá ser arquivada alteração com a nova qualificação do empresário, devendo ser, também, modificado o nome empresarial.

Se a designação diferenciadora se referir à atividade, havendo mudança, deverá ser registrada a alteração da firma.

A expressão "grupo" é de uso exclusivo dos grupos de sociedades, organizados mediante convenção, na forma da Lei das Sociedades Anônimas.

Após o arquivamento da convenção do grupo, a sociedade de comando e as filiadas deverão acrescentar aos seus nomes a designação do grupo.

Aos nomes das microempresas e das empresas de pequeno porte deverão ser inseridas as siglas ME e EPP.

Aos nomes das empresas binacionais brasileiro-argentinas deverão ser inseridas as expressões "Empresa Binacional Brasileiro-Argentinas", "EBBA" ou "EBAB", e as sociedades estrangeiras autorizadas a funcionar no Brasil poderão acrescentar os termos "do Brasil" ou "para o Brasil" aos seus nomes de origem.

Ao final dos nomes dos empresários e das Sociedades Empresárias que estiverem em processo de liquidação, após a anotação no Registro de Empresas, deverá ser inserido o termo "em liquidação".

Nos casos de recuperação judicial, após a anotação no Registro de Empresas, o empresário e a Sociedade Empresária deverão acrescentar, após o seu nome empresarial, a expressão "em recuperação judicial", que será excluída após comunicação judicial sobre a sua recuperação.

Outrossim, os atos dos empresários individuais e das Sociedades Empresárias serão arquivados no Registro Público das Empresas Mercantis e Atividades Afins, independentemente de seu objeto, exceto as isenções previstas em lei.

Ficou estabelecido pela lei o Número de Identificação do Registro de Empresas (Nire), que é aplicado a todo ato constitutivo de empresa, devendo ser compatibilizado com os números reconhecidos pelos demais cadastros federais no teor de regulamentação do Poder Executivo.

Os serviços de Registro Público de Empresas Mercantis e Atividades Afins serão executados em todo o território nacional, de maneira uniforme, harmônica e interdependente, pelo Sistema Nacional de Registro de Empresas Mercantis (Sinrem), constituído pelos seguintes órgãos:

1) Departamento Nacional de Registro do Comércio: órgão central do Sinrem, foi criado pelos arts. 17, II, e 20, da Lei nº 4.048, de 29 de dezembro de 1961, pertence ao Ministério da Indústria, do Comércio e do Turismo, e tem por finalidade:

a) supervisionar e coordenar, no plano técnico, os órgãos encarregados da execução dos serviços de Registro Público de Empresas Mercantis e Atividades Afins;
b) estabelecer e firmar, com exclusividade, as normas e diretrizes gerais do Registro Público de Empresas Mercantis e Atividades Afins;
c) sanar dúvidas ocorrentes na interpretação das leis, regulamentos e demais regras relacionadas com o registro de empresas mercantis, baixando instruções para sanar essas dúvidas;
d) prestar orientação às Juntas Comerciais, com vistas à solução de consultas e à observância das normas legais e regulamentares do Registro Público de Empresas Mercantis e Atividades Afins;
e) exercer vasta fiscalização jurídica sobre os órgãos incumbidos do Registro Público de Empresas Mercantis e Atividades Afins, representando as autoridades administrativas no caso de abusos e infrações das respectivas normas, e requerendo tudo o que se afigurar necessário ao cumprimento dessas normas;
f) estabelecer normas procedimentais de arquivamento de atos de firmas mercantis individuais e sociedades mercantis de qualquer gênero;
g) promover ou providenciar, supletivamente, os conceitos tendentes a suprir ou corrigir as ausências ou deficiências dos serviços de Registro Público de Empresas Mercantis e Atividades Afins;
h) prestar assistência técnica e financeira às Juntas Comerciais para a melhoria dos serviços relacionados ao Registro Público de Empresas Mercantis e Atividades Afins;
i) organizar e manter atualizado o cadastro nacional das empresas mercantis em funcionamento no País, com a colaboração das Juntas Comerciais;
j) instruir, examinar e encaminhar os processos e recursos a serem determinados pelo Ministro de Estado da Indústria, do Comércio e do Turismo, inclusive os pedidos de autorização para a nacionalização ou instalação de filial, agência, sucursal ou estabelecimento no país, por sociedade estrangeira, sem prejuízo da competência de outros órgãos federais;
k) promover e efetuar estudos, reuniões e publicações sobre assuntos pertinentes ao Registro Público de Empresas Mercantis e Atividades Afins.

2) Juntas Comerciais: como órgãos locais, com funções de execução e de administração dos serviços de registro, compete a elas a execução do Registro de Empresas Mercantis. São órgãos estaduais, cabendo ao governo estadual mantê-las, bem como fixar os emolumentos pagos pelos interessados referentes aos serviços por elas prestados, mediante lei. Seus membros são chamados vogais.

Portanto, concluímos que as Juntas Comerciais são órgãos integrantes da administração estadual que desempenham função de natureza federal. E de seus atos e disposições compete recurso ao diretor do Departamento Nacional de Registro do Comércio.

Conforme já se registrou, as Juntas Comerciais (Requião, 1971, p. 103) são constituídas da presidência, que é o seu órgão diretivo e representativo; do Plenário, órgão deliberativo superior, composto por um colegiado; das Turmas, órgãos deliberativos inferiores; da Secretaria-Geral, órgão administrativo; da Procuradoria Regional, órgão fiscalizador e de consultoria jurídica das Juntas; e das Delegacias, que são órgãos locais nas diversas zonas, nas Unidades Federativas do País. Pode, ainda, ser constituída de Assessoria Técnica, com o papel de órgão preparador e relator dos documentos a serem submetidos à sua decisão, cujos membros deverão ser bacharéis em direito, economistas, contadores, técnicos em contabilidade ou os que exerciam a função de vogal.

O Plenário da Junta Comercial é um órgão deliberativo superior, formado por um colegiado, com mínimo de oito e máximo de 20 membros. Em São Paulo, é composto de 20 vogais, organizados da seguinte forma: um presidente, um vice-presidente e 18 vogais, estes divididos em seis Turmas de três membros cada, sendo selecionado dentre eles um presidente.

Desses 20 vogais que compõem o Plenário da Junta Comercial do Estado de São Paulo, seis são nomeados pelo governador, um é indicado pela União, e os demais são selecionados por meio de listas tríplices, com as seguintes vagas: uma vaga da Ordem dos Advogados do Brasil; uma vaga do Conselho Regional de Economia da 2ª Região; uma vaga do Conselho Regional de Contabilidade; duas vagas da Federação do Comércio; duas vagas da Federação dos Transportes; duas vagas da Associação Comercial; duas vagas do Sindicato dos Bancos e duas vagas da Federação da Indústria, de acordo com o disposto no art. 11 do Decreto nº 1.800/1996.

O Colegiado tem as mesmas prerrogativas asseguradas aos membros do Tribunal do Júri, obrigando-se a exercer os deveres de seu cargo com espírito público e dedicação, cumprindo e fazendo cumprir a Constituição Federal e as leis do País, visando à natureza de sua função, de serviço público relevante.

Cabe ao Plenário julgar e definir processos; fazer consultas mais relevantes relacionadas ao Registro de Comércio e matérias afins; reexaminar, em grau de recurso, os atos ou deliberações das Turmas; dispor sobre os assentamentos de usos e tradições mercantis; decidir sobre todas as matérias de competência das Turmas ou Delegacias, perante recurso das partes interessadas ou da Procuradoria.

As Turmas de vogais são de órgãos deliberativos inferiores, a quem, entre outras atribuições, cabe avaliar e julgar originariamente os pedidos referentes ao Registro de Comércio, que inclui a matrícula, o arquivamento de documentos e o registro de firmas.

Compete, ainda, às Turmas de vogais apreciar todos os atos de sociedades por ações, incorporações, fusões, cisões e transformações, entre outras.

Das atas e deliberações das Turmas cabe recurso, sem efeito restritivo para o Plenário da Junta, no prazo de dez dias após a publicação do ato no *Diário Oficial*.

À Assessoria Técnica cabe a função de Julgadores Singulares, cumprindo a análise de atos de empresários individuais, Sociedades Empresárias, na sua grande maioria, Sociedades Limitadas e Cooperativas. Seus integrantes devem ser bacharéis em Direito, Economia, Contabilidade, técnicos em contabilidade ou pessoas que exerciam anteriormente a função de vogal.

A Secretaria Geral é um órgão administrativo.

A Procuradoria Regional é um órgão fiscalizador e de consultoria jurídica das Juntas.

As Delegacias são órgãos locais em zonas distintas, nas Unidades Federativas do País.

As Juntas Comerciais têm, além de sua função precípua de efetuar o Registro do Comércio, as seguintes atribuições:[9]

- proceder ao assentamento dos usos e práticas mercantis;
- estabelecer o número, processar a habilitação e a nomeação dos tradutores públicos e intérpretes comerciais, leiloeiros, avaliadores comerciais, corretores de mercadorias e os prepostos e fiéis desses profissionais, fiscalizando-os e exonerando-os quando for o caso; organizar e rever a tabela de seus emolumentos, comissões e honorários;

9 Pela Instrução Normativa nº 51, de 6 de março de 1996, o Departamento Nacional de Registro do Comércio, considerando a necessidade de "fornecer ao titular de firma mercantil individual, administrador de sociedade mercantil ou de cooperativa e ao agente auxiliar do comércio documento pelo qual a pessoa identificada comprove, para quaisquer efeitos, o exercício da atividade profissional", institui a carteira de exercício profissional, disciplinando sua expedição e fixando seu modelo e características.

- fiscalizar trapiches, armazéns de depósitos e empresas de armazéns gerais;
- solucionar consultas formuladas pelos poderes públicos regionais a respeito do Registro Público de Empresas Mercantis e todas as demais tarefas que lhes forem atribuídas por normas legais ou administrativas, decorrentes dos poderes públicos federais, exceto os encargos inerentes à sua organização e estrutura.

Vale lembrar que, na prática dessas atribuições, as Juntas Comerciais funcionam como Tribunais Administrativos, pois analisam previamente os documentos levados a registro.

Porém, essa função não é jurisdicional, uma vez que as Juntas possuem autoridade para a análise formal desses atos e documentos, não podendo, pois, examinar problemas essenciais e próprios ao direito pessoal dos que participam de tais atos, já que isso significaria invasão de competência do Poder Judiciário.

Assim, a validade do documento, que cumpre às Juntas Comerciais examinar, na verdade não tem relação com a validade ou invalidade das decisões das partes, no exercício de seus direitos privados.

Por fim, o arquivamento societário no Registro de Empresas, bem como a autenticação de livros mercantis, poderá ser requerido às Juntas Comerciais, suas delegacias e escritórios, e também às autoridades estaduais e municipais que, mediante o convênio com as Juntas Comerciais, estejam autorizadas a executar esses serviços.

Quando as autoridades estaduais e municipais executam esses serviços, ocorre o processo de descentralização,[10] como no caso da Junta Comercial do Estado de São Paulo, que possui 11 Escritórios Regionais, que têm uma base regional que engloba vários postos, que encaminham seus documentos ao Escritório Regional respectivo,, para lá serem examinados, e 52 Postos Regionais. Havendo impossibilidade técnica e/ou pedido da parte, os documentos serão enviados para a sede da Junta Comercial.

2.4.2. Efeitos do Registro Mercantil

Conforme já foi dito, os órgãos incumbidos dos registros societários empresariais, as Juntas Comerciais, preponderantemente tinham a aquisição da personalidade jurídica como sua principal atribuição.

10 Lei nº 8.934 de 18 de novembro de 1994 – art. 7º: As Juntas Comerciais poderão desconcentrar os seus serviços, mediante convênios com órgão públicos e entidades privadas sem fins lucrativos, preservada a competência das atuais Delegacias.

Todavia, é preciso evidenciar que o Direito Societário, na era da globalização, não se limita a arquivar documentos societários, anotar dados básicos e emitir certidões subsidiariamente (aqui compreendido como aquisição da personalidade jurídica). O Direito Societário, materializado na execução de seus serviços pelas Juntas Comerciais, passou a ser um termômetro das variações econômicas do grupo social em que opera, detectando tendências, isolando novos problemas e sugerindo soluções jurídicas.

Para entender o que se pretende demonstrar – a importância da validade das informações contidas nos atos societários levados a registro e seus efeitos –, alguns esclarecimentos são vitais. Cabe às Juntas Comerciais garantir publicidade, autenticidade e segurança aos atos jurídicos, bem como proceder à atualização do cadastramento, proteção do nome empresarial e avaliação formal da possibilidade de deferimento dos documentos levados a arquivamento.

As Juntas Comerciais não podem examinar problemas de mérito contratual ou essenciais e próprios do direito pessoal dos participantes de tais atos, pois tal atitude significaria invasão de competência do Poder Judiciário. Resta, assim, a observância do exame formal da regularidade dos instrumentos levados a registro, adaptando-os à evolução das relações econômicas, conjugadas com a velocidade exponencial imprimida pela tecnologia dos negócios empresariais na era da globalização.

Para atingir tal fim, é preciso dar atenção aos atos societários compreendidos nas cessões e transferências de quotas, transformações societárias e outras operações que necessitem de nitidez, clareza e, principalmente, veracidade daquilo que foi pretendido no respectivo ato de sua lavratura – qualquer pessoa pode examinar o Registro Mercantil, sem a obrigação de alegar ou provar interesse, na forma em que for determinada pelo regimento interno da Junta Comercial.

O Registro Público de Empresas Mercantis compreende três procedimentos distintos:

O primeiro deles é a matrícula dos leiloeiros, tradutores públicos e intérpretes comerciais, trapicheiros e administradores de armazéns-gerais, bem como o cancelamento da matrícula.

O segundo procedimento é o arquivamento de uma série de documentos:

a) documentos relativos à constituição, alteração, dissolução e extinção de firmas mercantis individuais, sociedades mercantis e cooperativas;
b) atas relativas a consórcio e grupo de sociedade de que trata a Lei nº 6.404, de 15 de dezembro de 1976;
c) atos concernentes a empresas mercantis estrangeiras autorizadas a funcionar no Brasil;

d) declarações de microempresa;
e) atos ou documentos que, por determinação legal, sejam atribuídos ao Registro Público de Empresas Mercantis e Atividades Afins ou daqueles que possam interessar ao empresário e às Empresas mercantis.

E o terceiro procedimento é o de autenticação dos instrumentos de escrituração das empresas mercantis registradas e dos agentes auxiliares do comércio, na forma de lei própria. A maioria dos atos registrados é proveniente de requerimentos de empresários individuais, Sociedades Limitadas e Sociedades Anônimas.

Como já foi salientado, as relações econômicas na era da globalização tornaram-se velozes e intercontinentais, criando a necessidade de um aprimoramento da tecnologia da administração e da tecnologia jurídica.

Intrinsecamente, e como mola propulsora de um entabulamento mercantil, é preciso ressaltar a possibilidade de antevermos sistemas jurídicos similares a fim de auxiliar os agregados ligados à velocidade e à eficácia dos negócios.

Portanto, em um mundo globalizado, cada vez mais o processamento das transações econômicas vem sendo operacionalizado por meio de sistemas (blocos), como ocorre na Europa, Ásia e nos Estados Unidos.

Na América do Sul, especificamente, é de bom tom pensar na possibilidade de um Registro Empresarial pautado pelas mesmas regras, com a finalidade de resguardar a segurança, a publicidade e a eficácia dos atos levados a arquivamento, dando, em conseqüência, maior garantia às partes envolvidas. Significa que, em termos de globalização, é interessante traçar um expediente hermético, em que a perspectiva de um Registro Empresarial possa ser objeto de análise, a fim de possibilitar maior integração de negócios em países pertencentes ao mesmo bloco.

Diante do exposto, e compreendendo que neste mundo permeado pela globalização, tendente à aproximação das regras e das normas jurídicas, é imprescindível que os instrumentos levados ao Direito Societário contenham a exata pretensão dos sócios, a fim de que não pairem dúvidas a respeito da pretensão das partes, em âmbito mundial.

O instrumento societário, portanto, deve ser claro e evidenciar o pretendido pelas partes, para não haver interpretações híbridas ou dicotômicas. A importância da inserção de dados corretos, nítidos e verídicos reflete-se na própria natureza jurídica dos órgãos incumbidos da execução do Direito Societário, que deve respeitar os princípios da legalidade, impessoalidade, moralidade, publicidade e eficiência, privilegiando o interesse público em relação ao interesse individual.

O Direito Societário presta um serviço público essencial ao empresariado e aos seus colaboradores.

Destarte, percebe-se que os efeitos do Registro Mercantil, seja na sistemática adotada pelo Direito brasileiro seja no âmbito da globalização, emanam e dão conta da necessidade do operador do Direito de se ater à publicidade, à segurança e à eficácia dos arquivamentos dos atos societários, coordenando-os e coadunando-os aos preceitos empresariais, no atual momento histórico, político e econômico em que nos inserimos.

2.4.3. Competência para Conhecimento de Questões Judiciais no que Toca a Assuntos Relativos ao Registro

O sistema híbrido de formação administrativa das Juntas Comerciais trouxe questionamento a respeito da competência judicial para a análise de questões decorrentes dos atos de registro.

Assim como o sistema de formação é híbrido, também a competência jurisdicional é híbrida. Isso porque cabe à Justiça Estadual processar e julgar os atos das Juntas referentes à sua administração, uma vez que ao Estado cabe a organização dos serviços administrativos. Contudo, em relação à parte técnica, seus atos estão sob a influência jurisdicional da Justiça Federal.

Entendemos que a competência para processar e julgar litígios decorrentes de atos do presidente da Junta Comercial é da Justiça Estadual, pois o presidente da Junta Comercial não é uma autoridade federal, mas sim uma autoridade nomeada pelo governador do estado em que está instituída a Junta. Nesse diapasão, seria absurdo propormos ação perante a Justiça Federal de ato administrativo do presidente e dos membros das Juntas Comercias,[11] por serem eles funcionários estatais.

---

11 Competência da Junta. Manifestação da Procuradoria da JUCESP. Assunto: Mandado de Citação expedido pela 9ª Vara da Fazenda Pública nos autos do Processo nº 1327/ 053.02.021131-0-0 – Requerente: .... Requerida: Junta Comercial do Estado de São Paulo. Parecer CJ/JUCESP nº 13/2003. 1.Vistos. 2.Trata-se de mandado de citação expedido pela 9ª Vara da Fazenda Pública nos autos do processo nº 1327/053.02.021131-0, movido contra a Junta Comercial do Estado de São Paulo, através do qual o requerente solicita anulação do instrumento de constituição da interessada, declarando que falsa a aposição de sua assinatura no referido instrumento da sociedade em epígrafe. 2.1.Declara o requerente que nunca foi comerciante ou titular de qualquer sociedade civil ou comercial. 3.Postos os fatos, opinamos. 3.1.A Junta Comercial é entidade despersonificada, vinculada à Secretaria da Justiça e Defesa da Cidadania, órgão do Estado de São Paulo, pessoa jurídica de direito público interno, representado em juízo pela Procuradoria Geral do Estado de São Paulo que, na pessoa do Procurador Geral do Estado, tem competência para receber citação. (Rua Pamplona, 227, 7º andar). 3.2. Determina a Lei Complementar nº 478, de 18 de julho de 1.986, Lei Orgânica da Procuradoria Geral do Estado: "Art. 6º - Compete ao Procurador Geral, sem prejuízo de outras atribuições previstas em lei ou regulamento: I - .... V – Receber ci-

Todavia, esse não tem sido o posicionamento dos tribunais. De fato, há um entendimento de que a competência seria da Justiça Federal, em razão de dois argumentos principais: o fato de as Juntas Comerciais estarem subordinadas à legislação federal, por meio de uma delegação que a União faz aos estados; e o fato de a Junta Comercial estar tecnicamente subordinada ao Departamento Nacional de Registro do Comércio (DNRC), órgão que se integra ao Ministério do Desenvolvimento, da Indústria e do Comércio Exterior, o qual orienta as Juntas Comerciais, por meio de Instruções Normativas. Vejamos algumas dessas decisões:

> Acórdão – Cc 31357/Mg; Conflito de Competência, Min. Sálvio de Figueiredo Teixeira – Ementa – Conflito de Competência. Justiça Estadual e Justiça Federal. Mandado de Segurança contra ato do Presidente da Junta Comercial do Estado de Minas Gerais. Competência Ratione Personae. Precedentes. Conflito Procedente.
>
> Em se cuidando de mandado de segurança, a competência se define em razão da qualidade de quem ocupa o pólo passivo da relação processual.
>
> As juntas comerciais efetuam o registro do comércio por delegação federal, sendo da competência da Justiça federal, a teor do art. 109, VIII, da Constituição, o julgamento de mandado de segurança contra ato do Presidente daquele órgão.
>
> Consoante o art. 31, I, da Lei nº 8.934/1994, o registro do comércio compreende "a matrícula e seu cancelamento: dos leiloeiros, tradutores públicos e intérpretes comerciais, trapicheiros e administradores de armazéns-gerais".

Ainda nesse sentido, vejamos o Conflito de Competência 403/BA; 1989/0008932-3, cujo relator foi o Min. Bueno de Souza:

> Processual Civil – Conflito positivo de competência entre a justiça Federal e Estadual. Registro do Comércio. Mandado de Segurança contra ato técnico da Junta Comercial.
>
> 1. Malgrado reservar a lei federal aos governos dos Estados-membros investidura dos servidores das Juntas Comerciais, os atos e serviços que executam, no que concernem ao registro do comércio, são de natureza federal.
>
> Prevalência da competência do foro Federal.
>
> 2. Conflito conhecido para declarar competente o Tribunal Regional Federal da 1ª Região.

---

tações e notificações nas ações propostas contra a Fazendo do Estado". 3.3.Diante do exposto, sugerimos seja oficiado o MM. Juiz de Direito da 9ª Vara da Fazenda Pública, informando-lhe que a ação poderá prosseguir com a devida citação da Fazenda Pública Estadual, na pessoa do Sr. Procurador Geral do Estado, nos termos da presente manifestação. (SP 08/04/2003; Procuradoria da JUCESP: Rosa Maria Garcia Barros, Procuradora do Estado no exercício da Chefia.)

E o acórdão de Conflito de Competência 10.241/RJ; relator Min. Ruy Rosado de Aguiar:

> Ementa – Competência do juízo Federal para a Ação de Anulação de concessão de Registro.
> Decisão – Por unanimidade, conhecer do conflito e declarar competente o juízo federal da 7ª vara da seção judiciária do Estado do Rio de Janeiro, o suscitante.

Rebatemos esses dois argumentos com a seguinte explicação. Quanto à questão da delegação, na verdade, trata-se de competência concorrente da União, dos estados e do Distrito Federal legislar sobre as Juntas Comerciais. Assim sendo, a União legislará sobre normas gerais, ao passo que os estados, bem como o Distrito Federal, elaborarão as normas particulares.

Ao contrário do que acontece com o sistema relativo às Juntas Comerciais, a delegação ocorre quando a União delega poderes aos estados para legislar sobre determinado assunto. Não há delegação quando se trata de matéria constitucional, em que se tem a complementação do estado, legislando normas particulares decorrentes de normas gerais editadas pela União.

A União em momento algum delega funções ao estado, mas o que ocorre é a aplicação da competência legislativa concorrente, na qual cabe à União editar normas gerais e, aos estados ou ao Distrito Federal, editar normas particulares ou específicas referentes às Juntas Comerciais.

A competência da Junta Comercial, órgão da Administração Direta, para arquivar atos societários é atribuída por lei. Tem-se, portanto, competência originária, e não delegada, uma vez que, segundo o art. 6º da Lei nº 8.934/1994, as Juntas Comerciais são administrativamente vinculadas à Unidade da Federação de sua iurisdição.

O próprio conceito da palavra delegação reafirma esse posicionamento. O Dicionário da Língua Portuguesa de Aurélio Buarque de Holanda Ferreira (2005) define que: "delegação. 1. Ato ou efeito de delegar. 2. Comissão que confere a alguém agir em nome de outrem".

Também é importante observar que a Junta Comercial tem seu presidente nomeado pelo governador do estado, assim como seus vogais e assessores. Fica clara, assim, a subordinação da Junta ao governo do estado ao se falar da subordinação à legislação estadual.

No que se refere à submissão da Junta Comercial ao DNRC, órgão federal, elas apenas recebem orientações técnicas, da mesma forma como os bancos recebem orientações do Banco Central (Bacen).

Portanto, chega-se à conclusão, em um primeiro momento, de que, por ser vinculada ao governo do estado, e não se tratar de delegação da União (conforme preceitua o art. 24 da Constituição Federal de 1988), a competência para processar e julgar atos oriundos de presidente, bem como de funcionários da Junta Comercial, por exemplo, do estado de São Paulo, é a Justiça Estadual de São Paulo.[12]

Nesse sentido, selecionamos jurisprudência a respeito:

> Mandado de Segurança – Objetivo – Cancelamento administrativo de ato de arquivamento de ata de assembléia geral extraordinária da empresa – Inadmissibilidade – Questão que não cabe nos limites do writ – Hipótese em que deve ser utilizada outra via processual, onde se peça desconstituição do decidido na assembléia e do ato praticado pela Junta Comercial – Junta que não poderia decidir sobre a legalidade dos atos arquivados – Segurança denegada – Recurso provido. (Relator: Álvaro Lazzarini – Apelação Cível nº 204.947-1 – São Paulo – 15/3/1994)
>
> Competência – Dúvida – Ação referente a cancelamento de arquivo de contrato social – Decisão da Junta Comercial – Ato eminentemente administrativo – Fixação em razão da matéria – **Competência da Primeira Seção Civil do Tribunal de Justiça** – Inteligência do art. 183, XXIX do Regimento Interno – Remessa dos autos determinada – Dúvida procedente. (Dúvida de Competência na Apelação Cível nº 251.689-2 – São Paulo – Relator: CHRISTIANO KUNTZ – GESC – V.U. – 4/4/1995)
>
> Competência Recursal – Questão versando sobre cancelamento de arquivamento de contrato social de sociedade por cotas de responsabilidade limitada – Ato eminentemente administrativo – Inteligência do art. 183, XXIX do Regimento Interno do Tribunal de Justiça do Estado de São Paulo – Competência que é aferida em razão da matéria posta em discussão e não em razão da natureza da parte envolvida – Dúvida a ser dirimida pelo Grupo Especial das Seções Civis do Tribunal de Justiça do Estado de São Paulo – Recurso não conhecido – Remessa determinada. Sendo o fato tratado sobre cancelamento do arquivamento de contrato social de sociedade por cotas de responsabilidade limitada, decisão da Junta Comercial do Estado de São Paulo, ato eminentemente administrativo, a

12 Processo nº 97.0015513-7 – Mandado de Segurança – Impetrante: [...] – Impetrado: Presidente da Junta Comercial do Estado de São Paulo – 14ª Vara – Vistos. Considerando o alegado nas informações (fls. 89/113) e o teor da petição de fls. 118/123, acolho a preliminar de incompetência absoluta da Justiça Federal. 2. Com efeito, o fato de a atividade das Juntas Comerciais ser disciplinada mediante lei federal (Lei nº 8.934/1994), não conduz à conclusão de que o Presidente da Junta Comercial do Estado de São Paulo é autoridade federal, hipótese em que seria competente a Justiça Federal (art. 109, VIII, CR). Ademais, a própria Lei nº 8.934/1994 prescreve que as Juntas Comerciais são administrativamente vinculadas à unidade da federação de sua jurisdição (art. 6º). Isto posto, DECLARO a incompetência absoluta da Justiça Federal para o conhecimento e julgamento da ação, determinando a remessa dos autos à Justiça Estadual, com as cautelas de praxe.

> competência fixa-se não em razão da natureza da parte envolvida, mas em virtude da natureza da matéria posta em discussão. (Apelação Cível nº 251.689-2 – São Paulo – Relator: CHRISTIANO KUNTZ – CCIV 19 – V.U. – 28/11/1994)
>
> Competência – foro contratual – sede da Pessoa Jurídica – Mudança sem alteração do contrato social prevalência da sede indicada neste – Agravo Provido, como sede da pessoa jurídica, estabelecida como foro contratual, há que se considerar aquela expressamente indicada no contrato social e constante dos registros da Junta Comercial, ainda que a sociedade tenha mudado de fato. Ao assim se estabelecer o foro contratual o que se tem em Mira e a Sede de Direito da Sociedade e não de Fato. (Agravo De Instrumento – 0048255900 – Curitiba – Juiz Conv. Celso Guimarães – Primeira Câmara Cível – Julg: 10/3/1992 – Ac.: 3043 – Public.: 27/3/1992).

Ainda assim:

> Cc 19142/Ba; Conflito de Competência, – DJ 9/9/2002, Min. Relnancy Andrighi. Ementa – Conflito de Competência. Justiça Federal e Estadual. Cautelar de exibição de documento arquivado pela Junta Comercial. Compete à Justiça Comum Estadual processar e julgar ação cautelar de exibição de documento arquivado na Junta Comercial, proposta em face desta.

Vejamos, a seguir, acórdão que determina a competência da Justiça Federal, mas, pela sua ementa, que entendemos ser contraditória, o próprio relator afirma que cabe aos governos dos Estados-membros a investidura dos servidores das Juntas Comerciais:

> Cc 403/Ba; Conflito De Competência; DJ 6/9/1993, Min. Bueno de Souza. Ementa Processual Civil. Conflito Positivo de Competência entre a Justiça Federal e Estadual. Registro do Comércio. Mandado de Segurança contra ato técnico da Junta Comercial.
> Malgrado reservar a lei federal aos governos dos Estados-membros investidura dos servidores das Juntas Comerciais, o atos e serviços que executam, no que concernem ao registro do comércio, são de natureza Federal...

Dessa forma, o que se pode observar é que os servidores das Juntas Comerciais estão submetidos ao governo do estado, sendo, portanto, funcionários do estado e não da União, devendo ser julgados pelos seus atos perante a Justiça do respectivo estado.

Ainda assim, nesse sentido, uma sentença da 14ª Vara da Justiça Federal de São Paulo, na qual se tem um mandado de segurança em face do presidente da Junta Comercial do Estado de São Paulo:

> Vistos,
> 1. Considerando o alegado nas informações (fls. 89/113) e o teor da petição de fls. 118/123, acolho a preliminar de incompetência absoluta da Justiça Federal.

> 2. Com efeito, o fato de a atividade das Juntas Comerciais ser disciplinada mediante lei federal (Lei nº 8.934/1994), não conduz à conclusão de que o Presidente da Junta Comercial do Estado de São Paulo é autoridade federal, hipótese em que seria competente a Justiça Federal (art. 109, VIII, CR). Ademais, a própria Lei nº 8934/1994 prescreve que as Juntas Comerciais são administrativamente vinculadas à unidade da federação de sua jurisdição (art. 6º)...

Mais uma vez, fica evidente a vinculação das Juntas Comerciais à Secretaria do Estado.

Diante de todo o exposto, conclui-se que a competência para processar e julgar os atos oriundos da Junta Comercial é da Justiça Estadual, uma vez que não se trata de delegação da União, e sim de uma subordinação administrativa das Juntas ao governo do estado.

Pela dependência administrativa à Secretaria do Estado e pela vinculação quanto ao seu quadro de funcionários, obviamente caberá à Justiça Estadual processar e julgar lides que envolvam esse órgão e seus respectivos servidores.

Interessante, todavia, a título de ilustração sobre tal assunto, indicar o posicionamento de Erasmo A. Valladão e N. França (2005), em missiva dirigida ao presidente da Junta Comercial do estado de São Paulo, manifestando-se da seguinte maneira:

> ... é pacífico na jurisprudência o entendimento de que é competente para julgar mandado de segurança contra ato de presidente de Junta Comercial a Justiça Federal, quando for objeto do julgamento de matéria relativa à competência delegada pelo órgão federal competente (o DNRC), ou seja, matéria relativa especificamente ao registro do comércio. Ao reverso, quando a matéria disser respeito a atos internos da Junta Comercial, ou ainda apenas reflexamente pertinentes à atividade de registro do comércio, a competência será da Justiça Estadual.

Capítulo 3

Contratos Mercantis

3.1. REGRAS GERAIS DOS CONTRATOS MERCANTIS

Antes de adentrarmos o tema contratos mercantis, é prudente que, primeiro, analisemos alguns pontos relevantes que versam sobre a formação do vínculo contratual e sobre o instrumento pelo qual se materializa esse vínculo.

Como é cediço, a formação do vínculo contratual depende do acordo de vontades entre as partes envolvidas na entabulação. É um tipo de anuência recíproca entre os envolvidos, que possibilita um exigir do outro uma contrapartida. Segundo Fábio Ulhoa Coelho: "trata-se do vínculo que une duas ou mais pessoas no sentido de autorizar determinada prestação uma das outras" (2005, p. 419).

É necessário que haja uma proposta e, conseqüentemente, a aprovação desta, para que ocorra a efetividade deste vínculo contratual, o que exige a presença dos requisitos do negócio jurídico para sua validade.

Isso não quer dizer que para o contrato ser válido é obrigatório que haja o preenchimento de formalidades, uma vez que, em se tratando de contratos mercantis, qualquer meio de manifestação humana é suficiente para demonstrar a proposta e sua aceitação. Cumpre observar, por oportuno, o que dispõe o art. 425 do Código Civil: é lícito às partes estipular contratos atípicos, observadas as normas gerais fixadas neste Código.

Todavia, deixa de ser obrigatória a proposta em qualquer dos casos descritos no art. 428 do Código Civil, assim vejamos:

> ***Art. 428.*** *Deixa de ser obrigatória a proposta:*
> *I – se, feita sem prazo a pessoa presente, não foi imediatamente aceita. Considera-se também presente a pessoa que contrata por telefone ou por meio de comunicação semelhante;*
> *II – se, feita sem prazo a pessoa ausente, tiver decorrido tempo suficiente para chegar a resposta ao conhecimento do proponente;*
> *III – se, feita a pessoa ausente, não tiver sido expedida a resposta dentro do prazo dado;*
> *IV – se, antes dela, ou simultaneamente, chegar ao conhecimento da outra parte a retratação do proponente.*

Vale lembrar que, não obstante a desnecessidade de uma forma rígida instrumental, ou seja, até contratos efetuados por gestos seriam válidos, para a segurança jurídica dos contratantes, é de bom-tom que os contratos mercantis sejam escritos através de instrumentos próprios.

Apesar da falta de exigência de uma forma rígida instrumental, vale ressaltar que, para a segurança jurídica dos contratantes, é importante que os contratos mercantis sejam escritos por meio de instrumentos próprios.

É cabível definir o contrato como o vínculo abstrato cuja entabulação depende da vontade das partes e o instrumento contratual como o documento próprio em que as partes consignam suas entabulações, no qual se subscrevem e grifam suas rubricas como forma de certificação das cláusulas que compõem o acordo de vontades estabelecido. Em palavras mais compreensíveis, o instrumento contratual é aquele documento no qual é possível que se deixe cair cafezinho.

Desse modo, considerando a formação do vínculo e a diferença que há entre ele e o instrumento contratual, é possível dizer que os contratos mercantis têm como característica fundamental o fato de serem documentos relativos a Sociedades Empresárias, nos quais as partes envolvidas necessariamente buscam algum tipo de contato negocial, objetivando a possibilidade de aumento de lucratividade.

Em decorrência, os pactos formados geram reciprocidades de contraprestações, juridicamente denominadas "obrigações". Evidencie-se que a proposta contratual basta para obrigar o proponente.

Contudo, nos contratos mercantis, e nos contratos em geral, verifica-se a presença dos fundamentos essenciais das Regras Gerais dos Contratos retratados pelas cláusulas: *pacta sunt servanda, rebus sic stantibus e exceptio non adimpleti.*

Os contratos podem ser rescindidos por resolução – quando ocorrer o seu descumprimento – ou por resilição, o que também costuma ser chamado de distrato e ocorre quando as partes convencionam seu desfazimento.

Com esses conceitos das Regras Gerais dos Contratos, é possível inserir os contratos mercantis no atual contexto empresarial, que leva em conta o momento histórico, social e, principalmente, econômico que estamos vivendo.

Fato é que a globalização viabiliza a efetividade de negócios empresariais em alta velocidade, e esse processo necessita da participação de operadores da comunidade jurídica, seja na condição de assessorias jurídicas empresariais, desempenhadas por advogados especializados em Direito pátrio ou internacional, seja na função de condutores de processos judiciais que tramitam perante o Judiciário e nas câmaras arbitrais em todo o Brasil.

O mundo empresarial globalizado impõe que diversos tipos de relações sejam pactuadas; e todas elas estão sujeitas a regimes jurídicos diferentes – como no Direito Civil, no Direito do Trabalho, no Direito do Consumidor e no Direito Comercial, que agora é o chamado Direito Empresarial, estudado neste livro.

Por isso vou abordar aqui apenas os contratos mercantis mais comuns e constantes no cotidiano das atividades negociais referentes a entabulações: de compra e venda mercantil; de expansão (comissão, representação comercial concessão, franquia e distribuição); de seguros; de logística; de *leasing*; e de *factoring*.

3.2. CONTRATOS DE SEGURO

Pelo contrato de seguro, o segurador se obriga, mediante o pagamento do prêmio, a garantir interesse legítimo do segurado, relativo a pessoa ou coisa, contra riscos predeterminados. Somente pode ser parte no contrato de seguro, como segurador, entidade para tal fim legalmente autorizada.

O contrato de seguro é provado com a exibição da apólice ou do bilhete do seguro e, na falta de um desses, por documento comprobatório do pagamento do respectivo prêmio.

A efetiva emissão da apólice deverá ser precedida de proposta escrita com a declaração dos elementos essenciais do interesse a ser garantido e do risco.

A apólice de seguro será nominativa, à ordem ou ao portador, e mencionará os riscos assumidos, o início e o fim de sua validade, o limite da garantia e o prêmio devido, e, quando for o caso, o nome do segurado e do beneficiário.

No seguro de pessoas, a apólice não pode ser ao portador.

Quando o risco for assumido em co-seguro, a apólice indicará o segurador que administrará o contrato e representará os demais, para todos os seus efeitos.

Nulo será o contrato para garantia de risco proveniente de ato doloso do segurado, do beneficiário ou de representante de um ou de outro. Não terá direito a indenização o segurado que estiver em mora no pagamento do prêmio, se ocorrer o sinistro antes de sua purgação.

Salvo disposição especial, o fato de não ter sido verificado o risco, em previsão do qual se faz o seguro, não exime o segurado de pagar o prêmio. O segurado e o segurador são obrigados a guardar na conclusão e na execução do contrato a mais estrita boa-fé e veracidade, a respeito tanto do objeto quanto das circunstâncias e declarações a ele concernentes.

Se o segurado, por si ou por seu representante, fizer declarações inexatas ou omitir circunstâncias que possam influir na aceitação da proposta ou na taxa do prêmio, perderá o direito à garantia, além de ficar obrigado ao prêmio vencido.

Se a inexatidão ou omissão nas declarações não resultar de má-fé do segurado, o segurador terá direito de resolver o contrato ou cobrar, mesmo após o sinistro, a diferença do prêmio.

No seguro à conta de outrem, o segurador pode opor ao segurado quaisquer defesas que tenha contra o estipulante, por descumprimento das normas de conclusão do contrato ou de pagamento do prêmio.

O segurado perderá o direito à garantia se agravar intencionalmente o risco objeto do contrato. O segurado é obrigado a comunicar ao segurador, logo que saiba, todo incidente suscetível de agravar consideravelmente o risco coberto, sob pena de perder o direito à garantia, se provar que silenciou de má-fé.

O segurador, desde que o faça nos 15 dias seguintes ao recebimento do aviso da agravação do risco sem culpa do segurado, poderá dar-lhe ciência, por escrito, de sua decisão de resolver o contrato.

A resolução só será eficaz 30 dias após a notificação, devendo ser restituída pelo segurador a diferença do prêmio. Salvo disposição em contrário, a diminuição do risco no curso do contrato não acarreta a redução do prêmio estipulado; mas, se a redução do risco for considerável, o segurado poderá exigir a revisão do prêmio ou a resolução do contrato.

Sob pena de perder o direito à indenização, o segurado participará o sinistro ao segurador, logo que o saiba, e tomará as providências imediatas para minorar as conseqüências dele. Correm à conta do segurador, até o limite fixado no contrato, as despesas de salvamento conseqüente ao sinistro.

A mora do segurador em pagar o sinistro o obriga à atualização monetária da indenização devida segundo índices oficiais regularmente estabelecidos, sem prejuízo dos juros moratórios.

Nos seguros de pessoas, o capital segurado é livremente estipulado pelo proponente, que pode contratar mais de um seguro sobre o mesmo interesse, com o mesmo ou com diversos seguradores.

No seguro sobre a vida de outros, o proponente é obrigado a declarar, sob pena de falsidade, o seu interesse pela preservação da vida do segurado. Até prova em contrário, presume-se o interesse, quando o segurado é cônjuge, ascendente ou descendente do proponente.

Se o segurado não renunciar à faculdade, ou se o seguro não tiver como causa declarada a garantia de alguma obrigação, é lícita a substituição do beneficiário, por ato entre vivos ou de última vontade. O segurador que não for cientificado oportunamente da substituição desobrigar-se-á pagando o capital segurado ao antigo beneficiário.

Na falta de indicação da pessoa ou do beneficiário, ou se, por qualquer motivo, não prevalecer a indicação que for feita, metade do capital segurado será paga ao cônjuge não separado judicialmente e o restante, aos herdeiros do segurado, obedecida a ordem da vocação hereditária. Na falta dessas pessoas indicadas, serão beneficiários os que provarem que a morte do segurado os privou dos meios necessários à subsistência.

É válida a instituição do companheiro como beneficiário, se ao tempo do contrato o segurado era separado judicialmente ou já se encontrava separado de fato. No seguro de vida ou de acidentes pessoais para o caso de morte, o capital estipulado não está sujeito às dívidas do segurado nem pode ser considerado herança para todos os efeitos de direito.

É nula, no seguro de pessoa, qualquer transação para pagamento reduzido do capital segurado. O prêmio, no seguro de vida, será conveniado por prazo limitado ou por toda a vida do segurado. Em qualquer hipótese, no seguro individual, o segurador não terá ação para cobrar o prêmio vencido, cuja falta de pagamento, nos prazos previstos, acarretará, conforme se estipular, a resolução do contrato, com a restituição da reserva já formada ou a redução do capital garantido proporcionalmente ao prêmio pago.

No seguro de vida para o caso de morte, é lícito estipular um prazo de carência, durante o qual o segurador não responde pela ocorrência do sinistro.

O beneficiário não tem direito ao capital estipulado quando o segurado se suicida nos primeiros dois anos de vigência inicial do contrato ou da sua recondução depois de suspenso. Contudo, é nula a cláusula contratual que exclui o pagamento do capital por suicídio do segurado.

O segurador não pode se eximir do pagamento do seguro, ainda que da apólice conste a restrição, se a morte ou a incapacidade do segurado provier da utilização de meio de transporte mais arriscado, da prestação de serviço militar, da prática de esporte ou de atos de humanidade em auxílio de outrem.

Nos seguros de pessoas, o segurador não pode sub-rogar-se nos direitos e ações do segurado, ou do beneficiário, contra o causador do sinistro. O seguro de pessoas pode ser estipulado por pessoa natural ou jurídica em proveito de grupo que a ela, de qualquer modo, se vincule.

O estipulante não representa o segurador perante o grupo segurado e é o único responsável, para com o segurador, pelo cumprimento de todas as obrigações contratuais.

A modificação da apólice em vigor dependerá da anuência expressa de segurados que representem três quartos do grupo, não se compreendendo neste diapasão a garantia do reembolso de despesas hospitalares ou de tratamento médico, nem o custeio das despesas de luto e de funeral do segurado.

Nos seguros de dano, a garantia prometida não pode ultrapassar o valor do interesse segurado no momento da conclusão do contrato, sob pena do segurado perder o direito à garantia, além de ficar obrigado ao prêmio vencido, sem prejuízo, ainda, da ação penal que no caso couber.

O risco do seguro compreenderá todos os prejuízos resultantes ou conseqüentes, como os estragos ocasionados para evitar o sinistro, minorar o dano ou salvar a coisa.

A vigência da garantia, no seguro de coisas transportadas, começa no momento em que são recebidas pelo transportador e cessa com a sua entrega ao destinatário.

A indenização não pode ultrapassar o valor do interesse segurado no momento do sinistro e nem o limite máximo da garantia fixado na apólice, salvo em caso de mora do segurador.

O segurado que, na vigência do contrato, pretender obter novo seguro sobre o mesmo interesse e contra o mesmo risco junto a outro segurador deve, previamente, comunicar sua intenção por escrito ao primeiro, indicando a soma por que pretende se segurar, a fim de deixar claro que a garantia prometida não pode ultrapassar o valor do interesse segurado no momento da conclusão do contrato, sob pena do segurado perder o direito à garantia, além de ficar obrigado ao prêmio vencido, sem prejuízo, ainda, da ação penal que no caso couber.

Salvo disposição em contrário, o seguro de um interesse por menos do que valha acarreta a redução proporcional da indenização, no caso de sinistro parcial.

Não se inclui na garantia o sinistro provocado por vício intrínseco da coisa segurada, não declarado pelo segurado. Entende-se por vício intrínseco o defeito próprio da coisa, que não se encontra normalmente em outras da mesma espécie.

Salvo disposição em contrário, admite-se a transferência do contrato a terceiro com a alienação ou cessão do interesse segurado.

Se o instrumento contratual é nominativo, a transferência só produz efeitos em relação ao segurador mediante aviso escrito assinado pelo cedente e pelo cessionário.

A apólice ou o bilhete à ordem só se transfere por endosso em preto, datado e assinado pelo endossante e pelo endossatário.

Paga a indenização, o segurador sub-roga-se, nos limites do valor respectivo, nos direitos e ações que competirem ao segurado contra o autor do dano.

Salvo dolo, a sub-rogação não tem lugar, se o dano foi causado pelo cônjuge do segurado, por seus descendentes ou por ascendentes consangüíneos ou afins.

No seguro de responsabilidade civil, o segurador garante o pagamento de perdas e danos devidos pelo segurado a terceiro.

Tão logo saiba o segurado das conseqüências de ato seu, suscetível de lhe acarretar a responsabilidade incluída na garantia, comunicará o fato ao segurador.

É defeso ao segurado reconhecer sua responsabilidade ou confessar a ação, bem como transigir com o terceiro prejudicado ou indenizá-lo diretamente, sem anuência expressa do segurador.

Intentada a ação contra o segurado, dará este ciência da lide ao segurador.

Subsistirá a responsabilidade do segurado perante o terceiro, se o segurador for insolvente.

Nos seguros de responsabilidade legalmente obrigatórios, a indenização por sinistro será paga pelo segurador diretamente ao terceiro prejudicado.

Demandado em ação direta pela vítima do dano, o segurador não poderá opor a exceção de contrato não cumprido pelo segurado, sem promover a citação deste para integrar o contraditório.

3.3. CONTRATOS DE *FACTORING*

O contrato de *factoring* ou faturização pode também ser chamado de contrato de fomento mercantil. Trata-se de uma atividade comercial mista e atípica. É o contrato no qual uma das partes cede à outra parte créditos empresariais provenientes de negociações mercantis ou de prestação de serviços, divididos em: compra de ativos; com pagamento imediato; consultoria administrativa; financeira; com análise de riscos; e cobrança de títulos de vendas.

Nos ensinamentos de Fábio Ulhoa Coelho:

> O fomento mercantil (factoring) é contrato pelo qual um empresário (faturizador) presta a outro (faturizado) serviços de administração do crédito concedido e garante o pagamento das faturas emitidas (maturity factoring). É comum, também, o contrato abranger antecipação do crédito, numa operação de financiamento (conventional factoring) (2003, p. 135).

Podemos ainda verificar a classificação do contrato de factoring, na lição de Waldirio Bulgarelli:

> Pode-se, pois, classificar o contrato de factoring como contrato bilateral, consensual, cumulativo, oneroso, de execução continuada, *intuitu personae*, interempresarial e atípico. Basta o simples consenso para formá-lo; e não obstante, até por

> ser atípico, não se exija a forma escrita, esta deverá ser de rigor, sobretudo para a sua prova e também porque é de adesão; as obrigações de ambas as partes – a do factor, de receber os créditos e prestar outros serviços, e a do cedente, de ceder os créditos e pagar as comissões e juros (se houver financiamento) caracterizam a sua bilateralidade, a sua cumutatividade e a sua onerosidade; também demonstram que não se trata de contrato instantâneo, mas de duração, realizado apenas entre empresas, e obviamente, com o aspecto fiduciário (1979, p. 529).

3.3.1. Modalidade

As principais diferenças entre o *factoring* e o sistema bancário são suas características básicas e a natureza dos serviços prestados.

Destarte, cabe ressaltar a observação de Fábio Ulhoa Coelho:

> Há duas modalidades de faturização. De um lado, se a instituição financeira garante o pagamento das faturas antecipando o seu valor ao faturizado, tem-se o conventional factoring. Essa modalidade compreende, portanto, três elementos: serviços de administração do crédito, seguro e financiamento. De outro lado, se a instituição faturizadora paga o valor das faturas ao faturizado apenas no seu vencimento, tem-se o maturity factoring, modalidade em que estão presentes apenas a prestação de serviços de administração do crédito e o seguro e ausente o financiamento. A natureza bancária do conventional factoring é indiscutível, à vista da antecipação pela faturizadora do crédito concedido pelo faturizado a terceiros, o que representa inequívoca operação de intermediação creditícia abrangida pelo art. 17 da LRB. Já em relação ao maturity factoring, em razão da inexistência do financiamento, poderia existir alguma dúvida quanto ao seu caráter bancário. Conforme ensina De Lucca, no entanto, se houver da parte da faturizadora a assunção dos riscos pelo inadimplemento das faturas objeto do contrato, a faturização se revestirá, também neste caso, de nítida natureza bancária (2003, p. 468).

3.4. CONTRATOS DE *LEASING*

O contrato de *leasing* nas palavras de Fábio Bellote Gomes:

> Consiste na disponibilização, ao arrendatário, de bens móveis duráveis ou imóveis, adquiridos pela arrendadora ou arrendante para esse fim. São eles disponibilizados, ou, como dizem alguns comercialistas, "locados" para uso do arrendatário contra o pagamento de uma contraprestação por este à arrendadora, sendo oferecida ao arrendatário, ao término do contrato de arrendamento mercantil, a tríplice opção de: Prorrogar o contrato de arrendamento, devolver o bem ao arrendante. Adquirir o bem pelo seu valor residual (Gomes, 2003, p. 230).

Em outras palavras, o *leasing* pode ser definido como uma locação com promessa de compra, através de financiamento.

Destarte, cabe lembrar as palavras de Waldirio Bulgarelli:

> [...] Basicamente, o chamado leasing financeiro (financial leasing), que se tem entendido como o verdadeiro leasing, pressupõe três participantes: o fabricante, o intermediário (leasing bokes ou leasing Baker, entre nós, empresa especializada) e o arrendatário. A operação desdobra-se em 5 fases:
>
> a preparatória, ou seja, a proposta do arrendatário à empresa leasing ou vice-versa;
>
> essencial, constituída pelo acordo de vontade entre ambas;
>
> complementar, em que a empresa leasing compra o bem ou equipamento ajustado com o arrendatário;
>
> também essencial, que é o arrendamento propriamente dito, entregando a empresa leasing ao arrendatário o bem ou equipamento;
>
> é a tríplice opção do usuário, ou seja, ao termo do contrato de arrendamento, continuar o arrendamento, dá-lo por terminado ou adquirir o objeto do arrendamento, compensando as parcelas pagas a título de arrendamento e feita a depreciação (1979, p. 392).

3.4.1. Modalidade

Na lição de Waldo Fazzio Júnior:

> Nos termos da Re. BC nº 2.309/1996 (arts. 5º e 6º), há duas modalidades de arrendamento mercantil: o financeiro e o operacional.
>
> Tipifica o arrendamento mercantil financeiro o conjunto das seguintes características:
>
> as contraprestações e demais pagamentos previstos no contrato, devidos pela arrendatária, são suficientes para que a arrendadora recupere o custo do bem arrendado durante o prazo do contrato e obtenha retorno sobre os recursos investidos;
>
> as despesas de manutenção, assistência técnica e serviços correlatos à operaionalidade do bem arrendado são de responsabilidade da arrentatária.
>
> O preço para o exercício da opção da compra é livremente pactuado, podendo ser, até mesmo, o valor de mercado do bem arrendado.

Por sua vez, na modalidade operacional:

> as contraprestrações a serem pagas pela arrendatária contemplam o custo de arrendamento e os serviços inerentes a sua disponibilização à arrendatária, não ultrapassando o pagamento de 75% (setenta e cinco por cento) do custo do bem arrendado;

as despesas de manutenção, assistência técnica e serviços correlatos à operacionalidade do bem arrendado tanto podem ser de responsabilidade da arrendadora como da arrendatária;

o preço para o exercício da opção de compra é o valor de mercado (Frazzio, Júnior, p. 523-24).

Vejamos ainda sobre as principais diferenças de modalidades no que dispõe Fábio Ulhoa Coelho:

> Outra diferença importante entre as duas modalidades de leasing diz respeito ao pagamento pelo arrendatário do "valor residual garantido" (VRG), possível apenas no financeiro. Quando previsto em contrato, o pagamento do VRG, que pode coincidir com o das parcelas do arrendamento propriamente dito, importa a antecipação pelo arrendatário do valor residual do bem, independentemente do exercício da opção de compra. Caso, ao término do contrato, o arrendatário opte por adquirir o bem arrendado, desembolsará apenas o saldo devedor do valor residual; não exercendo a opção de compra, terá ele direito a devolução da importância correspondente ao VRG, nos termos do contrato (2003, p. 139).

Ainda assim, cabe ressaltar que é possível a empresa arrendadora cobrar a totalidade das prestações estabelecidas, mas a cobrança das prestações vincendas e a retomada do bem para o patrimônio da arrendadora tornam-se impraticáveis.

3.5. CONTRATOS DE EXPANSÃO

Os instrumentos contratuais que se prestam à expansão dos negócios de uma das partes contratantes, designada de fornecedor, são definidos como contratos de colaboração. A outra parte contratante é designada de colaborador, tendo incumbências específicas, conforme a relação mercantil pretendida.

É, na verdade, uma relação contratual mercantil, na qual as partes (fornecedor e colaborador) buscam aumentar o campo de mercado consumidor dos produtos produzidos ou relacionados pelo fornecedor. Cabe aqui alertar para o fato de que prestação de serviço também pode ser objeto de contrato de expansão.

Portanto, são considerados contratos de expansão, também chamados de contratos de colaboração: contratos de comissão, contratos de concessão, contratos de representação comercial, contratos de franquia e contratos de distribuição. Os contratos de colaboração, no entanto, têm como significante característica o fato de existir uma subordinação empresarial entre fornecedor e colaborador; mas essa subordinação não será pessoal, em hipótese alguma.

Caso houvesse a subordinação pessoal, não estaríamos mais no campo do Direito Civil, e sim no campo do Direito do Trabalho, pois os contratos de colaboração levam a cabo determinadas obrigações que podem gerar algumas dúvidas, principalmente no que toca às obrigatoriedades procedimentais do cotidiano empresarial.

Para esclarecimento desse aspecto, os contratos de colaboração caracterizam-se pela possibilidade de serem conceituados sob duas espécies: por aproximação e por intermediação. Segundo Fábio Ulhoa Coelho (2005, p. 439):

> "[...] A colaboração empresarial pode ser de duas espécies: por aproximação ou por intermediação. Na colaboração por aproximação o colaborador não é intermediário, ou seja, não adquire o produto do fornecedor para revendê-lo. Apenas identifica quem possa estar interessado em fazê-lo [...] Já na colaboração por intermediação o colaborador celebra com o fornecedor um contrato de compra e venda; adquire os produtos ou serviços para os revender".

3.5.1. Contratos de Comissão

O contrato de comissão tem por objeto a aquisição ou a venda de bens pelo comissário, em seu próprio nome, à conta do comitente.

Conforme Waldirio Bulgarelli (1979, p. 479), vejamos as vantagens do comissário:

> As vantagens de o comissário agir em seu próprio nome, não obstante por conta do comitente, podem ser relacionadas assim:
> a dispensa de exibir o comissário documento formal para habilitar o mandatário perante as pessoas com que trata;
> o afastamento do risco pelo excesso de poderes do mandatário;
> o segredo das operações do mandante, para evitar conheçam os concorrentes a marcha dos seus negócios;
> a utilização do crédito e do capital do comissário, na praça onde se encontra estabelecido;
> as facilidades de informações, das remessas e da guarda das mercadorias, em praças distantes.

O comissário assume obrigação direta com as pessoas contratadas, sem que estas tenham poder de ação contra o comitente, nem este contra elas, salvo se o comissário ceder seus direitos a qualquer uma das partes.

O comissário é obrigado a agir de acordo com as ordens e instruções do comitente sendo que, na falta delas e não podendo pedi-las a tempo, deve proceder segundo os usos em casos semelhantes. Os atos do comissário serão justificados se, desses atos houver resultado vantagem para o comitente, e, no caso em que não é admitida demora na realização do negócio, o comissário agiu de acordo com os usos. No desempenho das suas incumbências, o comissário é obrigado a agir com cuidado e diligência, não só para evitar qualquer prejuízo ao comitente, mas para lhe proporcionar o lucro que, normalmente, se poderia esperar do negócio. Portanto, o comissário responderá, salvo motivo de força maior, por qualquer prejuízo que, por ação ou omissão, ocasionar ao comitente.

O comissário não responde pela insolvência das pessoas com quem tratar, exceto em caso de culpa.

Se do contrato de comissão constar a cláusula *del credere*, responderá o comissário solidariamente às pessoas com que houver tratado em nome do comitente, caso em que, salvo estipulação em contrário, o comissário tem direito a remuneração mais elevada, para compensar o ônus assumido.

Para Waldirio Bulgarelli (1979, p. 482),

> [...] o comissário se constitui em garante solidário da solvabilidade e pontualidade, perante o comitente, daqueles com que tratar por conta deste, sem que possa ser ouvida reclamação alguma. Por essa responsabilidade cobra o comissário comissão maior do que a normal sendo muito comum o chamado "Del Credere" bancário.

Presume-se que o comissário é autorizado a conceder dilação do prazo para pagamento, na conformidade dos usos do lugar onde se realizar o negócio, se não houver instruções diversas do comitente.

Se houver instruções do comitente proibindo prorrogação de prazo para pagamento, ou se a instrução não for de acordo com os usos locais, poderá o comitente exigir que o comissário pague *incontinenti* ou responda pelas conseqüências da dilação concedida, procedendo-se de igual modo se o comissário não der ciência ao comitente dos prazos concedidos e de quem é seu beneficiário.

Se a remuneração devida ao comissário não for estipulada, ela será arbitrada de acordo com os usos correntes do local. No caso de morte do comissário, ou se, por motivo de força maior, ele não puder concluir o negócio, será devida pelo comitente uma remuneração proporcional aos trabalhos realizados.

Ainda que tenha dado motivo à dispensa, o comissário terá o direito de ser remunerado pelos serviços úteis prestados ao comitente, ressalvado a este o direito de exigir daquele os prejuízos sofridos.

Salvo disposição em contrário, pode o comitente, a qualquer tempo, alterar as instruções dadas ao comissário, entendendo-se que os negócios pendentes também são regidos por essas instruções.

Se o comissário for despedido sem justa causa, terá o direito de ser remunerado pelos trabalhos prestados, bem como o de ser ressarcido pelas perdas e pelos danos resultantes de sua dispensa.

O comitente e o comissário são obrigados a pagar juros um ao outro; o primeiro, pelo que o comissário houver adiantado para cumprimento de suas ordens; e o segundo, pela mora na entrega dos fundos que pertencerem ao comitente.

O crédito do comissário, relativo a comissões e despesas feitas, goza de privilégio geral, no caso de falência ou insolvência do comitente.

Para o reembolso das despesas feitas, bem como para o recebimento das comissões devidas, o comissário tem o direito de retenção sobre os bens e valores que estão em seu poder, oriundos de comissões diversas.

São aplicáveis à comissão, no que couber, as regras sobre mandato.

3.5.2. Contratos de Concessão

Os contratos de concessão somente são aplicados no âmbito automotivo, seja na área de montagem como na de vendas, conforme definido no art. 2º da Lei nº 8.132, de 26/12/1990:

> *Art. 2º. Consideram-se:*
> *I – produtor, a empresa industrial que realiza a fabricação ou montagem de veículos automotores;*
> *II – distribuidor, a empresa comercial pertencente à respectiva categoria econômica, que realiza a comercialização de veículos automotores, implementos e componentes novos, presta assistência técnica a esses produtos e exerce outras funções pertinentes à atividade;*
> *III – veículo automotor, de via terrestre, o automóvel, caminhão, ônibus, trator, motocicleta e similares;*
> *IV – implemento, a máquina oupetrecho que se acopla o veículo automotor, na interação de suas finalidades;*
> *V – componente, a peça ou conjunto integrante do veículo automotor ou implemento de série;*
> *VI – máquina agrícola, a colheitadeira, a debulhadora, a trilhadeira e demais aparelhos similares destinados à agricultura, automotrizes ou acionados por trator ou outra fonte externa;*
> *VII – implemento agrícola, o arado, a grade, a roçadeira e demais petrechos destinados à agricultura;*
> *VIII – serviço autorizado, a empresa comercial que presta serviços de assistência a proprietários de veículos automotores, assim como a empresa que comercializa peças e componentes. [...]*

De acordo com o que assinala Fábio Ulhoa Coelho (2003, p. 98):

> Em geral, é a concessão mercantil um atípico, a exemplo da distruibuição-intermedição. Isso significa que os direitos e deveres do concessionário e cedente são apenas os que eles próprios estabelecem, de comum acordo, no instrumento contratual, não existindo nenhuma baliza legal ou norma de direito positivo – específica a essa espécie de contrato – que invalide ou limite a validade do contratualmente estipulado.

Para enquadramento ao contrato de concessão, o produtor será intitulado concedente e o distribuidor concessionário; será denominado trator o instrumento destinado ao uso agrícola, capaz também de servir a outros fins, excluídos os tratores de esteira, as motoniveladoras e as máquinas rodoviárias para outras destinações; as diversas classes de veículos automotores serão caracterizadas pelas categorias econômicas de produtores e distribuidores; e os produtos serão diferenciados, em cada marca, pelo produtor e sua rede de distribuição, em conjunto.

São inerentes ao contrato de concessão: a área operacional de responsabilidade do concessionário para o exercício de suas atividades, e as distâncias mínimas entre estabelecimentos de concessionários da mesma rede, fixadas segundo critérios de potencial de mercado.

É importante ressaltar que a área operacional para o exercício de atividades poderá conter mais de um concessionário da mesma rede.

O concessionário obriga-se à comercialização de veículos automotores, implementos, componentes e máquinas agrícolas de via terrestre; e à prestação de serviços inerentes a eles, nas condições estabelecidas no contrato de concessão comercial, sendo-lhe de direito a prática dessas atividades, diretamente ou por intermédio de prepostos fora de sua área demarcada.

O consumidor, à sua livre escolha, poderá proceder à aquisição dos bens e serviços, a que se refere essa lei, em qualquer concessionário.

Em convenção de marca, serão fixados os critérios e as condições para ressarcimento da concessionária ou do serviço autorizado que prestar os serviços de manutenção obrigatórios pela garantia do fabricante, vedada qualquer disposição de limitar a faculdade do consumidor de escolher livremente a concessionária, conforme mencionado anteriormente.

Ao concedente é assegurada a contratação de nova concessão se, na área delimitada do mercado de veículos automotores novos da marca, houver condições justificadoras da contratação que tenham sido ajustadas entre o produtor e sua rede de distribuição, pela necessidade de prover vaga de concessão extinta.

Na hipótese do inciso I deste artigo, o concessionário instalado na área concorrerá com os demais interessados, em igualdade de condições.

A nova contratação não poderá se estabelecer em condições que, de algum modo, prejudiquem os concessionários da marca.

Integra a concessão o índice que dela faz parte, chamado índice de fidelidade de compra de componentes dos veículos automotores, podendo a convenção de marca estabelecer percentuais de aquisição obrigatória pelos concessionários. Não estão sujeitas ao índice de fidelidade de compra ao concedente as aquisições que o concessionário fizer de acessórios para veículos automotores; implementos de qualquer natureza; e máquinas agrícolas.

É livre o preço de venda dos bens e serviços do concessionário ao consumidor. Os valores do frete, seguro e outros encargos variáveis de remessa da mercadoria ao concessionário, e deste ao respectivo consumidor, deverão ser discriminados, individualmente, nos documentos fiscais pertinentes.

Cabe ao concedente fixar aos concessionários o preço de venda, cujas uniformidade e condições de pagamento devem ser mantidas para toda a rede de distribuição.

O concedente poderá contratar, com empresa reparadora de veículos ou vendedora de componentes, a prestação de serviços de assistência ou a comercialização desses componentes, exceto a distribuição de veículos novos, dando-lhe a denominação de serviço autorizado.

Às contratações a que se refere este artigo serão aplicados, no que couber, os dispositivos desta lei.

No que tange à rescisão, vejamos o que discorre Fábio Ulhoa Coelho:

> Se o contrato de concessão, com ou sem prazo determinado, é rescindido por iniciativa ou culpa do concessionário, terá o cedente também direito à indenização, correspondente a 5% do valor total das mercadorias (veículos, componentes, acessórios etc.) transacionadas entre eles nos últimos 4 meses de vínculo contratual (art. 26) (2003, p. 102).

3.5.3. Contratos de Representação Comercial

Exerce a representação comercial autônoma a pessoa jurídica ou a pessoa física, sem relação empregatícia, que age como mediadora na realização de negócios mercantis entre uma e mais pessoas, em caráter não-eventual, agenciando propostas ou pedidos para transmiti-los aos representados, praticando ou não atos relacionados com a execução dos negócios.

Assim, vejamos a definição de contrato de representação comercial sob a ótica de Fábio Ulhoa Coelho:

> O contrato de representação comercial autônoma é aquele em que uma das partes (representante) obriga-se a obter pedidos de compra dos produtos fabricados ou comercializados pela outra parte (representado). É contrato típico, detalhadamente disciplinado na Lei nº 4.886/1965 (alterada pela Lei nº 8.420/1992) (2003, p. 105).

É obrigatório o registro dos que exerçam a representação comercial autônoma nos Conselhos Regionais, criados pela lei que versa sobre a Representação Comercial.

No contrato de representação comercial, além dos elementos comuns e outros a juízo dos interessados, deverão constar, obrigatoriamente: a) condições e requisitos gerais da representação; b) indicação genérica ou específica dos produtos ou artigos que são objeto da representação; c) prazo certo ou indeterminado da representação; d) indicação da zona ou das zonas em que será exercida a representação; e) garantia (ou não), parcial, total, ou por certo prazo, da exclusividade de zona ou setor de zona; f) retribuição e época do pagamento, gerado pelo exercício da representação e dependente da efetiva realização dos negócios; e recebimento (ou não) pelo representado, dos valores respectivos; g) os casos em que ocorreu a restrição de zona concedida com exclusividade; h) obrigações e responsabilidades das partes contratantes; i) exercício exclusivo (ou não) da representação a favor do representado; j) indenização devida ao representante em caso de rescisão do contrato, cujo montante não poderá ser inferior a 1/12 (um doze avos) do total da retribuição auferida durante o tempo em que exerceu a representação.

Na hipótese de contrato com prazo certo, a indenização por rescisão de contrato corresponderá à média mensal da retribuição auferida até a data da rescisão, multiplicada pela metade dos meses resultantes do prazo contratual.

O contrato com prazo determinado, uma vez prorrogado o prazo inicial, tácita ou expressamente, torna-se contrato com prazo indeterminado.

Considera-se contrato com prazo indeterminado todo aquele que suceder a outro, dentro de seis meses, com ou sem determinação de prazo.

O representante comercial fica obrigado a fornecer ao representado, segundo as disposições do contrato – que pode ser omisso em relação a algumas informações –, informações detalhadas sobre o andamento dos negócios sob sua responsabilidade; o representante também deve dedicar-se à representação, de modo a expandir os negócios do representado e promover os seus produtos.

Salvo autorização expressa, não poderá o representante conceder abatimentos, descontos ou dilações, nem agir em desacordo com as instruções do representado.

Para que o representante possa exercer a representação em Juízo, em nome do representado, requer-se mandato expresso. É incumbência do representante tomar conhecimento das reclamações pertinentes aos negócios. Incumbir-lhe-á, porém, tomar conhecimento das reclamações atinentes aos negócios, transmitindo-as ao representado e sugerindo as providências acauteladoras de interesse deste. O representante, quanto aos atos que praticar, responde segundo as normas do contrato e, no caso de não haver cláusula específica, responderá em conformidade com o direito comum.

Prevendo o contrato de representação a exclusividade de zona ou zonas, ou quando não houver essa informação no contrato, o representante terá direito à comissão pelos negócios realizados na zona exclusiva, ainda que esses negócios tenham sido efetuados diretamente pelo representado ou por terceiros. A exclusividade de representação não será considerada caso não ocorram ajustes expressos.

Nas palavras de Fábio Ulhoa Coelho:

> Na representação comercial, a exclusividade de zona é implícita no contrato. Assim, para que o representado possa comercializar na zona do representante, direta ou indiretamente, o contrato deve trazer essa permissão expressa.
> A cláusula de exclusividade de representação, contudo, não é implícita. Para que o representante seja impedido de trabalhar para concorrentes do representado, a proibição deve ser expressa no contrato (2003, p. 108).

O representante comercial adquire o direito às comissões no ato do pagamento, pelos clientes, dos pedidos ou das propostas.

O pagamento das comissões deverá ser efetuado até o dia 15 do mês subseqüente ao da liquidação da fatura, que deve estar acompanhada das respectivas cópias das notas fiscais. As comissões pagas fora do prazo previsto deverão ser corrigidas monetariamente.

É facultado ao representante comercial emitir títulos de créditos para a cobrança de comissões, que deverão ser calculadas pelo valor total das mercadorias.

Em caso de rescisão injusta do contrato por parte do representado, a eventual retribuição pendente, gerada por pedidos em carteira ou em fase de execução e recebimento, terá vencimento na data da rescisão.

São vedadas, na representação comercial, alterações que impliquem, direta ou indiretamente, a diminuição da média dos resultados auferidos pelo representante nos últimos seis meses de vigência.

Não sendo possível prever, no contrato de representação, os prazos para recusa de propostas ou pedidos que tenham sido entregues pelo representante, acompanhados dos requisitos exigíveis, ficará o representado obrigado a creditar-lhe a respectiva comissão se não manifestar a recusa do pagamento.

Essa recusa deve ser manifestada por escrito, de acordo com os seguintes prazos: 15 dias, para comprador com domicílio na mesma praça; 30 dias, para comprador com domicílio em outra praça no mesmo Estado; 60 dias, para comprador com domicílio em outro Estado; ou 120 dias, para comprador com domicílio no exterior.

Nenhuma retribuição será devida ao representante comercial se a falta de pagamento resultar de insolvência do comprador, se o negócio for desfeito pelo comprador ou se a entrega de mercadorias for sustada devido a determinada situação comercial capaz de comprometer ou tornar duvidosa a liquidação por parte do comprador.

Salvo ajuste em contrário, as comissões devidas serão pagas mensalmente, expedindo o representado a conta respectiva, conforme as cópias das faturas remetidas aos compradores, no respectivo período.

Os valores das comissões para efeito tanto do pré-aviso como da indenização, prevista deverão ser corrigidos monetariamente.

Das obrigações do representante vejamos a lição de Waldirio Bulgarelli:

> Basicamente consistem em cumprir bem e fielmente o avançado; fornecer ao representado, quando lhe for solicitado, informações detalhadas sobre o andamento dos negócios a seu cargo, devendo dedicar-se à representação, de modo a expandir os negócios do representado e promover os seus produtos; agir estritamente de acordo com as instruções do representado – não pode conceder abatimentos ou dilações sem autorização expressa (1979, p. 502).

Uma denúncia, sem causa justificada, efetuada por qualquer uma das partes do contrato de representação – ajustado por tempo indeterminado e que tenha vigorado por mais de seis meses – obriga o denunciante, salvo outra garantia prevista no contrato, à concessão de pré-aviso, com antecedência mínima de 30 dias, ou ao pagamento de importância igual a um terço (1/3) das comissões auferidas pelo representante nos três meses anteriores.

Constituem motivos justos para rescisão do contrato de representação comercial, por parte do representado: a) a negligência, por parte do representante, no cumprimento das obrigações decorrentes do contrato; b) a prática de atos que impliquem o descrédito comercial do representado; c) a falta de cumprimento de quaisquer obrigações inerentes ao contrato de representação comercial; d) a condenação definitiva por crime considerado infamante; e) força maior.

Constituem motivos justos para rescisão do contrato de representação comercial, por parte do representante: a) a redução da esfera de atividade do representante em desacordo com as cláusulas do contrato; b) a quebra, direta ou indireta, da exclusividade, se prevista no contrato; c) a fixação abusiva de preços em relação à zona do representante, com o único objetivo de lhe impossibilitar ação regular; d) o não-pagamento de sua retribuição na época devida; e) força maior.

Somente o caso de ocorrer motivo justo para a rescisão do contrato possibilitará ao representado reter comissões devidas ao representante, com o fim de ressarcir-se de danos por este causados.

Não serão prejudicados os direitos dos representantes comerciais quando, a título de cooperação, desempenharem, temporariamente, a pedido do representado, cargos ou atribuições diversos dos previstos no contrato de representação.

Ressalvada expressa vedação contratual, o representante comercial poderá exercer sua atividade para mais de uma empresa e empregá-la em outros misteres ou ramos de negócios.

É facultado ao representante contratar, com outros representantes comerciais, a execução dos serviços relacionados à representação. Nessa hipótese, o pagamento das comissões ao representante comercial contratado dependerá da liquidação da conta de comissão devida pelo representado ao representante contratante.

Ao representante contratado, no caso de rescisão de representação, será devida pelo representante contratante a participação no que houver recebido do representado, a título de indenização e aviso prévio, proporcionalmente às retribuições auferidas pelo representante contratado na vigência do contrato.

No caso de falência do representado, as importâncias por ele devidas ao representante comercial, relacionadas à representação, inclusive comissões vencidas e vincendas, indenização e aviso prévio, serão consideradas créditos da mesma natureza dos créditos trabalhistas. Importante salientar que a ação do representante comercial, para pleitear a retribuição que lhe é devida, prescreve em cinco anos.

Não constitui motivo justo para rescisão do contrato de representação comercial o impedimento temporário do representante comercial que estiver em gozo do benefício de auxílio-doença concedido pela Previdência Social.

Os valores a que se referem a alínea *j* do art. 27, o § 5º do art. 32 e o art. 34 desta lei serão corrigidos monetariamente com base na variação dos BTNs ou por outro indexador que venha a substituí-los e legislação ulterior aplicável à matéria.

Compete ao Conselho Federal dos Representantes Comerciais fiscalizar a execução da lei que versa sobre o representante comercial.

Em caso de inobservância das prescrições legais, caberá intervenção do Conselho Federal nos Conselhos Regionais, por decisão da Diretoria do primeiro, *ad referendum* da reunião plenária, assegurado, em qualquer caso, o direito de defesa. A intervenção cessará quando do cumprimento da lei.

É de bom-tom que se registre que não pode ser representante comercial: o que não pode ser comerciante; o falido não-reabilitado; o que tenha sido condenado por infração penal de natureza infamante, tais como falsidade, estelionato, apropriação indébita, contrabando, roubo, furto, lenocínio ou crimes também punidos com a perda de cargo público; o que estiver com seu registro comercial cancelado como penalidade.

Somente será devida remuneração, como mediador de negócios comerciais, ao representante comercial devidamente registrado.

A fiscalização do exercício da profissão caberá ao Conselho Federal e aos Conselhos Regionais dos Representantes Comerciais. É vedado ao Conselho Federal e aos Conselhos Regionais dos Representantes Comerciais desenvolverem quaisquer atividades não-compreendidas em suas finalidades previstas, inclusive as de caráter político e partidárias.

O Conselho Federal será presidido por um dos seus membros, e sua renda será constituída de 20% da renda bruta dos Conselhos Regionais.

O Conselho Federal será composto de representantes comerciais de cada Estado, eleitos pelos Conselhos Regionais, dentre seus membros, cabendo a cada Conselho Regional a escolha de dois delegados.

Compete ao Conselho Federal estabelecer as bases territoriais e determinar o número de Conselhos Regionais, que não poderá ser superior a um por estado, Território Federal e Distrito Federal.

Compete, privativamente, ao Conselho Federal: a) elaborar o seu regimento interno; b) dirimir as dúvidas suscitadas pelos Conselhos Regionais; c) aprovar os regimentos internos dos Conselhos Regionais; d) julgar quaisquer recursos relativos às decisões dos Conselhos Regionais; e) baixar instruções para a fiel observância da referida lei; f) elaborar o Código de Ética Profissional; g) resolver os casos omissos.

Os Conselhos Regionais terão a seguinte composição: a) dois terços (2/3) de seus membros serão constituídos pelo presidente do mais antigo sindicato da classe do respectivo estado e por diretores, do mesmo estado, de sindicatos da classe, eleitos em assembléia-geral; b) um terço (1/3) formado por representantes comerciais no exercício efetivo da profissão, eleitos em assembléia-geral realizada no sindicato da classe.

Os Conselhos Regionais terão no máximo 30 membros, e, no mínimo, o número que for fixado pelo Conselho Federal. Os mandatos dos membros do Conselho Federal e dos Conselhos Regionais serão de três anos. Todos os mandatos serão exercidos sem remuneração.

A aceitação do cargo de presidente, secretário ou tesoureiro implicará a obrigação de residir na localidade em que estiver sediado o respectivo Conselho.

O Conselho Federal e os Conselhos Regionais serão administrados por uma Diretoria que não poderá exceder a um terço (1/3) dos seus integrantes.

Os presidentes do Conselho Federal e dos Conselhos Regionais completarão o prazo do seu mandato, caso sejam substituídos na Presidência do sindicato.

Constituem renda dos Conselhos Regionais as contribuições e multas devidas pelos representantes comerciais, pessoas físicas ou jurídicas, neles registrados.

Compete aos Conselhos Regionais: a) elaborar o seu Regimento Interno, submetendo-o à apreciação do Conselho Federal; b) decidir sobre os pedidos de registro de representantes comerciais, pessoas físicas ou jurídicas, na conformidade da lei; c) manter o cadastro de profissionais; d) expedir as carteiras profissionais e anotá-las, quando necessário; e) impor as sanções disciplinares previstas na lei; f) fixar as contribuições e emolumentos que serão devidos pelos representantes comerciais, pessoas físicas ou jurídicas, registrados.

Cabe ainda aos Conselhos Regionais aplicar, ao representante comercial faltoso, as seguintes penas disciplinares: a) advertência, sempre sem publicidade; b) multa até a importância equivalente ao maior salário mínimo vigente no País; c) suspensão do exercício profissional por até um ano; d) cancelamento do registro, com apreensão da carteira profissional.

No caso de reincidência ou de falta manifestamente grave, o representante comercial poderá ser suspenso do exercício de sua atividade ou ter o seu registro cancelado.

As penas disciplinares serão aplicadas após processo regular, sem prejuízo, quando couber, da responsabilidade civil ou criminal.

O acusado deverá ser citado, inicialmente, dando-se-lhe ciência do inteiro teor da denúncia ou queixa, sendo-lhe assegurado, sempre, o amplo direito de defesa, por si ou por procurador regularmente constituído.

O processo disciplinar será presidido por um dos membros do Conselho Regional, ao qual será incumbido de coligir as provas necessárias. Encerradas as provas de iniciativa da autoridade processante, ao acusado será dado o direito de requerer e produzir as suas próprias provas, após o que lhe será assegurado o direito de apresentar, por escrito, defesa final e o de sustentar, oralmente, suas razões, na sessão do julgamento.

Da decisão dos Conselhos Regionais caberá recurso voluntário, com efeito suspensivo, para o Conselho Federal.

Constituem faltas no exercício da profissão de representante comercial: a) prejudicar, por dolo ou culpa, os interesses confiados aos seus cuidados; b) auxiliar ou facilitar, por qualquer meio, o exercício da profissão aos que estiverem proibidos, impedidos ou não-habilitados a exercê-la; c) promover ou facilitar negócios ilícitos, bem como quaisquer transações que prejudiquem interesse da Fazenda Pública; d) violar o sigilo profissional; e) negar ao representado as competentes prestações de contas, recibos de quantias ou documentos que lhe tiverem sido entregues, para qualquer fim; f) recusar a apresentação da carteira profissional, quando solicitada por quem de direito.

Observados os princípios da lei, o Conselho Federal dos Representantes Comerciais expedirá instruções relativas à aplicação das penalidades em geral e, em particular, aos casos em que couber imposição da pena de multa.

As repartições federais, estaduais e municipais, ao receberem tributos relativos à atividade do representante comercial, pessoa física ou jurídica, exigirão prova de seu registro no Conselho Regional da respectiva região.

Em propagandas deverá constar, obrigatoriamente, o número da carteira profissional.

As pessoas jurídicas farão constar, na propaganda, além do número da carteira do representante comercial responsável, também o seu próprio número de registro no Conselho Regional.

O exercício financeiro do Conselho Federal e dos Conselhos Regionais coincidirá com o ano civil. As Diretorias dos Conselhos Regionais prestarão contas da sua gestão ao próprio Conselho, até o dia 15 de fevereiro de cada ano.

Os Conselhos Regionais prestarão contas ao Conselho Federal até o último dia do mês de fevereiro de cada ano. A Diretoria do Conselho Federal prestará contas ao respectivo Plenário até o último dia do mês de março de cada ano.

Os sindicatos incumbidos do processamento das eleições deverão tomar, dentro do prazo de 30 dias, as providências necessárias à instalação dos Conselhos Regionais.

Finalmente, segundo a lei que versa sobre a representação comercial, o candidato a registro, como representante comercial, deverá apresentar: a) prova de identidade; b) prova de quitação do serviço militar, quando for obrigado; c) prova de estar em dia com as exigências da legislação eleitoral; d) folha corrida de antecedentes, expedida pelos cartórios criminais das comarcas em que o registrado tiver sido domiciliado nos últimos dez meses; e) quitação da contribuição sindical.

Nos casos de transferência ou de exercício simultâneo da profissão em mais de uma região, serão feitas as devidas anotações na carteira profissional do interessado, pelos respectivos Conselhos Regionais.

As pessoas jurídicas deverão fazer prova de sua existência legal, e quando a representação comercial incluir poderes atinentes ao mandato mercantil, serão aplicáveis, quanto ao exercício deste, os preceitos próprios da legislação comercial.

3.5.4. Contratos de Franquia

A franquia empresarial é o sistema pelo qual um franqueador cede ao franqueado o direito de uso de marca ou patente, associado ao direito de distribuição exclusiva ou semi-exclusiva de produtos ou serviços e, eventualmente, também ao direito de uso de tecnologia de implantação e administração de negócio ou de sistema operacional que tenham sido desenvolvidos ou detidos pelo franqueador, mediante remuneração direta ou indireta, sem que, no entanto, fique caracterizado vínculo empregatício.

Sempre que o franqueador tiver interesse na implantação de sistema de franquia empresarial, deverá fornecer ao interessado em se tornar franqueado uma circular de oferta de franquia, por escrito e em linguagem clara e acessível, contendo obrigatoriamente as seguintes informações:

a) histórico resumido, forma societária e nome completo ou razão social do franqueador e de todas as empresas às quais esteja diretamente ligado, bem como seus respectivos nomes de fantasia e endereços;
b) balanços e demonstrações financeiras da empresa franqueadora relativos aos dois últimos exercícios;
c) indicação precisa de todas as pendências judiciais nas quais estejam envolvidos o franqueador, as empresas controladoras e titulares de marcas, patentes e direitos autorais relativos à operação e seus subfranqueadores, questionando especificamente o sistema da franquia ou fatos que possam impossibilitar diretamente o funcionamento da franquia;

d) descrição detalhada da franquia, descrição geral do negócio e das atividades que serão desempenhadas pelo franqueado;
e) perfil do *franqueado ideal* no que se refere a experiência anterior, nível de escolaridade e outras características que ele deve ter, obrigatória ou preferencialmente;
f) requisitos quanto ao envolvimento direto do franqueado na operação e na administração do negócio;
g) especificações em relação a:
    i) total estimado do investimento inicial necessário à aquisição, implantação e entrada em operação da franquia;
    ii) valor da taxa inicial de filiação ou taxa de franquia e de caução; e
    iii) valor estimado das instalações, equipamentos e do estoque inicial e suas condições de pagamento.
h) informações claras quanto a taxas periódicas e outros valores a serem pagos pelo franqueado ao franqueador ou a terceiros por este indicados, detalhando as respectivas bases de cálculo e o que as mesmas remuneram ou o fim a que se destinam, indicando, especificamente, o seguinte:
i) remuneração periódica pelo uso do sistema, da marca ou em troca dos serviços efetivamente prestados pelo franqueador ao franqueado (*royalties*);
    i) aluguel de equipamentos ou ponto comercial;
    ii) taxa de publicidade ou semelhante;
    iii) seguro mínimo; e
    iv) outros valores devidos ao franqueador ou a terceiros que a ele sejam ligados;
j) relação completa de todos os franqueados, subfranqueados e subfranqueadores da rede, bem como dos que se desligaram nos últimos 12 meses, com nome, endereço e telefone;
l) em relação ao território, deve ser especificado o seguinte:
    i) se é garantida ao franqueado exclusividade ou preferência sobre determinado território de atuação e, caso positivo, em que condições o faz; e
    ii) possibilidade de o franqueado realizar vendas ou prestar serviços fora de seu território ou realizar exportações;
m) informações claras e detalhadas quanto à obrigação do franqueado de adquirir quaisquer bens, serviços ou insumos necessários à implantação, operação ou administração de sua franquia, apenas de fornecedores indi-

cados e aprovados pelo franqueador, oferecendo ao franqueado relação completa desses fornecedores;

n) indicação do que é efetivamente oferecido ao franqueado pelo franqueador, no que se refere a:
   i) supervisão de rede;
   ii) serviços de orientação e outros prestados ao franqueado;
   iii) treinamento do franqueado, especificando duração, conteúdo e custos;
   iv) treinamento dos funcionários do franqueado;
   v) manuais de franquia;
   vi) auxílio na análise e escolha do ponto onde será instalada a franquia; e
   vii) *layout* e padrões arquitetônicos nas instalações do franqueado;

o) situação perante o Instituto Nacional de Propriedade Industrial (INPI) das marcas ou patentes cujo uso será autorizado pelo franqueador;

p) situação do franqueado, após a expiração do contrato de franquia, em relação a:
   i) *know how* ou segredo de indústria a que venha a ter acesso em função da franquia; e
   ii) implantação de atividade concorrente da atividade do franqueador;

q) modelo do contrato-padrão e, se for o caso, também do pré-contrato – padrão de franquia adotado pelo franqueador, com texto completo, inclusive dos respectivos anexos e prazo de validade.

A circular oferta de franquia deverá ser entregue ao candidato a franqueado, no mínimo, dez dias antes da assinatura do contrato ou pré-contrato de franquia; ou ainda do pagamento de qualquer tipo de taxa pelo franqueado ao franqueador ou à empresa ou pessoa ligada a ele. Na hipótese do não-cumprimento do disposto no *caput* deste artigo, o franqueado poderá argüir a anulabilidade do contrato e exigir devolução de todas as quantias pagas ao franqueador ou a terceiros por ele indicados, a título de taxa de filiação e *royalties*, devidamente corrigidas, pela variação da remuneração básica dos depósitos de poupança mais perdas e danos.

O contrato de franquia deve ser sempre escrito e assinado na presença de duas testemunhas e terá validade independentemente de ser levado a registro perante cartório ou órgão público.

O franqueador que veicular informações falsas na sua nota circular de oferta de franquia sofrerá as sanções penais cabíveis.

Por fim, cumpre esclarecer que o termo franqueador, quando utilizado em qualquer de seus dispositivos, serve também para designar o subfranqueador, da mesma forma que as disposições que se referem ao franqueado podem ser aplicadas ao subfranqueado.

3.5.5. Contratos de Distribuição

Tanto o contrato de distribuição como o contrato de agência são disciplinados pelas mesmas normas do Código Civil. Pelo contrato de agência, uma pessoa assume, em caráter não eventual e sem vínculos de dependência, a obrigação de promover, à conta de outra, mediante retribuição, a realização de certos negócios, em zona determinada, caracterizando-se a distribuição quando o agente tiver à sua disposição a coisa a ser negociada. Em outras palavras, no contrato de agência, o colaborador não possui, especificamente, à sua disposição a mercadoria e, no contrato de distribuição, a mercadoria está disponibilizada ao colaborador.

O proponente pode conferir poderes ao colaborador para que este o represente na conclusão dos contratos.

Salvo ajuste, o proponente não pode constituir, ao mesmo tempo, mais de um colaborador, na mesma zona, com idêntica incumbência; nem pode o agente assumir o encargo de nela tratar de negócios do mesmo gênero, à conta de outros proponentes.

O colaborador, no desempenho que lhe foi cometido, deve agir com toda diligência, atendo-se às instruções recebidas do proponente.

Salvo estipulação diversa, todas as despesas com a agência ou com a distribuição correm por conta do colaborador (agente ou distribuidor).

Salvo ajuste, o distribuidor terá direito a remuneração correspondente aos negócios concluídos dentro de sua zona, ainda que sem a sua interferência.

O distribuidor tem direito a indenização, se o proponente, sem justa causa, cessar o atendimento das propostas ou reduzi-lo tanto que se torna antieconômica a continuação do contrato.

A remuneração será devida ao distribuidor também quando o negócio deixar de ser realizado por fato imputável ao proponente.

Ainda que dispensado por justa causa, terá o distribuidor direito de ser remunerado pelos serviços úteis prestados ao proponente, sem embargo de terem ocorrido perdas e danos pelos prejuízos sofridos por este. Se a dispensa se der sem culpa do colaborador, terá ele direito a remuneração até então devida, inclusive sobre os negócios pendentes, além das indenizações previstas em lei especial.

Se o colaborador não puder continuar o trabalho por motivo de força maior, terá direito a remuneração correspondente aos serviços realizados, cabendo esse direito aos herdeiros, no caso de morte.

Se o contrato for por tempo indeterminado, qualquer das partes poderá resolvê-lo, mediante aviso prévio de noventa dias, desde que transcorrido prazo compatível com a natureza e o vulto do investimento exigido do agente. No caso de divergência entre as partes, o juiz decidirá sobre a razoabilidade do prazo e do valor devidos.

Aplicam-se ao contrato de distribuição, no que couber, as regras concernentes ao mandato e à comissão e as constantes de lei especial.

3.6. CONTRATOS DE COMPRA E VENDA MERCANTIL

O cotidiano negocial promove a celebração sistêmica de vários tipos de contratos empresariais, como na aquisição e venda de mercadorias para uso próprio ou para inserção na cadeia produtiva da atividade econômica. O instrumento pelo qual é possível obrigar um dos contratantes a transferir o domínio de certa coisa a outro e o que recebeu a pagar determinada quantia em dinheiro se encaixa no modelo de Contrato de Compra e Venda Mercantil. Sobre sua localização histórica, vejamos o conceito estabelecido por Waldirio Bulgarelli (1979, p. 167):

> [...] é o contrato de compra e venda, contrato dos mais antigos, tipificado em todas as legislações do mundo, com variantes, segundo as características do sistema jurídico de cada país, como por exemplo os do 'common law', ou então como na França, onde o Código de Comércio reservou apenas um artigo (art. 129) deixando sua disciplina legal para o Código Civil que o antecedeu, ou então, nos países que unificaram o seu direito obrigacional, como a Itália e a Suíça, em que a disciplina legal desse contrato é uma.

O Contrato de Compra e Venda Mercantil poderia ser definido como o meio pelo qual um dos contratantes se obriga a transferir o domínio de certa coisa, e o outro, a pagar-lhe certo preço em dinheiro.

Trata-se, portanto, do expediente próprio das atividades negociais de mercado. Segundo Waldirio Bulgarelli (1979, p. 164):

> Numa economia de massa, dominada pelas empresas, a circulação da produção ocorre incessantemente, por meio de operações, que se exprimem, juridicamente, hoje, pelo contrato de compra e venda, cuja função econômica básica, conforme já visto, é justamente, de fazer circulas a riqueza.

Tecnicamente, a relação de compra e venda mercantil é considerada obrigatória e perfeita, desde que as partes acordarem no objeto e no preço.

O objeto pode ser coisa atual ou futura, pois a venda pode ser efetuada mediante a apresentação de amostras, protótipos ou modelos. Caso haja qualquer problemática, contradição ou diferença entre a especificação/descrição preliminar e o objeto da venda, prevalece a amostra, o protótipo ou o modelo.

Caso seja convencionada a venda sem fixação de preço ou de critérios para a sua determinação, se não houver tabelamento oficial, entende-se que as partes se sujeitaram ao preço corrente nas vendas habituais do vendedor. Se não houver acordo, por ter havido diversidade de preço, prevalecerá o termo médio. O contrato de compra e venda é considerado nulo quando a fixação do preço é deixada ao arbítrio exclusivo de uma das partes.

Despesas relativas à tradição ficam a cargo do vendedor, a menos que haja cláusula em contrário no contrato. Se a venda não for a crédito, o vendedor é obrigado a entregar a coisa antes de receber o preço ajustado.

Até o momento da tradição, os riscos da coisa correm por conta do vendedor, e os do preço por conta do comprador. Os casos fortuitos, ocorrentes no momento de contar, marcar ou assinalar coisas, que comumente se recebem, contando, pesando, medindo ou assinalando, e que já tiverem sido postas à disposição do comprador, correrão por conta deste. Correrão também por conta do comprador os riscos das referidas coisas, se estiver em mora de recebê-las, quando postas à sua disposição no tempo, lugar e pelo modo ajustados.

Na falta de estipulação expressa, a entrega da coisa vendida será onde ela se encontrava, ao tempo da venda. Se a coisa for remetida para lugar diverso, por ordem do comprador, por sua conta correrão as despesas, uma vez entregue a quem haja de transportá-la, a não ser que o vendedor não siga as instruções dele.

Se antes da entrega o comprador cair em insolvência, não obstante o prazo ajustado para o pagamento, poderá o vendedor suspender o envio da coisa, até que o comprador ofereça garantia de que, no prazo combinado, pagará.

O vendedor pode reservar para si a propriedade do bem até que o preço esteja integralmente pago, o que juridicamente designamos como cláusula de reserva de domínio – que será estipulada por escrito e depende de registro no domicílio do comprador para valer contra terceiros.

O bem que não pode ser caracterizado perfeitamente também não pode ser objeto de venda com reserva de domínio, para estremá-lo de outras congêneres. Na dúvida, decide-se a favor do terceiro adquirente de boa-fé.

A transferência de propriedade ao comprador dá-se no momento em que o preço esteja integralmente pago. Todavia, pelos riscos da coisa responde o comprador, a partir de quando lhe foi entregue.

A propriedade do bem é transferida para o comprador no momento em que o valor estiver integralmente pago. Porém, pelos riscos da coisa responde o comprador, a partir de quando lhe foi entregue.

A cláusula de reserva de domínio só poderá ser executada pelo vendedor depois de ele ter constituído o comprador em mora, mediante protesto do título ou interpelação judicial.

O vendedor poderá mover ação de cobrança das prestações vencidas e vincendas e o que mais lhe for devido depois de verificada a mora do comprador; ou poderá recuperar a posse do bem vendido.

Se optar por recuperar a posse do bem, é facultado ao vendedor reter as prestações pagas até a quantia necessária para cobrir a depreciação verificada, as despesas contratadas e o mais que de direito lhe for devido. Caso haja excedente, este será devolvido ao comprador; se faltar quantia para o pagamento das despesas, tudo lhe será cobrado na forma da lei processual.

Caso o vendedor receba o pagamento à vista ou mediante financiamento de instituição financeira, a esta caberá exercer os direitos e ações decorrentes do contrato, a benefício de qualquer outro. A operação financeira e a respectiva ciência do comprador constarão do registro do contrato.

Capítulo 4
Joint Venture

Existe uma forma híbrida de contextualizar a figura jurídica da *joint venture*, em função da distribuição societária ou não que lhe é possível atribuir. Esse hibridismo reflete-se no modo como é possível inserir a temática, tanto em um contexto societário, com regras próprias e específicas, quanto em um contexto a ser analisado na seara dos contratos mercantis, efetivamente representado por entabulações entre Sociedades Empresárias com o objetivo de expandir o mercado de cada uma delas e aumentar seus lucros.

Vamos conceituar os dois institutos[1] segundo os princípios jurídicos que estão inseridos no Direito Empresarial, enfocando tanto o âmbito societário quanto a formação do vínculo contratual.

Portanto, é possível definir as Sociedades Anônimas (uma das espécies de modelo societário que se enquadra à *joint venture* societária) como o tipo societário destinado aos empreendimentos empresariais que, em geral, envolvem altos investimentos financeiros com o objetivo de desenvolver a estrutura econômica que desencadeia os fatores de produção, circulação, repartição e consumo – e promove o lucro de seus acionistas.

Temos, então, a primeira dificuldade sobre *joint ventures*: qual é a sua correta definição? A tradução literal desse binômio nos serviria de apoio?

Pois bem, a definição que parte da doutrina contempla é "aventura conjunta", definição esta que é quase uma tradução ao pé da letra, proveniente de sua origem histórica, quando os grandes empreendimentos eram entabulados a despeito dos riscos inerentes a essa operação.

Neste diapasão, convém trazer à baila o aspecto histórico da Sociedade Anônima e da *joint venture*, assim vejamos. Encontram-se relatos de que a origem das Sociedades Anônimas remonta ao ano de 1409, época da fundação da "Banca di San Giorgio di Genova", de acordo com relato de Amador Paes de Almeida:

1 Há divergências quanto a possibilidade de inserir o conceito de *joint venture* como um instituto jurídico, ainda mais porque se trata de expediente fora dos regramentos legislativos em todo o mundo, com exceção da novidade recentemente trazida pela China que institui uma lei específica sobre o tema.

> Todavia, se dúvidas subsistem quanto à origem da sociedade anônima, são unânimes em afirmar os autores que sua manifestação definitiva se deu com as companhias colonizadoras, que alcançaram grande repercussão sobretudo na Holanda, com a Companhia das Índias Orientais, criada em 1602, e a Companhia das Índias Ocidentais, fundada em 1621 (2004, p. 165).

A origem das *joint ventures*, por sua vez, pode ser remetida às expedições ocorridas no final da era medieval e início do período que conhecemos como Metalismo[2].

Do ponto de vista jurídico, as *joint ventures* surgiram nos Estados Unidos com o propósito de gerar movimento às relações comerciais. Foram as sucessivas decisões dos tribunais norte-americanos, por meio da jurisprudência, em vários casos sobre associações mercantis, que iniciaram os contornos desse instituto jurídico.

As doutrinas norte-americana e européia, ao longo do tempo, passaram a acatar essa forma de associação designada *joint venture*, nomenclatura hoje adotada em todos os países e que define um acordo empresarial com caráter associativo, ou seja, a entabulação entre duas ou mais sociedades, formalizando-se ou não societariamente.

Mas é importante evidenciar que atualmente a expressão *joint venture* abarca tanto a formação de sociedades quanto as relações contratuais que envolvem as espécies de parcerias. E existem autores que preferem a denominação *empresas conjuntas* para indicar o vínculo que nasce a partir da parceria entabulada entre duas ou mais empresas.

Quanto aos significados em comuns que os temas *sociedades em geral e em particular Sociedades Anônimas* e *joint ventures* podem ter, vislumbramos a hipótese de tratarem da associação de dois ou mais entes com personalidade jurídica para a realização de um negócio que será efetuado conjuntamente. Do ponto de vista conceitual, qualquer associação entre sociedades – não importando o tipo escolhido – também poderia ser englobada para a entabulação de uma *joint venture*, efetivando-se, para tanto, uma parceria que objetiva a consecução de algo em conjunto.

Tal simbiose entre sociedades serve para a melhor realização do negócio pretendido, pois se entende que sem ela, na maioria das vezes, o aludido negócio não se efetuaria. Há, portanto, um ajuste de interesses, uma espécie de contrato preliminar, por meio do qual as partes envolvidas fixam uma estratégia específica para a realização dos seus planos.

---

2 Segundo a tecnologia das Ciências Econômicas, nesse período se promovia comumente o transporte de metais preciosos localizados em outras terras. Tais operações marítimas eram, de fato, uma aventura, considerando-se os riscos, os perigos e as dificuldades a elas inerentes, sempre com o propósito de lucro.

O ajuste de interesses entre as empresas envolvidas é que definirá se a *joint venture* será societária ou não societária, pois depende desses interesses a criação ou não de uma sociedade e as regras de seu funcionamento.

A *joint venture* não societária é a associação entre dois ou mais interessados para a realização de um objetivo comum, sendo que essa união é regulamentada por um contrato-base (contrato-mãe) e outros contratos ramificados, quantos forem necessários, para a consecução dos negócios pretendidos. Nesses casos, não há constituição de uma sociedade, como ocorre no caso de *joint venture* societária.

Quando as partes reúnem interesses por meio de uma *joint venture* societária, deve haver concordância em torno das capacidades de cada uma, para a constituição de uma nova sociedade. Significa que, além de firmar o contrato-base de associação, elas decidem formar uma sociedade exclusiva para o cumprimento do plano de associação.

A constituição de uma *sociedade* a partir de duas ou mais sociedades, nacionais ou estrangeiras (na maioria dos casos estrangeiras), portanto, é uma espécie de *joint venture* societária,[3] que tem o propósito de estabelecer um vínculo societário para diminuir custos de produção, gerar mais automação, promover trocas de tecnologia, viabilizar inserção mais ampla no mercado de consumo e, conseqüentemente, mais lucros.

Os grandes empreendimentos fazem parte do rol das características das sociedades anônimas, como já foi dito anteriormente – fato que entrelaça e delineia a constituição, também, de uma *joint venture*.

Na maioria dos casos, as Sociedades Anônimas possuem pelo menos dois acionistas e um capital dividido em ações – e estas representam a menor fração do capital social.

Quando se trata de ações de uma Sociedade Anônima, há de se considerar também os outros títulos emitidos pelas companhias, os quais conferem créditos aos seus titulares. O acionista – outro elemento fundamental da companhia – é aquele titular de ações, possuidor de direitos e deveres, conforme a espécie das ações das quais for detentor.

Para a formação de uma Sociedade Anônima composta por acionistas que representam os interesses de outras empresas – que buscam nessa união mais lucratividade para os seus negócios, ou seja, objetivam, com a constituição dessa parceria societária (*joint ventures*) maior desempenho do que poderiam ter com suas empresas, separadamente –, a assembléia deve ser instalada em primeira

3 A *joint venture* pode ser *societária* ou não-societária – *apenas* contratual –, numa espécie de contrato relativo a uma atividade empresarial.

convocação, com a presença de subscritores que representem, pelo menos, metade do capital social e, em segunda convocação, com qualquer número.

O presidente da assembléia geral de constituição declarará constituída a nova companhia, resultado de uma *joint venture* societária, depois de observadas as formalidades legais, e não havendo resistência de subscritores que representem mais da metade do capital social.

Para deferimento pela Junta Comercial da assembléia que se destina à constituição da Sociedade Anônima, é necessária a juntada da relação completa dos subscritores do capital social – ou lista, boletins, carta de subscrição; o recibo do depósito bancário da parte do capital realizado em dinheiro (é exigido depósito de, no mínimo, 10% do capital subscrito em dinheiro); a ata de eleição de peritos ou de empresa especializada, na presunção de realização em bens; a ata de deliberação sobre laudo de avaliação dos bens, se não incluída a deliberação na ata de constituição, acompanhada do laudo; as folhas do *Diário Oficial* e do jornal particular que publicaram o anúncio convocatório da assembléia de constituição e, quando for o caso, das assembléias preliminares.

A ata da assembléia que será levada a registro indicará, obrigatoriamente, local, hora, dia, mês e ano de sua realização; composição da mesa (nome completo do presidente e do secretário); quorum de instalação; as publicações do edital de convocação, salvo no caso da presença de todos os subscritores, que torna dispensável as publicações (a indicação dos jornais – *Diário Oficial* e jornal particular – que publicaram o edital por três vezes, mencionando as datas e os números das folhas/páginas, torna desnecessária a apresentação à Junta Comercial dos originais dos jornais para arquivamento/anotação).

As deliberações devem constar na ordem do dia constante da ata de assembléia de constituição de Sociedade Anônima, pelo menos: a avaliação dos bens, se for o caso, com a nomeação dos peritos ou de empresa especializada, e a deliberação a respeito, desde que essas formalidades sejam tomadas na própria assembléia de constituição, e a aprovação do estatuto.

No caso da ata da assembléia de constituição aprovar a incorporação de bens, estes deverão estar identificados com precisão ou poderão estar descritos sumariamente – neste caso, desde que seja suplementada por declaração assinada pelo subscritor, contendo todas as informações necessárias para a transcrição no registro de imóvel, observando-se a presença obrigatória de peritos na assembléia.

Para a validade das deliberações, a ata será assinada por todos os subscritores ou por quantos forem necessários. Se ela incluir a transcrição do estatuto, será assinada por todos os subscritores, pois o Estatuto Social tem de ser assinado por todos os subscritores do capital social e deve conter o visto de advogado, com a indicação do nome e do número de registro deste profissional na Ordem dos Advogados do Brasil.

A aludida ata com a assinatura das partes não pode conter emendas ou rasuras. Para a constituição de uma *joint venture* societária, seja do tipo Sociedade Anônima ou Limitada, alguns requisitos são obrigatórios. Assim, cabem os ensinamentos de Fábio Ulhoa Coelho:

> *Joint Venture* é uma ligação societária onde, normalmente, aproximam-se duas ou mais sociedades sediadas em países diversos, para a exploração em conjunto de uma atividade empresarial, com ou sem a criação de uma nova sociedade jurídica. A *joint venture* pode se exteriorizar, no direito brasileiro, dependendo dos termos em que é estabelecida, por um ou mais negócios jurídicos, como por exemplo: acordo associativo, de acionistas, contrato de sociedade, consórcio e etc. (2005)

Portanto, é possível afirmar que a constituição de uma *joint venture* societária não se limita a um simples aporte de capital estrangeiro em uma companhia nacional. O intuito de uma *joint venture* é de maior abrangência, bem como o seu risco. Como lemos, nas palavras de Fábio Ulhoa Coelho, as sociedades poderão formar um vínculo de controle ou uma espécie de coligação como: subsidiária integral, grupos ou consórcios.

Como conseqüência do desenvolvimento das relações econômicas, houve aumento do comércio entre os países, o que intensificou o fluxo de bens e serviços. Os responsáveis pela produção e circulação desses bens e serviços foram obrigados a se moldar ao mercado, mais veloz e mais feroz que antes, em termos de competitividade. Significa que, para acompanhar a dinamização das relações econômicas internacionais, as empresas tiveram de encontrar maneiras de aumentar seu poder tecnológico e sua logística, muitas vezes atuando em países distantes de suas respectivas sedes, com leis e costumes diferentes dos seus.

As relações econômicas, porém, são apenas um dos quesitos aos quais os operadores dessa nova realidade empresarial tiveram de se adaptar. As formalidades legais para inscrição de uma *joint venture* societária exigem que determinadas regras sejam verificadas. Aqui no Brasil, por exemplo, temos o seguinte:

O disposto na Lei nº 8.977, de 06/01/1995, art. 7º, incisos I e II, traz que:

> ***Art. 7º***. *A concessão para o Serviço de TV a Cabo será dada exclusivamente a pessoa jurídica de direito privado que tenha como atividade principal a prestação deste serviço e que tenha:*
> *I – sede no Brasil;*

II – pelo menos cinqüenta e um por cento do capital social, com direito a voto, pertencente a brasileiros natos ou naturalizados há mais de dez anos ou a sociedade sediada no País, cujo controle pertença a brasileiros natos ou naturalizados há mais de dez anos.

Da análise do texto legal, pode-se concluir que existem exemplos de impedimentos impostos pela legislação brasileira, no que tange à participação de sociedades estrangeiras no quadro societário de empresas aqui constituídas.

Do mesmo modo, os estrangeiros encontram restrições legais para participação em sociedades de mineração, de energia hidráulica, de transportes rodoviários de cargas, de assistência à saúde, de navegação e cabotagem e de empresas jornalísticas e de radiodifusão.

Contudo, apesar das restrições, existe a possibilidade de encontrarmos condições de participação de sociedades estrangeiras em sociedades empresariais nacionais, como um exemplo real do que seria uma *joint venture* societária, bastando para isso o atento e estrito cumprimento das normas constantes na Constituição Federal, na Lei de Sociedade Anônima, Código Civil e, principalmente, na Instrução Normativa nº 76, expedida pelo Departamento Nacional do Registro do Comércio (DNRC).

As instruções normativas, juntamente com a Lei nº 8.934/1994 e o Decreto nº 1.800, de 30/01/1996, estão incumbidas de regulamentar os atos relativos ao registro público mercantil e as atividades afins.

A Instrução Normativa nº 76, que foi expedida com o escopo de atualizar, uniformizar e, em especial, simplificar o acesso às normas de atos de empresas nas quais participam estrangeiros, enumera alguns itens que devem, obrigatoriamente, integrar a relação de requisitos para que se efetue regularmente o contrato de *joint venture* societária, no qual seus sócios sejam de sociedades estrangeiras: para isso devem-se juntar cópias autenticadas dos documentos que comprovam a existência da empresa no seu país de origem.

Em referência ao disposto no *caput* do art. 2º da Instrução Normativa nº 76 do DNRC, de 28 de dezembro de 1998, temos que, em casos de participação de estrangeiros em sociedades constituídas em nosso território, é obrigatório o arquivamento no órgão responsável pela execução do Registro Público Mercantil de procuração específica, outorgada ao seu representante no Brasil, com poderes para receber citação judicial em ações contra ela propostas, fundamentadas na legislação que rege o respectivo tipo societário.

> ***Art. 2º.*** *A pessoa física, brasileira ou estrangeira, residente e domiciliada no exterior e a pessoa jurídica com sede no exterior, que participe de sociedade mercantil ou de cooperativa, deverão arquivar na Junta Comercial procuração específica, outorgada ao seu representante no Brasil, com poderes para receber citação judicial em ações contra elas propostas, fundamentadas na legislação que rege o respectivo tipo societário.*

A pessoa física representante da sociedade estrangeira é obrigada a apresentar fotocópia autenticada do documento de identidade; e a pessoa jurídica estrangeira deve provar sua existência legal, nos temos da legislação de seu país de origem.

Documentos oriundos do exterior deverão ser autenticados ou visados por autoridade consular brasileira, conforme o caso, no país de origem. Esses documentos precisam ser traduzidos por tradutor matriculado em qualquer Junta Comercial do país.

É importante dizer que o estrangeiro domiciliado no exterior e de passagem pelo Brasil poderá firmar a procuração prevista neste artigo, por instrumento particular ou público, ficando, na segunda hipótese, dispensada a apresentação de seu documento de identidade perante a Junta Comercial.

A Instrução Normativa nº 76 ainda aborda a necessidade de o administrador da nova sociedade constituída residir no Brasil. A legislação possibilita a inserção de estrangeiros na participação societária de empresas constituídas no nosso País, desde que atendidos os requisitos expostos; excetuando-se, porém, algumas empresas que pela própria natureza de seu objetivo social estão impedidas de possuírem, em seus respectivos quadros sociais, pessoas físicas ou jurídicas estrangeiras. Vejamos:

Anexo à Instrução Normativa nº 76, de 28 de dezembro de 1998, do DNRC

RESTRIÇÕES E IMPEDIMENTOS	FUNDAMENTO LEGAL
EMPRESA DE CAPITAIS ESTRANGEIROS NA ASSISTÊNCIA À SAÚDE É vedada a participação direta ou indireta de empresas ou capitais estrangeiros na assistência à saúde, salvo através de doações de organismos internacionais vinculados à Organização das Nações Unidas, de entidades de Cooperação Técnica e de Financiamento e Empréstimos.	Constituição da República de 1988: art. 199, § 3º, e Lei nº 8.080 de 19/09/1990, art. 23 e parágrafos.

EMPRESA DE NAVEGAÇÃO DE CABOTAGEM Somente brasileiro poderá ser titular de firma mercantil individual de navegação de cabotagem. Tratando-se de sociedade mercantil, 50% mais uma quota ou ação, no mínimo, deverão pertencer a brasileiros. Em qualquer caso, a administração deverá ser constituída com a maioria de brasileiros, ou a brasileiros deverão ser delegados todos os poderes de gerência.	Constituição da República de 1988: art. 178, parágrafo único; EC nº 7/1995; e Decreto-lei nº 2.784 de 20/11/1940: art. 1º, alíneas *a* e *b*, e art. 2º.
EMPRESA JORNALÍSTICA E EMPRESAS DE RADIODIFUSÃO SONORA E DE SONS E IMAGENS As empresas jornalísticas e as empresas de radiodifusão sonora e de sons e imagens deverão ser de propriedade privativa de brasileiros natos ou naturalizados há mais de dez anos, aos quais caberão a responsabilidade por sua administração e orientação intelectual. É vedada a participação de pessoa jurídica no capital social, exceto a de partido político e de sociedade cujo capital pertença exclusiva e nominalmente a brasileiros. Tal participação só se efetuará através de capital sem direito a voto e não poderá exceder a 30 % do capital social. Tratando-se de estrangeiro de nacionalidade portuguesa, segundo o Estatuto de Igualdade, são vedadas a responsabilidade e a orientação intelectual e administrativa, em empresas jornalísticas e de empresas de radiodifusão sonora e de sons e imagens.	Constituição da República de 1988, arts. 12, § 1º, e 222 e §§, e Decreto nº 70.436 de 18/04/1972, art. 14, § 2º, I.
EMPRESA DE SERVIÇO DE TV A CABO A empresa de serviço de TV a cabo deverá ter sede no Brasil e 51% do seu capital votante deverá pertencer a brasileiros natos ou naturalizados há mais de dez anos, ou a sociedades com sede no País, cujo controle pertença a brasileiros natos ou naturalizados há mais de dez anos.	Lei nº 8.977, de 06/01/1995, art. 7º, incisos I e II.

EMPRESAS DE MINERAÇÃO E DE ENERGIA HIDRÁULICA A pesquisa e a lavra de recursos minerais e o aproveitamento dos potenciais de energia hidráulica somente poderão ser efetuados mediante autorização ou concessão da União, no interesse nacional, por brasileiros ou empresa constituída sob as leis brasileiras e que tenha sua sede e administração no País.	Constituição da República de 1998, art. 176, § 1º; EC nº 6/1995.
EMPRESA DE TRANSPORTES RODOVIÁRIOS DE CARGA A exploração do transporte rodoviário de carga é privativa de transportadores autônomos brasileiros, ou a estes equiparados por lei ou convenção, e de pessoas jurídicas que tenham sede no Brasil. Pelo menos quatro quintos do capital social, com direito a voto, deverão pertencer a brasileiros e a direção e administração caberá exclusivamente a brasileiros. Havendo sócio estrangeiro, a pessoa jurídica será obrigatoriamente organizada sob a forma de Sociedade Anônima, cujo Estatuto Social não poderá contemplar qualquer forma de tratamento especial ao sócio estrangeiro, além das garantias normais previstas em lei para proteção dos interesses dos acionistas minoritários.	Constituição Federal de 1988, arts. 22, VII, e 178; EC nº 7/1995; e Lei nº 6.813, de 10/07/1980, art. 1º, I a III, §§ 1º e 2º.
SOCIEDADE ANÔNIMA – QUALQUER ATIVIDADE O estrangeiro somente poderá ser administrador, com visto permanente e membro de Conselho Fiscal de Sociedade Anônima se residir no Brasil. A subsidiária integral terá como único acionista sociedade brasileira. Tratando-se de grupo de sociedades, a sociedade controladora, ou de comando do grupo, deverá ser brasileira.	Lei nº 6.404, de 15/12/1976, com a nova redação dada pela Lei nº 9.457, de 05/05/1997, arts. 146, 162, 251 e 164, § 1º.
EMPRESA AÉREAS NACIONAIS A concessão somente será dada à pessoa jurídica brasileira que tiver sede no Brasil; pelo menos quatro quintos do capital com direito a voto, pertencentes a brasileiros, prevalecendo essa limitação nos eventuais aumentos do capital social; a direção confiada exclusivamente a brasileiros.	Lei nº 7.565, de 19/12/1986, art. 181, incisos I a III

EMPRESAS EM FAIXA DE FRONTEIRA	
EMPRESA DE RADIODIFUSÃO SONORA E DE SONS E IMAGENS O capital da empresa de radiodifusão sonora e de sons e imagens, na faixa de fronteira, pertencerá somente a pessoas físicas brasileiras. A responsabilidade e orientação intelectual e administrativa caberão somente a brasileiros. As quotas ou ações representativas do capital social serão inalienáveis e incaucionáveis a estrangeiros ou a pessoas jurídicas.	Lei nº 6.634, de 02/05/1979, art. 3º, I e III, e Decreto nº 85.064, de 26/08/1980, arts. 10, 15 e §§, 17, 18, 23 e §§.
EMPRESA DE MINERAÇÃO As sociedade mercantil de mineração deverá fazer constar expressamente de seu estatuto ou contrato social que, pelo menos, 51% do seu capital pertencerá a brasileiros e que a administração ou gerência caberá sempre a maioria de brasileiros, assegurados a estes poderes predominantes. No caso de firma mercantil individual, só a brasileiro será permitido o estabelecimento ou exploração das atividades de mineração na faixa de fronteira. A administração ou gerência caberá sempre a brasileiros, sendo vedada a delegação de poderes, direção ou gerência a estrangeiros, ainda que por procuração outorgada pela sociedade ou firma mercantil individual.	
EMPRESA DE COLONIZAÇÃO E LOTEAMENTOS RURAIS Salvo assentimento prévio do órgão competente, será vedada, na Faixa de Fronteira, a prática dos atos referentes a: colonização e loteamentos rurais. Na Faixa de Fronteira, as empresas que se dedicarem às atividades acima, deverão obrigatoriamente ter pelo menos 51% pertencente a brasileiros e caber à administração ou gerência à maioria de brasileiros, assegurados a estes os poderes predominantes	

Assim, no planejamento e na estruturação de uma *joint venture* societária, é necessário muito cuidado com as disposições que formarão a base que estabelecerá o contrato dessa futura Sociedade Anônima. Deve ser observada a negociação que se será firmada entre os interessados e os termos que serão estabelecidos no ato de constituição da companhia.

A identificação das intenções das partes envolvidas no processo de constituição societária para estabelecer o contrato, conhecendo-se melhor cada uma delas, é uma das etapas mais importantes a ser observada com zelo e cautela. Nesse momento será estabelecida a forma de estruturação da sociedade e, por isso, é necessário o auxílio de profissionais com amplos conhecimentos no assunto.

É necessário formalizar um contrato com todos os principais pontos normativos e reguladores da relação ora firmada, quando dois ou mais associados decidem constituir uma *joint venture* societária. Esse procedimento é chamado de ***acordo-base,*** ou ***acordo-mãe,*** e deve ser celebrado oficialmente.

Os pontos mais relevantes a serem abordados nesse contrato (acordo-base) são: i) as regras gerais; ii) os direitos e obrigações; iii) objetivos.

Desde o início, no acordo-base, deve constar a qualificação dos associados, de forma minuciosa, pois nele é feita a identificação legal das partes. Também deve constar a denominação comercial de cada uma das empresas, as informações dos seus respectivos representantes legais, o endereço da sede, entre outros dados fundamentais.

Em seguida, deve ocorrer a definição do objeto da futura sociedade – este objeto deve ser específico, lícito e compatível com as normas do local em que se pretenda constituir a sociedade. A finalidade da união deve ser explicada de forma detalhada.

Na formação da companhia, é importante evidenciar, deve estar determinado o local de sua constituição, em conformidade com o objetivo do projeto e com o país que melhor conceda eventuais benefícios na implantação da *joint venture* societária. Para isso, deve também ser analisada a legislação tributária e o capital social que será aplicado – seja em moedas ou em máquinas – para a realização do projeto pretendido.

Para o planejamento de uma *joint venture* societária, além das informações fundamentais, é necessário que se verifiquem os outros pontos, que de certa maneira são secundários, mas têm grande importância para a sociedade que se pretende instalar.

Segundo a legislação pátria, o prazo de duração da sociedade não pode deixar de ser mencionado. As partes devem estipular o tempo da **parceria**, e esse prazo pode ser para tempo determinado ou não.

Possíveis alterações das cláusulas iniciais e a forma que essas eventuais alterações poderão ser feitas devem estar previstas pelas partes no acordo-base. Deve também estar indicado o modo como serão sanadas as possíveis questões controversas, que certamente surgirão por conta da execução da parceria.

Como serão entabulados os futuros contatos entre as partes contratantes e para qual endereço eles devem ser enviados são informações que não podem deixar de constar no acordo-base.

Tal observação é de extrema importância, para que nenhuma das partes alegue não ter conhecimento ou não ter recebido qualquer tipo de correspondência. Outro ponto de grande preponderância a ser estabelecido no contrato é o idioma que será considerado oficial entre os contratantes, pois, caso haja algum tipo de polêmica entre as partes – e se elas forem de nacionalidades distintas –, o idioma que será levado em conta no auxílio de uma conciliação já estará predeterminado.

Acordos provenientes de contratos-ramificados apenas serão definidos depois de as disposições do acordo-base terem sido estipuladas. Nesses instrumentos, serão abarcados temas para o desenvolvimento negocial das *joint venture*, como questões ligadas a: logística, infra-estrutura, meios de produção, circulação, repartição e consumo. Esses instrumentos, contudo, só serão entabulados depois de devidamente subscrito o acordo-base (acordo mãe), conforme foi explicitado anteriormente.

Os temas Sociedades Anônimas e *joint ventures*, como se vê, podem ser tratados sob a ótica das atividades econômicas, em que as relações comerciais e internacionais se intensificaram, facilitando a troca de bens e de serviços entre países. E são interessantes tanto para a área jurídica quanto para outras áreas do conhecimento humano – em especial as da administração e da economia.

Muitas sociedades tiveram de buscar formas para se adaptar ao novo mercado mundial, lançando mão da tecnologia para conquistar o necessário aumento de consumo de seus produtos. A constituição de *joint ventures* foi uma das alternativas encontradas pelos responsáveis pelos processos de produção, circulação e repartição de bens ou serviços.

Evidente é que a tentativa de maior obtenção de lucros é o principal objetivo da junção de interesses que compreende uma *joint venture* societária. O que se pretende atingir por meio da união de esforços e de responsabilidades na conquista de novos mercados. Essa convergência de interesses visa ampliar a base econômica da nova sociedade constituída, com estratégias de expansão e diversificação.

É por meio do processo de *joint ventures,* portanto, na forma de sociedades, que empresas devidamente estabelecidas em diversos lugares do planeta puderam desenvolver em conjunto processos específicos e ampliar o mercado consumidor de suas atividades econômicas.

Esse processo pode indicar a exportação de produtos para outros países. Nesse caso, a constituição de uma *joint venture* na forma de sociedade facilitaria a entrada de bens e serviços ao país no qual se vislumbra expansão mercadológica.

Existem muitos incentivos para as sociedades que têm a pretensão de constituir uma *joint venture,* na forma de sociedade. Isso explica o interesse crescente pela formação desse tipo de **parceria**, disseminado nos diversos tipos de atividades ao redor do mundo.

Na forma de sociedades, as *joint ventures* podem ser compreendidas como um projeto de médio ou longo prazos com o objetivo de convergir interesses entre uma sociedade que detenha a competência, em termos produtivos ou de logística, em determinado segmento, e outra que possua o capital.

Contudo, a grande dificuldade a ser enfrentada por uma *joint venture* pode ser a convivência entre as sociedades. Por essa e outras razões, é recomendável um estudo aprofundado e detalhado dos riscos que elas correm com a junção, observando-se o futuro mercado no qual a *joint venture* societária estará inserida, as chances de obtenção de crédito – e a origem desses créditos.

As análises política, financeira e econômica do país em que a *joint venture* irá se instalar – índices de inflação, movimentação da Bolsa de Valores, influência de fatores externos e, efetivamente, o estudo do mercado – podem ser úteis na implantação da futura sociedade e gerar um impacto direto na sua produção e no seu desenvolvimento.

Não existem disposições legais que regulamentem o funcionamento das *joint ventures* não societárias no Brasil, como também não há em outros países. A China, por exemplo, incluiu recentemente no seu ordenamento jurídico as regras específicas sobre a constituição de *joint venture.* A falta de regulamentação desse tipo não impede que a sociedade seja constituída, se for trabalhar de acordo com a sua noção econômico-empresarial.

Porém, quando se trata de *joint venture* societária, em especial no caso de sociedade estabelecida no Brasil, esta deve possuir estrutura empresarial formada em território brasileiro, de acordo com as condições regradas na legislação societária própria.

A partir dessa análise, pode-se definir *joint venture* como a associação de duas ou mais pessoas jurídicas em busca de uma nova jornada empresarial, por meio de instrumento contratual, em que as partes buscam formar ou não uma nova entidade – isso significa que a união entre elas pode ou não ter uma personalidade jurídica –, a fim de desenvolver determinada atividade econômica.

De acordo com a formatação escolhida para o modelo da *joint venture*, duas formas podem ser assumidas: sociedade ou corporação. No caso desta última, há necessidade de **contrato de parceria**.

Quando a escolha das partes é pela constituição de uma *joint venture* societária é viável a presença de sócios, preferencialmente locais, com rede de distribuição já existente, estabelecida e consolidada, reputação, *know-how*, capacidade administrativa, capital e outras vantagens comerciais e mercadológicas.

Os interessados em constituir uma *joint venture* societária, do tipo Sociedade Anônima, precisam investigar e confirmar as contribuições que os eventuais futuros sócios têm a oferecer. Além disso, para que a *joint venture* funcione, é preciso que haja compatibilidades administrativas entre os sócios. A administração da Sociedade Anônima é feita, basicamente, pela Diretoria da companhia, os de executivos que podem ser ou não sócios.

Tal compatibilidade administrativa entre os sócios, que conta com uma efetiva dose de boa-fé, é fator determinante para o sucesso ou o fracasso da *joint venture*. A desproporção de tamanho entre os parceiros, por exemplo, pode significar que um dos sócios comprometerá porção maior de suas ações à sociedade – o que afetará, sem dúvida, o comportamento de cada sócio. Portanto, para evitar brigas societárias, imprescindível que os sócios tenham filosofias comerciais, negociais e econômicas semelhantes.

O aprofundamento nesse campo da administração, contudo, foge dos liames deste livro. Conclui-se, assim, que é essencial, para o melhor entendimento do tema apresentado neste capítulo, que o leitor interessado trace o seu estudo, multifacetado e interdisciplinar, acerca das relações societárias oriundas dessa evidente **parceria** e de seu efetivo impacto no mundo dominado pelas relações econômicas, exponencialmente dinâmicas, na era da globalização.

Capítulo 5
Títulos de Crédito[1,2]

De acordo com a sistemática clássica do direito comercial, o estudo dos títulos de crédito é abordado na seqüência da análise dos contratos mercantis. Tal expediente tradicional, no entanto, não é unânime na doutrina, como consignou o saudoso professor Silvio Marcondes:

1 Título de crédito – Letra de câmbio. Saque contra devedor inadimplente. Protesto por falta de pagamento. Admissibilidade. Ação declaratória de inexigibilidade improcedente. Recurso não provido. É viável o protesto por falta de pagamento de letra de câmbio sacada à vista contra o devedor impontual (TJSP – 11ª Câm. de Direito Privado; AP nº 1.259.898-6-SP; Rel. Des. Gilberto Pinto dos Santos; j. 29/6/2006; v.u.).

Acórdão – Vistos, relatados e discutidos estes Autos de Apelação nº 1.259.898-6, da Comarca de São Paulo, em que é apelante J. J. M. F., sendo apelado o Banco... S/A. Acordam, em 11ª Câmara de Direito Privado do Tribunal de Justiça do Estado de São Paulo, proferir a seguinte decisão: "negaram provimento ao(s) Recurso(s), v.u.", se conformidade com o relatório e voto do /relator, que integram este acórdão. Participaram do julgamento os(as) Desembargadores(as) Gilberto Pinto dos Santos, Paulo Dias de Moura Ribeiro e Cláudio Antonio Soares Levada. Presidência do(a) Desembargador(a) Antonio Carlos Vieira de Moraes. (São Paulo, 29 de junho de 2006.)

Relatório – Trata-se de ação visando a declaração de inexistência de débito, cumulada com perdas e danos, julgada improcedente pela r. sentença de fls. 82/85, de relatório adorado, com a condenação do autor ao pagamento das custas e honorários de advogado arbitrados em 10% do valor da causa. Apela o autor (fls. 87/105) com pedido de reforma do julgado, insistindo em que não era inadimplente, pois sempre teve saldo positivo em sua conta corrente. Assim, não cabiam o protesto e a negativação levados a efeito pelo réu. Alegou ainda que a emissão da letra de câmbio teria sido irregular, pois sacada sem lastro contratual. Além disso, havia necessidade de prévia comunicação do protesto e negativações. Culminou pedindo a procedência da ação, com a declaração da inexistência do débito e a condenação do réu ao pagamento de indenização por danos morais no valor de R$24.000,00. Recurso preparado (fls. 106/107) e respondido (fls. 109/116), rebatendo a ré as alegações acima e pedindo a manutenção da r. sentença. É o relatório.

Voto – Em que pesem as alegações do Recurso, a r. sentença merece ser mantida. De fato, pelo que se vê dos autos, não há nenhuma irregularidade na emissão e protesto da letra de câmbio, pois que se refere a débito efetivamente existente na conta corrente, conforme demonstrado nos extratos de fls. 58/60. Não socorre o autor a alegação de que tal saldo podia ser coberto pelo limite do cheque especial, posto que ele próprio admitiu que já havia utilizado este limite. Veja-se o que afirmou em sua réplica (fls. 63): "de fato, o autor utilizou-se do limite de crédito que tem na aludida conta, pagando por tais serviços por meios da tarifa denominada..., o que gerou uma dívida com a ré dentro da previsão contratual. Tal fato se deu em virtude de sérias dificuldades financeiras enfrentadas pelo autor na ocasião decorrente de força maior. Como estava utilizando o limite de R$ 1.000,00 (mil reais), parcelou o débito com a ré..., jamais discutindo a legalidade das cobranças de encargos e de serviços impostas pela ré". Por sua vez, verificado o referido saldo devedor na conta, era perfeitamente possível a emissão e o protesto da letra de câmbio, ainda que não aceita, ressaltando-se que tal emissão não se confunde de nenhum modo com a chamada "cláusula-mandato". A jurisprudência do E. Superior Tribunal de Justiça é reiterada, admitindo a emissão do título e também o seu protesto: "Direito Comercial. Recurso Especial. Letra de

O método para exposição dessa matéria que parece mais conveniente, pelo menos do ponto de vista didático, é o preconizado pelo Professor Waldemar Ferreira, nas suas Instituições de Direito Comercial. Como os títulos de crédito constituem a materialização documental de obrigações e, portanto, de contratos, ou seja, com cada título de crédito provém ou decorre da existência de uma obrigação contratual,

---

câmbio sacada à vista. Protesto. Falta de pagamento. Aceite. Prescindível. É viável o protesto por falta de pagamento de letra de câmbio sacada à vista, mesmo sem o aceite do sacado. Precedentes. Recurso Especial conhecido e proviso." (REsp nº 646.519-RS, Rel. Min. Nancy Andrighi, j. 3/5/2005, DJ de 30/5/2005, p. 373.) "Contratos bancários. TR. Protesto de câmbio por falta de aceite. Multa. Prequestionamento. Precedentes da Corte. (...) 2 – Não pode ser vedado o protesto por falta de aceite da letra de câmbio emitida pelo credor, relevando, no caso, que não se cogita da validade da cláusula-mandato, mas, apenas, das conseqüências da falta de aveite, que não pode ocorrer por mandato. Como ensina LUIZ EMYGIO F. DA ROSA JR., o 'protesto é o ato cambiário público que comprova a apresentação da cambial para aceite ou pagamento, uma vez que o governo brasileira não aderiu à reserva do atr. 8º do Anexo II da LUG, que lhe permitiria substituir o protesto por uma declaração datada, escrita na própria letra e assinada pelo sacado' (...) A prática do ato pelo Tabelião de Protesto de Títulos imprime autenticidade ao meio de prova de que o sacado recusou o aceite ou o pagamento, e essa atribuição é privativa da mencionada autoridade (LP, art. 3) (*Títulos de Crédito*, Renovar, 2000, p. 375). (...) 4 – Recurso Especial conhecido e provido, em parte." (REsp nº 547.319-RS, Rel. Min. Carlos Alberto Menezes Direito, j. 3/8/2004, DJ de 18/10/2004, p. 270.) "Letra de Câmbio. Contrato de financiamento. Saque contra a devedora inadimplente. Admissibilidade. Protesto por falta de aceite. Admissível o saque de letra de câmbio contra o devedor impontual. Precedentes: RMS nº 2.603-6/SP e REsp nº 141.941-MG. Ante a negativa de aceite, permitido é ao sacados proceder ao protesto. Recurso Especial não conhecido." (REsp nº 191.560-MG, Rel. Min. Barros Monteiro, j. 16/10/2003, DJ de 19/12/2003, p. 467.) "Processo Civil. Letra de câmbio. A emissão de letra de câmbio, desde que autorizada por contrato, é válida. O que a lei veda é que o procurador do mutuário, quando vinculado ao mutuante, assuma obrigação cambial no exclusivo interesse deste. Nesse sentido, a Súmula nº 60 do Superior Tribunal de Justiça. Recurso Especial não conhecido." (REsp nº 141.941-MG. Rel. Min. Ari Pargendler, j. 3/6/2033, DJ de 8/9/2003, p. 322.) Portanto, com a devida vênia, a improcedência da ação era incontornável. Ante o exposto e pelo mais que dos autos consta, tendo a r. sentença dado solução adequada ao caso, fica mantida por seus fundamentos. Nego provimento ao Recurso. Gilberto Santos, Relator.

2 Triplicata. Ação de Indenização – Extravio de duplicatas – Triplicata. No caso de perda ou extravio da duplicata, o vendedor poderá extrair triplicata e os seus efeitos serão os mesmos da duplicata. Apelação desprovida. (TJRS – 11ª Câm. Cível; ACi nº 70012865705-Rosário do Sul-RS; Rel. Des. Bayard Ney de Freitas Barcellos; j. 12/4/2006; v.u.)

Nota Promissória. Civil – Comercial – Direito cambiário. Nota promissória. Apesar de o título estar vinculado a contrato bilateral, não perde ele suas características cambiais de literalidade e autonomia. Deixa apenas de ser abstrato e, assim, tornando-se passível de questionamentos acerca de sua causa. Agravo desprovido. (TJRJ – 15ª Câm. Cível; AI nº 2006.002.10320-RJ; Rel. Des. Celso Ferreira Filho; j. 16/8/2006; v.u.)

Comercial. Cheque Pós-Datado. Recurso Especial – Execução – Cheques pós-datados – Repasse à empresa de *factoring* – Negócio subjacente – Discussão – Possibilidade, em hipóteses excepcionais. A emissão de cheque pós-datado, popularmente conhecido como cheque pré-datado, não o desnatura como título de crédito, e traz como única conseqüência a ampliação do prazo de apresentação. Da autonomia e da independência emana a regra de que o cheque não se vincula ao negócio jurídico que lhe deu origem, pois o possuidor de boa-fé não pode ser restringido em virtude das relações entre anteriores possuidores e o emitente. Comprovada, todavia, a ciência, pelo terceiro adquirente, sobre a mácula no negócio jurídico que deu origem à emissão do cheque, as exceções pessoais do devedor passam a ser oponíveis ao portador, ainda que se trate de empresa de *factoring*. Nessa hipótese, os prejuízos decorrentes da impossibilidade de cobrança do crédito, pela faturizadora, do emitente do cheque, devem ser discutidos em ação própria, a ser proposta em face do faturizado. Recurso Especial não conhecido. (STJ – 3ª T.; REsp nº 612.423-DF; Rel. Min. Nancy Andrighi; j. 1/6/2006; m.v.). Colaboração do Setor de Jurisprudência da AASP.

> Waldemar Ferreira desenvolveu a matéria examinando conjuntamente, isto é, contratos e títulos de crédito, ao invés de fazer como era clássico, primeiro o exame de todos os contratos e, posteriormente, o dos títulos de crédito. (Marcondes, 1957)

Desse modo, buscando um ponto intermediário entre o estudo clássico e o que foi proposto pelo professor Silvio Marcondes, serão mostrados neste capítulo os principais conceitos sobre os títulos de crédito, seguidos da análise dos mais freqüentes contratos mercantis. A matéria "títulos de crédito" será abordada, principalmente, de acordo com o Código Civil de 2002, pois, assim, estaremos efetivamente mais próximos, em termos legislativos, do atual momento social, político e, fundamentalmente, econômico em que nos encontramos.

Dessa forma, iniciemos nossos estudos definindo os títulos de créditos como o documento necessário ao exercício do direito literal e autônomo nele contido, o qual produz efeitos quando preenchidos todos os requisitos da Lei. O título de crédito deve, portanto, conter a data de sua emissão, a indicação precisa dos direitos que confere e a assinatura do emitente.

A omissão de qualquer requisito legal, que tire do referido documento a sua validade como título de crédito, não implica a invalidade do negócio jurídico que lhe originou.

Segundo Cesare Vivante, título de crédito é um documento necessário para o exercício do direito, literal e autônomo, nele mencionado.

Deve o título de crédito conter a data da emissão, a indicação precisa dos direitos que confere e a assinatura do emitente, sendo também considerado à vista o título que não contenha indicação de vencimento.

Considera-se o lugar de emissão e de pagamento do título, quando não indicado, o domicílio do emitente. O título poderá ser emitido a partir dos caracteres criados em computador ou meio técnico equivalente e que constem da escrituração do emitente, observados os requisitos mínimos exigidos.

O título de crédito, incompleto ao tempo da emissão, deve ser preenchido em conformidade com os ajustes realizados. O descumprimento dos aludidos ajustes não constitui motivo de oposição ao terceiro portador, salvo se este, ao adquirir o título, tiver agido de má-fé.

É importante, desde já, destacar as características fundamentais dos títulos de crédito, quais sejam: literalidade, autonomia e cartularidade. A primeira se refere à necessidade de exibição do título para o exercício nele declarado. A segunda trata-se do requisito fundamental para a sua circulação, ou seja, através da autonomia o seu adquirente passa a ser o titular autônomo, independente da relação anterior entre os possuidores. E, finalmente, a terceira significa a exigibilidade de que o referido título se instrumentalize num determinado documento – um papel – que será exibido pelo credor, no momento em que for exercer seu crédito.

Segundo as palavras de Fábio Ulhoa Coelho:

> [...] título de crédito é, essencialmente, um documento que facilita a circulação do crédito nele representado. E facilita, na medida em que o ato responsável pela transferência do crédito a outro sujeito de direito é objeto de disciplina jurídica específica que o requarda na hipóteses de insolvência do devedor originário ou de eventuais vícios anteriores, na criação e circulação do documento. Esse ato é o endosso, pelo qual o credor de um título de crédito com a cláusula à ordem transmite seus direitos a outra pessoa. (2007, p. 403)

Desse modo, o endosso deve ser lançado pelo endossante no verso ou anverso do próprio título. Pode o endossante designar o endossatário, e, para validade do endosso, dado no verso do título, é suficiente a simples assinatura do endossante. Importante mencionar que a transferência por endosso completa-se com a tradição do título e considera-se não-escrito o endosso cancelado, total ou parcialmente.

Ainda, considera-se nulo o endosso parcial; o endossatário de endosso em branco pode mudá-lo para endosso em preto, completando-o com o seu nome ou de terceiro; pode endossar novamente o título, em branco ou em preto; ou pode transferi-lo sem novo endosso.

Ressalvada cláusula expressa em contrário, constante do endosso, não responde o endossante pelo cumprimento da prestação constante do título. Assumindo responsabilidade pelo pagamento, o endossante se torna devedor solidário, sendo que, pagando o título, ele tem ação de regresso contra os coobrigados anteriores.

Aquele que, sem ter poderes, ou excedendo os poderes que tem, lança a sua assinatura em título de crédito, como mandatário ou representante de outrem, fica pessoalmente obrigado a pagar o título, e, pagando o título, tem ele os mesmos direitos que teria o suposto mandante ou representado.

O portador de título representativo de mercadoria tem o direito de transferi-lo, em conformidade com as normas que regulam a sua circulação, ou de receber a mercadoria independentemente de quaisquer formalidades, além da entrega do título devidamente quitado, sendo que, enquanto o título de crédito estiver em circulação, só ele poderá ser dado em garantia, ou ser objeto de medidas judiciais.

É importante ressalvar que o título de crédito não pode ser reivindicado ao portador que o adquiriu de boa-fé e na conformidade das normas que disciplinam a sua circulação.

O pagamento de título de crédito, que contenha obrigação de pagar soma determinada, pode ser garantido por aval, que deve ser dado no verso ou anverso do próprio título. Para efetiva validade do aval é suficiente a simples assinatura do avalista.

É válido consignar que, pagando o título, o avalista tem ação de regresso contra o seu avalizado e demais coobrigados anteriores. Neste diapasão, o aval posterior ao vencimento produz os mesmos efeitos do anterior.

Sobre o devedor, cabe indicar que este fica validamente desonerado quando paga título de crédito ao legítimo portador, no vencimento e sem oposição.

Desse modo, o devedor pode exigir, desde que tenha pago o título de crédito, além da entrega, a quitação regular do título, não sendo o credor obrigado a receber o pagamento antes do vencimento do título. É de bom-tom esclarecer que aquele que paga antes do vencimento fica responsável pela validade do pagamento.

No vencimento, mesmo que parcial, não pode o credor recusar o pagamento, ficando suspensa a tradição do título. Nesse caso, além da quitação em separado, outra deverá ser firmada no próprio título.

No caso de necessidade de transferência de título, ao portador, o modo correto é operacionalizado pela simples tradição, onde o possuidor tem direito à prestação indicada no título, mediante sua simples apresentação ao devedor. A prestação é devida ainda que o título tenha entrado em circulação contra a vontade do emitente.

O possuidor de título dilacerado, porém identificável, tem o direito de obter do emitente a substituição do anterior, mediante a restituição do primeiro e o pagamento das despesas.

O proprietário que perder ou extraviar título, ou for injustamente desapossado dele, poderá obter novo título em juízo, bem como impedir que sejam pagos a outrem capital e rendimentos.

É considerado título nominativo o emitido em favor de pessoa cujo nome conste no registro do emitente, sendo que sua transferência se dá mediante termo, em registro do emitente, assinado pelo proprietário e pelo adquirente.

O título nominativo também pode ser transferido por endosso que contenha o nome do endossatário. A transferência mediante endosso só tem eficácia diante do emitente se for efetuada a competente averbação em seu registro, podendo o emitente exigir do endossatário que comprove a autenticidade da assinatura do endossante.

Ressalvada proibição legal, pode o título nominativo ser transformado em "à ordem" ou "ao portador", a pedido do proprietário e à sua custa, ficando o emitente desonerado de responsabilidade se fizer a transferência de boa-fé, pelos modos indicados nos artigos mencionados.

Qualquer negócio ou medida judicial que tenha por objeto o título só produz efeito perante o emitente ou terceiros, quando feita a competente averbação no registro do emitente.

5.1. TIPOS DE TÍTULOS DE CRÉDITO

Letra de Câmbio

- ORIGEM: Na Itália, nas feiras da Idade Média.
- CONCEITO: Ordem de pagamento à vista ou a prazo, emitida pelo sacador contra o sacado, a favor de um terceiro, que é o beneficiário.
- CARACTERÍSTICAS: Assinatura do sacador; indicação do lugar onde a letra é passada; utilização da expressão "Letra de Câmbio", inserida no próprio texto da cártula; nome da pessoa a quem será paga a letra; e a firma de quem passa a letra.

Cheque

- ORIGEM: Na lição de Rubens Requião: "o cheque teve suas raízes na Idade Média, com o aparecimento e prosperidade dos Bancos de depósitos, que se encarregavam com maior segurança da guarda dos valores comerciais".
- CONCEITO: Ordem de pagamento de determinado valor, à vista, emitido pelo sacador, contra o sacado, para pagamento ao credor ou a terceiro, incidindo sobre fundos.
- CARACTERÍSTICAS: Trata-se de ordem de pagamento, em dinheiro e à vista.
  - No caso de não haver provisão de fundos, o cheque pode ser protestado – não existe protesto por falta de aceite do cheque.
  - Na mesma praça, 6 meses + 30 dias.
  - Praças diferentes, 6 meses + 60 dias.

Duplicata

- ORIGEM: Trata-se de um título de crédito surgido no Brasil, a partir do art. 219 do Código Comercial. É emitida pelo vendedor, facultativamente, contra o comprador, conforme a celebração de um contrato de compra e venda mercantil.
- CONCEITO: Ordem de pagamento proveniente de compra e venda mercantil ou prestação de serviços, pagamento à vista ou em data estabelecida.
- CARACTERÍSTICAS: Origina-se de uma relação de compra e venda – título de crédito causal. Contempla as figuras do sacador, sacado e, podem ainda constar, o endossante e o avalista.

Nota Promissória

- ORIGEM: Na mesma época em que surgiu a Letra de Câmbio – fins da Idade Média.
- CONCEITO: Promessa de pagamento de determinada quantia, feita por escrito por um indivíduo, em favor de outro ou à sua ordem.
- CARACTERÍSTICAS: O lugar do pagamento é o domicílio do devedor; o vencimento é aquele que se dá na apresentação, a fim de que seja pago imediatamente. Prescreve em três anos a contar do vencimento.

Capítulo 6
Conhecendo Melhor as Regras da Recuperação Judicial, Recuperação Extrajudicial e Falência[1]

A Lei nº 11.101/2005, que disciplina a recuperação judicial, a recuperação extrajudicial e a falência do empresário e da Sociedade Empresária é dividida em oito capítulos: Capítulo I, que trata das Disposições Preliminares; Capítulo II, que trata das Disposições Comuns à Recuperação Judicial e à Falência; Capítulo III, que trata da Recuperação Judicial; Capítulo IV, que trata da Convolação da Recuperação Judicial em Falência; Capítulo V, que trata da Falência; Capítulo VI, que trata da Recuperação Extrajudicial; Capítulo VII, que trata das Disposições Penais, e, finalmente, Capítulo VIII, que trata das Disposições Finais e Transitórias.

Segundo Fabio Ulhoa Coelho:

> A nova Lei de Falências tem o mesmo âmbito de incidências da anterior. Ela se aplica à execução concursal (e aos meios de evitá-la que passam a ser recuperação judicial e extrajudicial) do devedor sujeito às normas do Direito Comercial (Coelho, 2005, p. 1).

A nova Lei de Falências não se aplica às sociedades não personificadas, tampouco às sociedades simples, às empresas públicas e às sociedades de economia mista. Da mesma forma, também não se aplica às instituições financeiras, às cooperativas de crédito, aos consórcios, às entidades de previdência complementares, às sociedades operadoras de plano de assistência à saúde, às sociedades seguradoras, às sociedades de capitalização, nem mesmo a outras entidades legalmente equiparadas às anteriormente mencionadas.

Essa nova lei traz em seu texto o rol das obrigações que não são exigíveis tanto na recuperação judicial quanto na falência. São elas: as obrigações a título gratuito e as despesas que os credores fizerem para tomar parte na recuperação judicial ou na falência.

1 Falência – Impontualidade dos Pagamentos. Comercial – Falência – Impontualidade. Se o Título tem vencimentos certo e o credor aceita pagamento parcial, a impontualidade já não constitui causa para a faência; diversamente, se o devedor confessa a dívida, prometendo pagá-la em parcelas e deixa de fazê-lo. Agravo Regimental não provido. (STJ – 3ª T.; AgRg no Al nº 686.900-RJ; Rel. Min. Ari Pargendler; j. 21/3/2006; v.u.)

A prescrição e todas as ações e execuções ficarão suspensas a partir da decretação da falência ou do deferimento do processamento da recuperação judicial.

Na Seção II da referida lei, "Da Verificação e Habilitação de Créditos", fica disposto no art. 7º que a verificação dos créditos será realizada pelo administrador judicial com base nos livros contábeis e nos documentos comerciais e fiscais do devedor, bem como nos documentos que lhe forem apresentados pelos credores, podendo tal administrador contar com a ajuda de profissionais ou empresas especializadas caso seja necessário.

O administrador judicial, com base nas informações obtidas e na análise dos documentos colhidos, publicará edital contendo a relação de credores dentro do prazo máximo de 45 dias. Nesse edital, deverá constar local, horário e prazo em que as pessoas citadas como credores poderão ter acesso aos documentos que fundamentaram a elaboração dessa relação.

A habilitação de crédito realizada pelo credor deverá conter nome, endereço do credor e endereço de correspondência para que este receba todo e qualquer comunicado referente ao andamento do processo. Nessa habilitação, deverá constar também o valor do crédito, atualizado até a data da decretação da falência ou do pedido de recuperação judicial, bem como sua origem e classificação, além de documentos comprobatórios do crédito e a indicação das demais provas a serem produzidas, a indicação da garantia prestada pelo devedor (se houver) e seu respectivo instrumento, e a especificação do objeto da garantia que o credor possuir.

Deverão ser exibidos os originais dos títulos e documentos que legitimam os créditos ou cópias autenticadas destes, caso estejam sendo utilizados em outro processo.

O administrador judicial será responsável pela consolidação do quadro geral de credores, que será homologado pelo juiz com base na relação dos credores. O administrador judicial, o Comitê, qualquer credor ou o representante do Ministério Público poderá, até o encerramento da recuperação judicial ou da falência – desde que seja observado o procedimento ordinário previsto no Código de Processo Civil –, pedir a exclusão, outra classificação ou mesmo a retificação de qualquer crédito, nos casos de descoberta de falsidade, dolo, simulação, fraude, erro essencial ou de documentos ignorados na época do julgamento do crédito ou da inclusão no quadro geral de credores.

Diga-se de passagem que a ação prevista na lei será proposta exclusivamente perante o juízo da recuperação judicial ou da falência. Proposta a ação, o pagamento ao titular do crédito por ela atingido só poderá ser realizado mediante a prestação de caução no mesmo valor do crédito questionado.

É importante esclarecer que o administrador judicial deverá ser profissional idôneo, preferencialmente advogado, economista, administrador de empresas ou contador – ou pessoa jurídica especializada. Se o administrador judicial nomeado for pessoa jurídica, deverá ser indicado o nome do profissional responsável pela condução do processo de falência ou de recuperação judicial, nome esse que não poderá ser substituído sem autorização do juiz.

Ao administrador judicial compete enviar correspondência aos credores, comunicando a data do pedido de recuperação judicial ou da decretação da falência; a natureza, o valor e a classificação dada ao crédito; fornecer, com presteza e diligência, todas as informações pedidas pelos credores interessados; dar extratos dos livros do devedor, que merecerão fé de ofício, a fim de servirem de fundamento nas habilitações e impugnações de créditos; exigir dos credores, do devedor ou de seus administradores quaisquer informações de que precise; elaborar a relação de credores; consolidar o quadro geral de credores; requerer ao juiz convocação da assembléia geral de credores nos casos previstos ou quando entender necessária ouvida para a tomada de decisões; contratar, mediante autorização judicial, profissionais ou empresas especializadas para auxiliá-lo a exercer suas funções.

Na recuperação judicial cabe ao administrador, especificamente, fiscalizar as atividades do devedor e verificar o cumprimento do plano de recuperação judicial, bem como requerer a falência no caso de descumprimento de obrigação, apresentar ao juiz, para juntada aos autos, relatório mensal das atividades do devedor, além de relatório sobre a execução do plano de recuperação.

Especialmente no que diz respeito à falência, o administrador judicial deve:

a) avisar, por intermédio de órgão oficial, o lugar e a hora em que, diariamente, os credores terão à sua disposição os livros e documentos do falido;
b) examinar a escrituração do devedor;
c) relacionar os processos e assumir a representação judicial da massa falida;
d) receber e abrir correspondência dirigida ao devedor, entregando a este o que não for assunto de interesse do processo;
e) apresentar, no prazo máximo de 40 dias a partir da assinatura do termo de compromisso, prazo esse prorrogável por igual período, relatório sobre as causas e circunstâncias que conduziram à situação de falência. Esse termo apontará a responsabilidade civil e penal dos envolvidos, conforme disposto no art. 186 desta lei;
f) arrecadar bens e documentos do devedor e elaborar auto de arrecadação nos termos dos arts. 108 e 110 desta lei;

g) avaliar os bens arrecadados;
h) contratar avaliadores, de preferência oficiais, mediante autorização judicial, para avaliação dos bens, caso perceba não ter condições técnicas para fazê-lo;
i) praticar os atos necessários à realização do ativo e ao pagamento dos credores;
j) requerer ao juiz, nos termos do art. 113 desta lei, a venda antecipada de bens perecíveis, deterioráveis ou sujeitos a considerável desvalorização, ou cuja conservação seja arriscada ou dispendiosa;
l) praticar todos os atos conservatórios de direitos e ações; diligenciar a cobrança de dívidas e dar a respectiva quitação;
m) remir, em benefício da massa e mediante autorização judicial, bens apenhados, penhorados ou legalmente retidos;
n) representar a massa falida em juízo, contratando, se necessário, advogado, cujos honorários serão previamente ajustados e aprovados pelo Comitê de Credores;
o) requerer todas as medidas e diligências que forem necessárias para o cumprimento desta lei, bem como a proteção da massa ou a eficiência da administração;
p) apresentar ao juiz para juntada aos autos, até o décimo dia do mês seguinte ao vencido, conta demonstrativa da administração. Tal conta deve especificar com clareza a receita e a despesa;
q) entregar ao seu substituto todos os bens e documentos da massa em seu poder, sob pena de responsabilidade;
r) prestar contas ao final do processo, quando for substituído, destituído ou renunciar ao cargo.

É importante destacar a necessidade de apresentação de relatórios baseados na escrituração contábil, conforme destaca Celso Marcelo de Oliveira:

> A falta de escrituração contábil é uma das principais dificuldades para se avaliar a economia informal, o que distorce as estatísticas no Brasil. O desconhecimento da realidade econômica nacional gera decisões completamente dissociadas das necessidades das empresas e da sociedade em geral e, sem dúvida, tem causado prejuízos irrecuperáveis ao país (2005, p. 151).

É de bom-tom mencionar que o administrador judicial que não apresentar, no prazo estabelecido, suas contas ou qualquer dos relatórios solicitados, será intimado a fazê-lo pessoalmente no prazo de cinco dias, sob pena de desobediência. Decorrido esse prazo, o juiz destituirá o administrador judicial e nomeará um substituto para elaborar relatórios ou organizar as contas, explicitando as responsabilidades de seu antecessor.

Ainda no que tange especificamente à falência, o administrador judicial não poderá, sem autorização judicial, discutir sobre as obrigações e direitos da massa falida, tampouco conceder abatimento de dívidas, mesmo que estas sejam consideradas de difícil recebimento.

Sobre as remunerações dos auxiliares do administrador judicial, estas serão fixadas pelo juiz, que considerará a complexidade dos trabalhos a ser executados e os valores praticados no mercado para o desempenho de atividades semelhantes.

Será reservado 40% do montante devido ao administrador judicial para pagamento, desde que concluída a realização de todo o ativo e distribuído o produto entre os credores.

Caberá ao devedor ou à massa falida arcar com as despesas relativas à remuneração do administrador judicial e das pessoas eventualmente contratadas para auxiliá-lo.

Sobre o Comitê de Credores vale a pena mencionar que sua constituição se dará por deliberação de qualquer das classes de credores na assembléia geral e terá a seguinte composição: um representante indicado pela classe de credores trabalhistas, com dois suplentes; um representante indicado pela classe de credores com direitos reais de garantia ou privilégios especiais, com dois suplentes; um representante indicado pela classe de credores quirografários e com privilégios gerais, com dois suplentes.

De acordo com a lição de Rubens Approbato Machado:

> A Lei, dentro da filosofia que a norteia, qual seja a de que a recuperação não é instrumento que interessa só ao devedor, mas a todos, e principalmente aos credores, gera mecanismos que torna ativa a participação dos credores nos processos de recuperação judicial e de falência. O credor deixa de ser um simples agente passivo, tornando-se um ator que deve atuar, permanentemente, através do Comitê ou da Assembléia Geral (2005, p. 32).

A falta de indicação de representante por quaisquer das classes não prejudicará a constituição do Comitê, que poderá funcionar com um número de membros inferior ao previsto.

Caberá ao juiz determinar a nomeação do representante e dos suplentes da respectiva classe ainda não representada no Comitê. Também caberá a ele determinar a substituição do representante ou dos suplentes da respectiva classe. É importante salientar que a decisão judicial se dará mediante solicitação subscrita por credores que representem a maioria dos créditos de uma classe, independentemente da realização de assembléia.

Os próprios membros do Comitê indicarão, entre eles, quem irá presidi-lo, sendo que o Comitê de Credores terá as seguintes atribuições na recuperação judicial e na falência:

a) fiscalizar as atividades e examinar as contas do administrador judicial;
b) zelar pelo bom andamento do processo e pelo cumprimento da lei;
c) caso detecte violação dos direitos ou prejuízo aos interesses dos credores, comunicar tal fato ao juiz;
d) apurar e emitir parecer sobre quaisquer reclamações dos interessados;
e) requerer ao juiz a convocação da assembléia geral de credores; manifestar-se nas hipóteses.

Já na recuperação judicial, o Comitê de Credores terá as seguintes atribuições:

a) fiscalizar a administração das atividades do devedor, apresentando, a cada 30 dias, relatório sobre sua situação;
b) fiscalizar a execução do plano de recuperação judicial;
c) submeter à autorização do juiz, quando ocorrer o afastamento do devedor nas hipóteses previstas, a alienação de bens do ativo permanente, bem como a constituição de ônus reais e outras garantias, além dos atos de endividamento necessários à continuação da atividade empresarial durante o período que antecede a aprovação do plano de recuperação judicial.

As decisões do Comitê, sempre tomadas por maioria, serão consignadas em livro próprio de atas e rubricadas pelo juízo, que ficará à disposição do administrador judicial, dos credores e do devedor. Caso não seja possível obter a maioria em deliberação do Comitê, o impasse será resolvido pelo administrador judicial ou, caso haja incompatibilidade, pelo juiz.

No caso de não haver Comitê de Credores, o administrador judicial ou o juiz exercerão as atribuições desse Comitê.

Os membros do Comitê não terão sua remuneração custeada pelo devedor ou pela massa falida, porém, as despesas feitas para a realização de ato, se devidamente comprovadas e autorizadas pelo juiz, serão ressarcidas de acordo com as disponibilidades de caixa.

É proibido integrar o Comitê ou exercer as funções de administrador judicial aquele que, nos últimos cinco anos, no exercício do cargo de administrador judicial ou de membro do Comitê em falência ou recuperação judicial anterior, foi destituído, deixou de prestar contas dentro dos prazos legais ou teve sua prestação de contas desaprovada. No mesmo sentido, ficará também impedido de integrar o Comitê ou exercer a função de administrador judicial quem tiver relação de parentesco ou afinidade até o terceiro grau com o devedor, seus administradores, controladores ou representantes legais, ou deles for amigo, inimigo ou dependente.

Novidade trazida pela legislação é a possibilidade de o devedor, qualquer credor ou o Ministério Público poder, a qualquer momento, requerer ao juiz a substituição do administrador judicial ou de membros do Comitê nomeados em desobediência aos preceitos da lei, devendo o juiz decidir sobre o pedido no prazo de 24 horas.

Assim, o juiz poderá, de ofício ou conforme solicitação fundamentada de qualquer interessado, determinar a destituição do administrador judicial ou de quaisquer membros do Comitê de Credores, caso verifique desobediência aos preceitos da lei, descumprimento de deveres, omissão, negligência ou prática de ato lesivo às atividades do devedor ou a terceiros, esclarecendo-se que no ato de destituição, "o juiz nomeará novo administrador judicial ou convocará os suplentes para recompor o Comitê" (art. 31, § 1º).

No caso de falência, o administrador judicial substituído prestará contas no prazo de dez dias.

O administrador judicial e os membros do Comitê de Credores responderão pelos prejuízos causados à massa falida, ao devedor ou aos credores por dolo ou culpa, devendo o dissidente em deliberação do Comitê registrar sua discordância em ata para eximir-se da responsabilidade.

O administrador judicial e os membros do Comitê de Credores, assim que forem nomeados, serão intimados para assinar pessoalmente, dentro de 48 horas e na sede do juízo, o termo de compromisso de bem, e fielmente desempenhar o cargo e assumir todas as responsabilidades a ele inerentes (arts. 32 e 33).

Caso o termo de compromisso não seja assinado no prazo previsto, o juiz nomeará outro administrador judicial.

De acordo com o art. 35 da Lei nº 11.101/2005, a assembléia geral de credores terá entre suas atribuições deliberar sobre a recuperação judicial, a aprovação, a rejeição ou a modificação do plano de recuperação judicial apresentado pelo devedor, bem como a constituição do Comitê de Credores, a escolha de seus membros e sua substituição; o pedido de desistência do devedor; o nome do gestor judicial quando do afastamento do devedor; e qualquer outra matéria que possa afetar os interesses dos credores.

Nas palavras de Maria Eugenia Finkelstein:

> A Lei de Falências inovou ao criar a Assembléia de Credores, órgão que não existia sob a égide do ordenamento anterior. Seus regramentos assemelham-se aos das assembléias gerais das sociedades anônimas e sociedades limitadas (2005, p. 211).

Ainda sobre essa questão, a assembléia geral de credores será convocada pelo juiz por edital publicado em órgão oficial e em jornais de grande circulação nas cidades da sede e das filiais da empresa credora com antecedência mínima de 15 dias. Tal edital deverá conter local, data e hora da assembléia em primeira e segunda convocações, não podendo esta ser realizada menos de cinco dias depois da primeira. Esse edital deverá conter também a ordem do dia e o local onde os credores poderão, se for o caso, obter cópia do plano de recuperação judicial a ser submetido à deliberação da assembléia. A cópia do aviso de convocação da assembléia deverá ser afixada de forma ostensiva tanto na sede quanto nas filiais da empresa do devedor.

Além dos casos expressamente previstos, credores que representem no mínimo 25% do valor total dos créditos de uma determinada classe poderão requerer ao juiz a convocação de assembléia geral.

Também, nesse sentido, Maria Eugenia Finkelstein:

> [...] a assembléia geral de credores deverá ser convodaca pelo juiz, através de edital publicado em órgão oficial em jornal de grande circulação, no local da sede e filiais da empresa, com antecedência mínima de 15 dias da sua realização. O edital de convocação, obrigatoriamente, deverá conter: a) local, data e hora da assembléia em primeira e segunda convocação, não podendo esta ser realizada menos de 5 dias depois da data marcada da primeira convocação; b) a ordem do dia; e c) local onde os credores poderão, se for o caso, obter cópia do plano de recuperação judicial a ser submetido a deliberação da assembléia (2005, p. 212)

As despesas com a convocação e a realização de uma assembléia geral correm por conta do devedor ou da massa falida, salvo se tal assembléia for convocada em virtude de solicitação do Comitê de Credores.

A assembléia será presidida pelo administrador judicial, que designará um secretário entre os credores presentes. No caso de deliberações sobre o afastamento do administrador judicial ou de outras em que haja incompatibilidade deste, a assembléia será presidida pelo credor presente titular do maior crédito.

A assembléia se instalará em primeira convocação, com a presença de credores titulares de mais da metade dos créditos de cada classe, computados pelo valor, e, em segunda convocação, com qualquer número. Para participar da assembléia, cada credor deverá assinar a lista de presença, que será encerrada quando do início da reunião.

O credor poderá ser representado na assembléia geral por mandatário ou representante legal, desde que entregue ao administrador judicial, até 24 horas antes do início da assembléia, documento que comprove os poderes do representante legal – o credor também pode indicar em que folhas dos autos do processo está tal documento.

Segundo o art. 39 da nova Lei de Falências, terão direito a voto na assembléia geral as pessoas arroladas no quadro geral de credores ou, na falta deste, na relação de credores apresentada pelo administrador judicial, e sua composição será a seguinte: titulares de créditos derivados da legislação do trabalho ou decorrentes de acidentes de trabalho; titulares de créditos com garantia real; titulares de créditos quirografários, com privilégio especial, com privilégio geral ou subordinados.

Nas deliberações sobre o plano de recuperação judicial, todas as classes de credores deverão aprovar a proposta.

Adentrando o aspecto específico da recuperação judicial, é importante ressaltar que seu objetivo é viabilizar a superação da situação de crise econômico-financeira do empresário ou da Sociedade Empresária, a fim de permitir a manutenção da fonte produtora, do emprego dos trabalhadores e dos interesses dos credores, promovendo assim a preservação da empresa, sua função social e o estímulo à atividade econômica.

Poderá requerer recuperação judicial o empresário ou a Sociedade Empresária que, no momento do pedido, exerça regularmente suas atividades há mais de dois anos e atenda aos seguintes requisitos:

a) não ser falido e, caso já tenha sido, estejam declaradas extintas, por sentença transitada em julgado, as responsabilidades decorrentes dessa situação;
b) não ter, há menos de cinco anos, obtido concessão de recuperação judicial;
c) não ter, há menos de oito anos, obtido concessão de recuperação judicial com base no plano especial de que trata a Seção V da Lei nº 11.101/2005;
d) não ter sido condenado ou não ter, como administrador ou sócio controlador, pessoa condenada por qualquer dos crimes previstos na referida lei.

Todos os créditos existentes na data do pedido, ainda que não vencidos, estão sujeitos a recuperação judicial. Os credores do devedor em recuperação judicial conservam seus direitos e privilégios contra os coobrigados, fiadores e obrigados de regresso. As obrigações anteriores à recuperação judicial observarão as condições originalmente contratadas ou definidas em lei, inclusive no que diz respeito aos encargos, salvo se outra orientação ficar estabelecida no plano de recuperação judicial.

Como bem observou Waldo Fazzio Júnior:

> A via judicial da recuperação empresarial comporta procedimentos diversos, dependendo do meio de recuperação proposto pelo devedor e do porte da empresa. Do procedimento recuperatório e das alternativas de solução previstas na lei [...]. Trata-se de estabelecer uma definição de plano de recuperação e de seu cumprimento ou frustração (2005, p. 153).

Neste diapasão, é importante indicar que são meios de recuperação judicial a concessão de prazos e as condições especiais para pagamento das obrigações vencidas ou vincendas; a cisão, a incorporação, a fusão ou a transformação de sociedade, constituição de subsidiária integral ou cessão de cotas ou ações, respeitados os direitos dos sócios nos termos da legislação vigente; a alteração do controle societário; a substituição total ou parcial dos administradores do devedor ou a modificação de seus órgãos administrativos; a concessão aos credores de direito de eleição em separado de administradores e de poder de veto em relação às matérias que o plano especificar; o aumento de capital social; o trespasse ou arrendamento de estabelecimento, inclusive à sociedade constituída pelos próprios empregados; a redução salarial, a compensação de horários e a redução da jornada mediante acordo ou convenção coletiva; a dação em pagamento ou a renovação de dívidas do passivo, com ou sem constituição de garantia própria ou de terceiro; a constituição de sociedade de credores; a venda parcial dos bens; a equalização de encargos financeiros relativos a débitos de qualquer natureza, tendo como termo inicial a data da distribuição do pedido de recuperação judicial, aplicando-se inclusive aos contratos de crédito rural, sem prejuízo do disposto em legislação específica; o usufruto da empresa; a administração compartilhada; a emissão de valores mobiliários; a constituição de sociedade de propósito específico para adjudicar, em pagamento dos créditos, os ativos do devedor.

Sobre o pedido e o processamento da recuperação judicial, a petição inicial de recuperação judicial será instruída de acordo com:

a) a exposição das causas concretas da situação patrimonial do devedor e das razões da crise econômico-financeira pela qual ele está passando;
b) as demonstrações contábeis relativas aos três últimos exercícios sociais e as demonstrações levantadas especialmente para instruir o pedido, confeccionadas com estrita observância da legislação societária aplicável e compostas obrigatoriamente de balanço patrimonial, demonstração de resultados acumulados, demonstração do resultado desde o último exercício social, e relatório gerencial de fluxo de caixa e de sua projeção;

c) a relação nominal completa dos credores, inclusive aqueles por obrigação de fazer ou de dar, com a indicação do endereço de cada um, bem como com a natureza, a classificação e o valor atualizado do crédito, discriminando sua origem, o regime dos respectivos vencimentos e a indicação dos registros contábeis de cada transação pendente;
d) a relação integral dos empregados, em que constem as respectivas funções, salários, indenizações e outras parcelas a que eles têm direito, com o correspondente mês de competência e a discriminação dos valores pendentes de pagamento;
e) a certidão de regularidade do devedor no Registro Público de Empresas, o ato constitutivo atualizado e as atas de nomeação dos atuais administradores;
f) a relação dos bens particulares dos sócios controladores e dos administradores do devedor;
g) os extratos atualizados das contas bancárias do devedor e de suas eventuais aplicações financeiras de qualquer modalidade, inclusive em fundos de investimento ou em Bolsas de Valores emitidos pelas respectivas instituições financeiras;
h) as certidões dos cartórios de protestos situados na comarca do domicílio ou na sede da empresa do devedor – e naquelas onde este tiver filial;
i) a relação, subscrita pelo devedor, de todas as ações judiciais em que este figure como parte, inclusive as de natureza trabalhista, com a estimativa dos respectivos valores demandados.

Os documentos de escrituração contábil e demais relatórios auxiliares, na forma e no suporte previstos em lei, permanecerão à disposição do juízo, do administrador judicial e, mediante autorização judicial, de quaisquer outros interessados.

Estando correta a documentação exigida, o juiz dará início ao processamento da recuperação judicial e, assim:

a) nomeará o administrador judicial;
b) determinará a dispensa da apresentação de certidões negativas para que o devedor exerça suas atividades, exceto nos casos de contratação com o Poder Público ou para recebimento de benefícios, incentivos fiscais ou creditícios;
c) ordenará a suspensão de todas as ações ou execuções contra o devedor, permanecendo os respectivos autos no juízo onde se processam;

d) determinará ao devedor a apresentação de contas demonstrativas mensais enquanto perdurar a recuperação judicial, sob pena de destituição de seus administradores;
e) ordenará a intimação do Ministério Público e a comunicação por carta às Fazendas Públicas Federal e de todos os estados e municípios em que o devedor tiver estabelecimento.

Ainda neste estágio, o juiz ordenará a expedição de edital para publicação em órgão oficial. Tal edital deverá conter:

a) o resumo do pedido do devedor e da decisão que defere o processamento da recuperação judicial;
b) a relação nominal de credores, na qual esteja discriminado o valor atualizado e a classificação de cada crédito;
c) a advertência acerca dos prazos para habilitação dos créditos e para que os credores apresentem objeção ao plano de recuperação judicial exposto pelo empresário ou Sociedade Empresária.

Deferido o processamento da recuperação judicial, os credores poderão, a qualquer tempo, requerer a convocação de assembléia geral para a constituição do Comitê de Credores ou para a substituição de seus membros.

O plano de recuperação será apresentado em juízo pelo devedor no prazo improrrogável de 60 dias a partir da publicação da decisão que deferir o processamento da recuperação judicial, sob pena de que seja decretada falência. Tal plano deverá conter:

a) discriminação pormenorizada dos meios de recuperação a ser empregados e seu resumo;
b) demonstração de sua viabilidade econômica;
c) laudo econômico-financeiro e de avaliação dos bens e ativos do devedor, subscrito por profissional legalmente habilitado ou por empresa especializada.

A partir desse plano de recuperação, o juiz ordenará a publicação de edital contendo aviso aos credores sobre o recebimento do plano e fixando o prazo para a manifestação de eventuais objeções.

De acordo com o art. 54 da Lei nº 11.101/2005, o plano de recuperação judicial não poderá prever prazo superior a um ano para pagamento dos créditos derivados da legislação do trabalho ou decorrentes de acidentes de trabalho vencidos até a data do pedido de recuperação judicial. Tal plano também não poderá prever prazo superior a 30 dias para o pagamento, até o limite de cinco salários-mínimos por trabalhador, dos créditos de natureza estritamente salarial vencidos nos três meses anteriores ao pedido de recuperação judicial.

É facultado a qualquer credor indicar ao juiz sua objeção ao plano de recuperação judicial no prazo de 30 dias, contados da publicação da relação de credores, devendo, assim, o juiz, convocar uma assembléia geral de credores para discutir tal plano.

A data designada para a realização da assembléia geral não poderá exceder 150 dias, contados do deferimento do processo da recuperação judicial. O plano de recuperação judicial poderá sofrer alterações durante a realização da assembléia geral, desde que haja expressa concordância do devedor e com base em termos que não impliquem diminuição dos direitos apenas dos credores ausentes.

No caso de o juiz rejeitar o plano de recuperação, será decretada a falência do empresário ou da Sociedade Empresária.

Contudo, cumpridas as exigências da lei, o juiz concederá a recuperação judicial do empresário ou da Sociedade Empresária, o que implicará, conseqüentemente, na renovação dos créditos anteriores ao pedido. Se o plano de recuperação judicial aprovado envolver alienação judicial de filiais ou de unidades produtivas isoladas do empresário ou da Sociedade Empresária, o juiz ordenará a sua realização.

Da mesma forma, cumpridas as obrigações vencidas no prazo previsto, o juiz decretará, por meio de sentença, o encerramento da recuperação judicial e determinará:

a) o pagamento de honorários ao administrador judicial (a quitação dessa obrigação só poderá ser efetuada mediante a apresentação de prestação de contas, no prazo de 30 dias, e a conseqüente aprovação do relatório do administrador judicial);
b) a apuração do saldo das custas judiciais a serem recolhidas;
c) a apresentação de relatório do administrador judicial no prazo máximo de 15 dias, o qual deverá conter a execução do plano de recuperação por parte do devedor;
d) a dissolução do Comitê de Credores e a exoneração do administrador judicial;
e) a comunicação de todo o processo ao Registro Público de Empresas para que sejam tomadas as providências cabíveis.

No art. 64 da referida lei, durante o procedimento de recuperação judicial, o devedor ou seus administradores terão permissão para continuar a conduzir sua atividade empresarial, mas sob a fiscalização do Comitê de Credores, caso este tenha sido instituído, e do administrador judicial. Contudo, tal permissão poderá ser revogada nos seguintes casos:

a) se o devedor tiver sido condenado em sentença penal transitada em julgado por crime cometido em recuperação judicial ou falência anterior, ou mesmo por crime contra o patrimônio, a economia popular ou a ordem econômica – todos previstos na legislação vigente;
b) se houver indícios veementes de o devedor ter cometido crime previsto na lei;
c) se o devedor tiver agido com dolo, simulação ou fraude contra os interesses de seus credores;
d) se o devedor tiver praticado qualquer das seguintes condutas: efetuar gastos pessoais manifestamente excessivos em relação à sua situação patrimonial; realizar despesas injustificáveis por sua natureza ou vulto em relação ao capital ou gênero do negócio, ao movimento das operações e a outras circunstâncias análogas; descapitalizar injustificadamente a empresa ou realizar operações prejudiciais ao seu funcionamento regular; simular ou omitir créditos ao apresentar a relação de que trata o art. 51, inciso III, da nova Lei de Falências, sem relevante razão de direito ou amparo de decisão judicial;
e) se o devedor se negar a prestar as informações solicitadas pelo administrador judicial ou pelos demais membros do Comitê de Credores;
f) se o devedor tiver seu afastamento previsto no plano de recuperação judicial.

Em qualquer das circunstâncias anteriormente descritas, o juiz destituirá o administrador, que será substituído na forma prevista nos atos constitutivos do devedor ou do plano de recuperação judicial.

Os créditos decorrentes de obrigações contraídas pelo devedor durante a recuperação judicial, inclusive os relativos a despesas contraídas com fornecedores de bens ou serviços e contratos de mútuo, serão considerados extraconcursais no caso de decretação de falência, desde que seja respeitada a ordem estabelecida no art. 83 da referida lei.

Os créditos quirografários sujeitos à recuperação judicial e pertencentes a fornecedores de bens ou serviços que continuarem a provê-los normalmente após o pedido de recuperação judicial terão privilégio de recebimento no caso de decretação de falência, desde que no limite do valor dos bens ou serviços fornecidos durante o período de recuperação.

Segundo o art. 69 da Lei nº 11.101/2005, em todos os atos, contratos e documentos firmados pelo devedor sujeito ao procedimento de recuperação judicial, deve-se acrescentar, após o nome da empresa, a expressão "em Recuperação Judicial".

O juiz determinará à Junta Comercial competente a anotação da recuperação judicial no registro correspondente.

Sobre o plano de Recuperação Judicial para Microempresas e Empresas de Pequeno Porte, é importante frisar que esse tipo de empresa, conforme definição em lei, poderá apresentar plano especial de recuperação judicial, desde que tais organizações firmem sua intenção de fazê-lo na petição inicial de que trata o art. 51 da Lei nº 11.101/2005. Dessa forma, o plano especial de recuperação judicial será apresentado no prazo previsto no art. 53 da aludida lei e se limitará às seguintes condições:

a) abrangerá exclusivamente os créditos quirografários, exceto os provenientes de repasse de recursos oficiais e os anteriormente previstos;
b) preverá parcelamento mensal em até 36 parcelas iguais e sucessivas, corrigidas monetariamente e acrescidas de juros de 12% a.a.;
c) preverá o pagamento da primeira parcela no prazo máximo de 180 dias, contados da distribuição do pedido de recuperação judicial;
d) estabelecerá a necessidade de autorização do juiz, depois de este ter ouvido os pareceres do administrador judicial e do Comitê de Credores, para o devedor aumentar suas despesas ou contratar empregados.

O pedido de recuperação judicial com base em plano especial não acarreta a suspensão do curso da prescrição nem das ações e execuções por créditos não abrangidos pelo plano.

Também é válido mencionar que existe a possibilidade de o juiz decretar a falência de uma empresa mesmo que esta esteja em processo de recuperação judicial. Isso pode ocorrer nos seguintes casos:

a) por deliberação da assembléia geral de credores, na forma do art. 42 da nova Lei de Falências;
b) pela não apresentação, por parte do devedor, do plano de recuperação no prazo legal;
c) quando o plano de recuperação tiver sido rejeitado;
d) por descumprimento de qualquer obrigação assumida no plano de recuperação.

No tocante à falência, ao promover o afastamento do devedor de suas atividades, a lei visa preservar e otimizar a utilização produtiva dos bens, ativos e recursos produtivos da empresa, inclusive os intangíveis. O processo de falência atenderá, obrigatoriamente, aos princípios da celeridade e da economia processual. Como é bastante comum, o juízo da falência é indivisível e competente para conhecer todas as ações sobre bens, interesses e negócios do falido, ressalvadas as causas trabalhistas, fiscais e as não reguladas na lei em que o falido figurar como autor ou litisconsorte ativo. Todas as ações terão prosseguimento com o administrador judicial, que deverá ser intimado para representar a massa falida, sob pena de nulidade do processo.

A decretação da falência determina o vencimento antecipado das dívidas do devedor e dos sócios ilimitada e solidariamente responsáveis, com o abatimento proporcional dos juros. Além disso, pelo câmbio do dia, converte todos os créditos em moeda estrangeira para a moeda do País.

De acordo com o art. 81 da Lei nº 11.101/2005, a decisão que decreta a falência da sociedade com sócios ilimitadamente responsáveis também acarreta a falência destes, uma vez que tais sócios ficam sujeitos aos mesmos efeitos jurídicos produzidos em relação à sociedade falida e, por conta disso, deverão ser citados para apresentar contestação, caso queiram.

Isso se aplica ao sócio que tenha se retirado voluntariamente ou que tenha sido excluído da sociedade há menos de dois anos, bem como às dívidas existentes na data do arquivamento da alteração do contrato, no caso de não terem sido solvidas até a data da decretação da falência.

As sociedades falidas serão representadas na falência por seus administradores ou liquidantes, os quais terão os mesmos direitos e, sob as mesmas penas, ficarão sujeitos às mesmas obrigações que cabem ao falido.

Conforme afirma o art. 82, a obrigação pessoal dos sócios de responsabilidade limitada, dos controladores e dos administradores da sociedade falida, estabelecida nas respectivas leis, será apurada no próprio juízo da falência, independentemente da realização do ativo e da prova da sua insuficiência para cobrir o passivo, observado o procedimento ordinário previsto no Código de Processo Civil.

Com base nesse artigo da lei, devemos salientar que a ação de responsabilização prevista prescreverá em dois anos, contados do trânsito em julgado da sentença de encerramento da falência.

O juiz poderá, de ofício ou mediante solicitação das partes interessadas, e até o julgamento da ação de responsabilização, ordenar a indisponibilidade de bens particulares dos réus em quantidade compatível com o dano provocado.

A classificação dos créditos quando da falência de uma empresa obedece à seguinte ordem:

a) créditos derivados da legislação do trabalho, limitados a 150 salários-mínimos por credor, e os decorrentes de acidentes de trabalho;
b) créditos com garantia real até o limite do valor do bem gravado;
c) créditos tributários, independentemente da sua natureza e tempo de constituição, com exceção das multas tributárias;
d) créditos com privilégio especial: os previstos no art. 964 da Lei nº 10.406/2002; os assim definidos em outras leis civis e comerciais; aqueles a cujos titulares a lei confira o direito de retenção sobre a coisa dada em garantia;
e) créditos com privilégio geral: os previstos no art. 965 da Lei nº 10.406/2002; os previstos no parágrafo único do art. 67 da Lei nº 11.101/2005; os definidos em outras leis civis e comerciais, salvo disposição contrária da referida lei;
f) créditos quirografários: aqueles não previstos; os saldos dos créditos não cobertos pelo produto da alienação dos bens vinculados ao seu pagamento; os saldos dos créditos derivados da legislação do trabalho que excederem o limite estabelecido;
g) multas contratuais e penas pecuniárias por infração das leis penais ou administrativas, inclusive multas tributárias;
h) créditos subordinados: os assim previstos em lei ou em contrato; os créditos dos sócios e dos administradores sem vínculo empregatício.

Serão considerados créditos extraconcursais e serão pagos com precedência sobre os mencionados no art. 83 da nova Lei de Falências os créditos relativos a:

a) remunerações devidas ao administrador judicial e seus auxiliares, bem como créditos derivados da legislação do trabalho ou decorrentes de acidentes de trabalho relativos a serviços prestados após a decretação da falência;
b) quantias fornecidas à massa pelos credores;
c) despesas com arrecadação, administração, realização do ativo e distribuição do seu produto, bem como custas do processo de falência;
d) custas judiciais relativas às ações e execuções em que a massa falida tenha sido vencida;
e) obrigações resultantes de atos jurídicos válidos praticados durante a recuperação judicial nos termos do art. 67 da nova Lei de Falências, que disciplina a recuperação judicial, ou após a decretação da falência, e tributos

relativos a fatos geradores ocorridos após a decretação da falência, respeitada a ordem estabelecida no art. 83.

O proprietário de bem arrecadado no processo de falência ou que se encontre em poder do devedor na data da decretação da falência poderá pedir sua restituição, da mesma forma que também poderá ser pedida a restituição de coisa vendida a crédito e entregue ao devedor nos 15 dias anteriores ao pedido de sua falência, se tal coisa ainda não tiver sido alienada.

Esse pedido de restituição deverá ser fundamentado e descrever a coisa reclamada. E a restituição em dinheiro deverá ocorrer nas seguintes circunstâncias:

a) se a coisa não mais existir quando do pedido de restituição, hipótese em que o requerente receberá o valor da avaliação do bem ou, no caso de ter ocorrido sua venda, o respectivo preço – em ambos os casos, o requerente receberá o valor atualizado;
b) da importância entregue ao devedor, em moeda corrente nacional, decorrente de adiantamento a título de câmbio para exportação, na forma do art. 75, §§ 3º e 4º, da Lei nº 4.728/1965, desde que o prazo total da operação, inclusive eventuais prorrogações, não exceda o previsto nas normas específicas da autoridade competente;
c) dos valores entregues ao devedor pelo contratante de boa-fé na hipótese de revogação ou ineficácia do contrato.

As restituições só serão efetuadas depois do pagamento previsto no art. 151 da Lei nº 11.101/2005.

Quando diversos requerentes tiverem de ser satisfeitos em dinheiro e não existir saldo suficiente para o pagamento integral, será feito um rateio proporcional entre eles. Agora, nos casos em que não puder ser feito pedido de restituição, os credores têm o direito de propor embargos de terceiros, desde que observada a legislação vigente no Código de Processo Civil.

Assim, será decretada a falência do devedor que:

a) sem relevante razão de direito, não pagar, no vencimento, obrigação líquida materializada em título ou títulos executivos protestados cuja soma ultrapasse, na data do pedido de falência, o equivalente a 40 salários-mínimos;
b) executado por qualquer quantia líquida, não pagar, não depositar e não nomear à penhora bens suficientes dentro do prazo legal estipulado;

c) praticar qualquer dos seguintes atos, exceto se fizer parte de algum plano de recuperação judicial: procede à liquidação precipitada de seus ativos ou lançar mão de meio fraudulento para realizar pagamentos; realizar ou, por meio de atos inequívocos, tentar realizar, com o objetivo de adiar pagamentos ou fraudar credores, negócio simulado ou alienação de parte ou da totalidade de seu ativo a terceiro, credor ou não; transferir estabelecimento a terceiro, credor ou não, sem o consentimento de todos os credores e sem ficar com bens suficientes para solver seu passivo; simular a transferência de seu principal estabelecimento para burlar a legislação ou a fiscalização, ou mesmo para prejudicar seu credor; dar ou reforçar garantia a credor por meio de dívida contraída anteriormente sem ficar com uma quantidade suficiente de bens livres e desembaraçados para saldar seu passivo, caso seja necessário; ausentar-se sem deixar representante habilitado e com recursos suficientes para pagar os credores; abandonar seu estabelecimento ou tentar fugir de seu domicílio ou do local em que sua empresa está sediada; deixar de cumprir, no prazo estabelecido por lei, obrigação assumida quando da instauração do plano de recuperação judicial.

Podem requerer a falência do devedor:

a) o próprio devedor;
b) o cônjuge sobrevivente, qualquer herdeiro do devedor ou o inventariante deste;
c) o cotista ou o acionista do devedor na forma da lei ou do ato constitutivo da sociedade;
d) qualquer credor.

Uma vez citado, o devedor poderá apresentar contestação no prazo de dez dias e, nessa contestação, depositar o valor correspondente ao total do crédito, acrescido de correção monetária, juros e honorários advocatícios, situação em que a falência não será decretada e, caso seja julgado procedente o pedido de falência, o juiz ordenará o levantamento do valor do crédito pelo autor.

Assim, a sentença que decretar a falência do devedor, entre outras determinações:

a) conterá a síntese do pedido, a identificação do falido e os nomes dos que forem, nesse momento, seus administradores;
b) fixará o termo legal da falência sem poder retrotraí-lo por mais de 90 dias, contados do pedido de falência, do pedido de recuperação judicial ou do primeiro protesto por falta de pagamento, excluindo-se, para esse fim, os protestos que tenham sido cancelados;

c) ordenará ao falido que apresente, no prazo máximo de cinco dias, relação nominal dos credores, da qual deverão constar endereço, importância, natureza e classificação dos respectivos créditos, caso essa relação já não esteja nos autos, sob pena de desobediência;
d) explicitará o prazo para as habilitações de crédito, observado o disposto no § 1º, do art. 7º, da nova Lei de Falências;
e) ordenará a suspensão de todas as ações ou execuções contra o falido, salvo as hipóteses previstas;
f) proibirá a prática de qualquer ato de disposição ou de oneração de bens do falido, submetendo tais bens, em primeiro lugar, à autorização judicial e do Comitê;
g) determinará os procedimentos necessários para salvaguardar os interesses das partes envolvidas, podendo ordenar a prisão preventiva do falido ou de seus administradores quando esta for requerida com base em provas da prática de crime definido na referida lei;
h) ordenará ao Registro Público de Empresas que proceda à anotação da falência no registro do devedor, para que conste a expressão "Falido", a data da decretação da falência e a inabilitação da empresa;
i) nomeará o administrador judicial, que desempenhará suas funções sem prejuízo do disposto na alínea *a* do inciso II do *caput* do art. 35 da Lei nº 11.101/2005;
j) determinará a expedição de ofícios aos órgãos e repartições públicas e a outras entidades para que estas informem a existência de bens e direitos do falido;
k) se pronunciará a respeito da continuação provisória das atividades do falido com o administrador judicial ou do fechamento dos estabelecimentos, observado o disposto no art. 109 da referida lei;
l) determinará, quando achar conveniente, a convocação da assembléia geral de credores para a constituição de Comitê de Credores, podendo ainda autorizar a manutenção de Comitê que esteja eventualmente em funcionamento quando da recuperação judicial e da decretação da falência;
m) ordenará a intimação do Ministério Público e a comunicação por meio de carta às Fazendas Públicas Federal e de todos os estados e municípios em que o devedor tiver estabelecimento para que tais instituições tomem conhecimento da falência.

O juiz ordenará a publicação de edital contendo a íntegra da decisão que decreta a falência e a relação de credores, sendo que da decisão que decreta a falência cabe agravo – e da sentença que julga a improcedência do pedido cabe apelação.

Quem por dolo requerer a falência de outrem será condenado, na sentença que julgar improcedente o pedido, a indenizar o devedor, apurando-se em liquidação de sentença as perdas e danos que este sofreu. Havendo mais de um autor do pedido de falência, serão considerados solidariamente responsáveis todos os que se conduziram na forma prevista.

6.1. INABILITAÇÃO EMPRESARIAL: DIREITOS E DEVERES DO FALIDO

O falido fica incapacitado de exercer qualquer atividade empresarial a partir da decretação da falência de sua empresa e até que obtenha a sentença que extingue suas obrigações.

Na lição que nos foi ensinada por Manoel Justino Bezerra Filho, "[...] prevê pena de 1 a 4 anos para aquele que exercer atividade para a qual foi inabilitado ou incapacitado por decisão judicial [...]". (2005, p. 261).

Segundo os arts. 102 e 103 da nova Lei de Falências, terminado o período de inabilitação, o falido poderá requerer do juiz que decretou sua falência que este proceda à respectiva anotação em seu registro, ou seja, que deixe claro que o período de inabilitação pelo qual passou sua empresa está acabado.

Desde a decretação da falência ou do seqüestro, o devedor perde o direito de administrar seus bens ou deles dispor.

Contudo, o falido poderá fiscalizar a administração da falência, requerer as providências necessárias para a conservação de seus direitos ou dos bens arrecadados e intervir nos processos em que a massa falida seja parte ou interessada, solicitando o que for de seu direito e interpondo os recursos cabíveis.

A decretação da falência impõe ao falido os seguintes deveres:

a) assinar nos autos, desde que seja intimado a isso, termo de comparecimento, com a indicação do nome, nacionalidade, estado civil, endereço completo do domicílio, devendo ainda declarar, para constar do referido termo: as causas determinantes da sua falência quando requerida pelos credores; tratando-se de sociedade, os nomes e endereços de todos os sócios, acionistas controladores, diretores ou administradores, apresentando o contrato ou Estatuto Social e a prova do respectivo registro, bem como suas alterações; o nome do contador encarregado da escrituração dos livros obrigatórios; os mandatos que porventura tenha outorgado, indicando o objeto, o nome e o endereço do mandatário; seus bens imóveis e os móveis que não estão na empresa; se faz parte de outras sociedades, exibindo os respectivos contratos; suas contas bancárias, aplicações, títulos em cobrança e processos em andamento de que seja autor ou réu;

b) depositar em cartório, no ato de assinatura do termo de comparecimento, seus livros obrigatórios, a fim de que sejam entregues ao administrador judicial depois de serem encerrados por termos assinados pelo juiz;
c) não se ausentar do lugar onde se processa a falência sem motivo justo e sem comunicar antecipadamente o juiz – e sem deixar procurador para representá-lo;
d) comparecer a todos os atos da falência, podendo ser representado por procurador quando não for indispensável sua presença;
e) entregar o mais rápido possível ao administrador judicial todos os bens, livros, papéis e documentos, indicando-lhe, para que sejam arrecadados, os bens que porventura tenha em poder de terceiros;
f) transmitir as informações reclamadas pelo juiz, administrador judicial, credor ou Ministério Público sobre circunstâncias e fatos que interessem à falência;
g) auxiliar o administrador judicial com zelo e presteza;
h) examinar as habilitações de crédito apresentadas;
i) assistir ao levantamento, à verificação do Balanço e ao exame dos livros;
j) manifestar-se sempre que for solicitado pelo juiz;
k) apresentar, no prazo fixado pelo juiz, a relação de seus credores;
l) examinar e dar parecer sobre as contas do administrador judicial.

Faltando ao cumprimento de quaisquer dos deveres que a Lei nº 11.101/2005 lhe impõe após intimado pelo juiz a fazê-lo, responderá o falido por crime de desobediência.

6.2. FALÊNCIA REQUERIDA PELO DEVEDOR[2]

O devedor em crise econômico-financeira que julgue não atender aos requisitos para pleitear sua recuperação judicial deverá requerer ao juízo sua falência, ex-

2 Direito Comercial. Agravo de Instrumento – Falência – Pedido de autofalência formulado por sócio que, como tal, figura no contrato social registrado na Jucesp. Legitimidade. Decisão que afastou defesa articulada por sócio adquirente das cotas sociais, por não demonstrada a viabilidade econômica da empresa. Recurso improvido (TJSP – 9ª Câm. de Direito Privado; AI nº 369.160.4/6-00-SP; Rel. Des. Osni de Souza; j. 14/2/2006; v.u.).

Acórdão – Vistos, relatados e discutidos estes Autos de Agravo de Instrumento nº 369.160.4/6-00 (Ação Ordinária nº 12586/2002) da 23ª Vara Cível do Foro Central da Comarca de São Paulo, em que são agravantes J. A. H. B. e M. R. P., sendo agravada C. V. Ltda.: Acordam, em Sessão Ordinária da Nona Câmara de Direito Privado do Tribunal de Justiça, por votação unânime, proferir a seguinte decisão: negaram provimento ao Recurso, de conformidade com o voto do Relator, que fica fazendo parte do presente julgado. O julgamento teve a participação dos Srs. Desembargadores Grava Brazil (Presidente) e Sérgio Gomes, com votos vencedores. (São Paulo, 14 de fevereiro de 2006. Osni Souza, Relator.)

pondo as razões da impossibilidade de dar prosseguimento à atividade empresarial, acompanhadas dos seguintes documentos:

a) demonstrações contábeis referentes aos três últimos exercícios sociais e as especialmente levantadas para instruir o pedido, confeccionadas com estrita observância da legislação societária aplicável e compostas obrigatoriamente de Balanço Patrimonial, Demonstração de Resultados Acumulados, Demonstração do Resultado desde o último exercício social e relatório do fluxo de caixa;
b) relação nominal dos credores, indicando o endereço, a importância, a natureza e a classificação dos respectivos créditos;
c) relação dos bens e direitos que compõem o ativo, com a respectiva estimativa de valor e com documentos comprobatórios de propriedade;
d) prova da condição de empresário, contrato social ou estatuto em vigor ou, se não houver, a indicação de todos os sócios, bem como seus endereços e a relação de seus bens pessoais;

Relatório – Trata-se de Agravo de Instrumento tirado por J. A. H. B. e M. R. P. contra decisão do MM. Juiz de Direito da 23ª Vara Cível do Foro Central da Comarca de São Paulo consistente em decretar falência de C. V. Ltda. (fls. 28). Sustentam os agravantes, em síntese, que a decisão recorrida "padece de uma errônea interpretação do texto legal na medida em que os invocados arts. 8º e 9º, II, do Decreto-Lei nº 7.666/1945, não têm aplicação neste caso, tendo em vista que ao agravado, R. S. D., falta legitimidade para o presente pedido de autofalência, seja como sócio, que não mais é desde a alienação das coras sociais ao agravante, e muito menos como representante legal da sociedade, que também, à evidência, deixou de sê-lo há muito tempo" (fls. 6). Sustentam, ainda, que a decisão impugnada não apreciou o "plano de recuperação da empresa, elaborado pelo agravante inicialmente colocado em prática e imprescindível ao desfecho da ação, muito embora disponha o processo de elementos para tanto, a respeitável decisão recorrida temerariamente considera que o agravante 'deveria ter demonstrado a viabilidade econômica da empresa', ainda que não se vislumbrando nos Autos elementos suficientes para formação da convicção do magistrado nesse sentido" (fls. 12). A decisão de fls. 250 denegou o pleiteado efeito suspensivo, por entender ausentes o *fumus boni júris* e o *periculum in mora*. Os agravantes interpuseram Agravo Regimental de referida decisão, ao qual foi negado provimento (fls. 308/311). O agravado R. S. D. ofereceu resposta (fls. 315/318). É o relatório.

Voto – Conforme dá conta da petição de Agravo, os agravados ajuizaram pedido de autofalência de C. V. Ltda., atual denominação de F. S. I. C. Ltda., alegando que as cotas sociais desta foram transferidas para o primeiro agravante, o qual não teria tomado as providências necessárias para o efetivo registro da aludida alteração do contrato social da empresa, bom como a teria deixado em situação falimentar, motivo pelo qual fundamentaram seu pedido nos arts. 8º e 9º, II, da Lei de Falências. Entendem os agravantes que falta legitimidade ao agravado para o pedido de autofalência, seja como sócio, que não mais é desde a alienação das cotas sociais ao agravante, e muito menos como representante legal da sociedade, que também à evidência deixou de sê-lo há muito tempo. Ocorre que, nos termos do art. 9º, inciso II, da Lei de Fal~encias, a falência pode ser requerida pelo sócio, exibindo o contrato social. E, como sustentam os próprios agravantes, no contrato social, registrado na Jucesp, figuram como sócios R. S. D. e C.M. A. B. (fls. 38/43). Ao permitir a abertura da falência de uma sociedade mercantil por iniciativa do sócio, conforme leciona TRAJANO DE MIRANDA VALVERDE, "a lei procura acautelar os interesses dos sócios, que não representam a pessoa jurídica, que não ocupam cargos na administração dela, ou que, por lei, são proibidos de os exercer. O sócio ou acionista vem, pois, a juízo

e) livros obrigatórios e documentos contábeis que lhe forem exigidos por lei;
f) relação de seus administradores nos últimos cinco anos, com os respectivos endereços, suas funções e participação societária.

Não estando o pedido regularmente instruído, o juiz determinará que este seja emendado.

Assim que for decretada a falência, aplicam-se integralmente os dispositivos relativos à falência requerida pelos credores de determinada empresa.

Ato contínuo à assinatura do termo de compromisso, de acordo com a Seção VII, "Da Arrecadação e da Custódia dos Bens", da nova Lei de Falências, o administrador judicial efetuará a arrecadação dos bens e documentos e a avaliação dos bens, separadamente ou em bloco, no local em que estes estiverem, requerendo ao juiz, para tanto, as medidas necessárias.[3]

Os bens arrecadados ficarão sob guarda do administrador judicial ou de pessoa por ele escolhida, mas sempre sob responsabilidade do administrador, podendo o falido ou qualquer de seus representantes ser nomeado depositário dos referidos bens. O falido poderá acompanhar a arrecadação e a avaliação.

O produto dos bens penhorados ou por outra forma apreendidos entrará para a massa falida, sendo tarefa do juiz solicitar, a pedido do administrador judicial, às autoridades competentes, a determinação de sua entrega.

em nome próprio pedir, por qualquer dos fundamentos legais, a fal~encia da sociedade. prova a sua qualidade com a exibição do contrato social, ou das ações, se a sociedade for dessa espécie" (*Comentários à Lei de Falências*, Forense, vol. I, p. 100). Em se tratando de sociedade regular, como é o caso, basta a exibição do contrato social, devidamente registrado no órgão competente, para que se comprove a legitimidade daquele que requer a falência. Mesmo que se tratasse de sociedade irregular, não haveria óbice legal ao requerimento formulado pelo sócio, bastando que os demais fossem citados para falar sobre o requerimento. Ademais, conforme salientou a Douta Procuradoria-Geral de Justiça, "a alteração contratual não foi levada a registro na Jucesp, por ter este ficado condicionado ao pagamento das obrigações fiscais e previdenciárias. O comprador não cumpriu o avençado, nem logrou reerguer as finanças da sociedade. Diante disso, foi postulada a autofalência de C. V. Ltda., até como forma de bloquear o aumento do passivo, que, em última análise, recairia sobre os ombros dos ora recorridos, uma vez que, formalmente, ostentavam, a propriedade das cotas sociais" (fls. 317). Por outro lado, a decisão impugnada não só apreciou as alegações dos agravantes, como repudiou, diante da não-demonstração da viabilidade econômica da empresa. E, com efeito, "além da confissão dos próprios falidos, existem outros pedido s de falência em que não houve depósito elisivo. Ademais, as atividades encontram-se paralisadas, sem qualquer prenúncio de soerguimento ou recuperação da empresa. E os próprios recorrentes admitem também a ausência de crédito da falida na praça e o número excessivo de protestos" (fls. 317). Diante do exposto, nega-se provimento ao Recurso. Osni Souza. Relator.

3 Direito Comercial. Designação de Praça – Jurisdição do Juiz da Falência. Comercial – Falência – Praça. Os bens arrecadados pelo síndico da massa falida estão sujeitos à jurisdição do Juiz da falência; nenhum outro pode designar praça para a alienação dos aludidos bens sem invadir a competência daquele. Caso em que o ato de arrecadação foi registrado no ofício imobiliário. Recurso Especial conhecido e provido. (STJ – 3ª T.; REsp nº 877.672-RS; Rel. Min. Ari Pargendler; j. 14/11/2006; v.u.)

Não serão arrecadados os bens absolutamente impenhoráveis.

Ainda que haja avaliação em bloco, o bem objeto de garantia real também será avaliado separadamente.

O estabelecimento que teve sua falência decretada será lacrado sempre que houver risco para a execução da etapa de arrecadação, para a preservação dos bens da massa falida ou dos interesses dos credores.

O auto de arrecadação, composto pelo inventário e pelo respectivo laudo de avaliação dos bens, será assinado pelo administrador judicial, pelo falido ou seus representantes legais, e por outras pessoas que auxiliarem ou presenciarem o ato.

Não sendo possível a avaliação dos bens no ato da arrecadação, o administrador judicial requererá ao juiz a concessão de prazo para apresentação do laudo de avaliação, que não poderá exceder 30 dias, contados a partir da apresentação do auto de arrecadação.

Dessa forma, serão referidos no inventário:

a) os livros obrigatórios e auxiliares ou facultativos do devedor, designando-se o estado em que se encontram, bem como o número e a denominação de cada um, as páginas escrituradas, a data do início da escrituração e do último lançamento, e se os livros obrigatórios estão de acordo com as formalidades legais;
b) dinheiro, papéis, títulos de crédito, documentos e outros bens da massa falida;
c) os bens da massa falida em poder de terceiros, a título de guarda, depósito, penhor ou retenção;
d) os bens indicados como propriedade de terceiros ou reclamados por estes, mencionando-se no laudo de avaliação esse fato.

Quando possível, os bens recolhidos serão individualizados.

Em relação aos bens imóveis, o administrador judicial, no prazo de 15 dias após a sua arrecadação, exibirá as certidões de registro extraídas posteriormente à decretação da falência e com todas as indicações que nela constarem.

O juiz poderá autorizar os credores, de forma individual ou coletiva e em razão dos custos e no interesse da massa falida, a adquirir ou transferir, de imediato, os bens arrecadados, pelo valor da avaliação, atendida a regra de classificação e preferência entre eles, ouvido o Comitê de Credores.

Os bens arrecadados poderão ser removidos desde que haja necessidade de serem mais bem guardados e conservados, hipótese em que permanecerão em um depósito sob a responsabilidade do administrador judicial.

Já os bens perecíveis, deterioráveis, sujeitos a considerável desvalorização ou que sejam de conservação arriscada ou dispendiosa, poderão ser vendidos antecipadamente, logo após sua arrecadação e avaliação, mediante autorização judicial e desde que se tenham ouvido o Comitê de Credores e o falido num prazo de 48 horas.

O administrador judicial poderá alugar ou celebrar outro contrato referente aos bens da massa falida para produzir renda para a referida massa, mediante autorização do já mencionado Comitê.

O contrato não gera direito de preferência na compra e não pode importar disposição total ou parcial dos bens.

O bem objeto da contratação poderá ser alienado a qualquer tempo, independentemente do prazo contratado, rescindindo-se, sem direito a multa, o contrato realizado, exceto se houver concordância por parte do adquirente.

A decretação da falência sujeita todos os credores, que somente poderão exercer seus direitos sobre os bens do falido e do sócio ilimitadamente responsável na forma que esta nova Lei de Falências prescrever.

Assim, de acordo com Maria Eugenia Finkelstein:

> Sem dúvida, o efeito mais importante é que a decretação da falência determina o vencimento antecipado das dívidas do devedor e dos sócios ilimitada e solidariamente responsáveis. Os juros serão proporcionalmente abatidos e os créditos em moeda estrangeira serão convertidos em moeda corrente nacional. (2005, p. 221)

Dessa forma, a decretação da falência suspende:

a) o exercício do direito de retenção sobre os bens sujeitos à arrecadação, uma vez que estes deverão ser entregues ao administrador judicial;
b) o exercício do direito de retirada ou de recebimento do valor de suas quotas ou ações por parte dos sócios da sociedade falida.

Os contratos bilaterais não se resolvem pela falência e podem ser cumpridos pelo administrador judicial caso o cumprimento reduza ou evite o aumento do passivo da massa falida – ou se for necessário à manutenção e preservação de seus ativos, mediante autorização do Comitê de Credores.

O contratante pode interpelar o administrador judicial no prazo de até 90 dias, contados da assinatura do termo de sua nomeação para que, dentro de dez dias, declare se cumpre ou não o contrato.

A declaração negativa ou o silêncio do administrador judicial confere ao contraente o direito à indenização, cujo valor, apurado em processo ordinário, se transformará em crédito quirografário.

O administrador judicial, mediante autorização do Comitê, poderá cumprir o contrato unilateral se isso vier a reduzir ou mesmo evitar o aumento do passivo da massa falida – ou se for necessário à manutenção e preservação de seus ativos, realizando o pagamento da prestação pela qual tal massa está obrigada.

Nas relações contratuais a seguir mencionadas, prevalecerão as seguintes regras:

a) o vendedor não pode se negar a entregar os bens expedidos ao devedor e que ainda estão em trânsito se o comprador, antes do pedido da falência, os tiver revendido sem fraude, à vista das faturas e dos conhecimentos de transporte entregues ou remetidos pelo vendedor;
b) se o devedor vendeu coisas compostas e o administrador judicial resolver não continuar a execução do contrato, o comprador poderá pôr à disposição da massa falida as coisas já recebidas, solicitando em seguida perdas e danos;
c) não tendo o devedor entregue coisa móvel ou prestado serviço que vendera ou contratara a prestações, e resolvendo o administrador judicial não executar o contrato, o crédito relativo ao valor pago será habilitado na classe própria;
d) o administrador judicial, ouvido o Comitê, restituirá a coisa móvel comprada pelo devedor com reserva de domínio do vendedor se resolver não continuar a execução do contrato, exigindo a devolução, nos termos do contrato, dos valores pagos;
e) tratando-se de coisas vendidas a termo e que tenham cotação em Bolsa ou mercado, e não se executando o contrato pela efetiva entrega dessas coisas e pelo pagamento do preço, a diferença entre a cotação do dia do contrato e a da época da liquidação em Bolsa ou mercado deverá ser colocada como uma prestação de contas;
f) na promessa de compra e venda de imóveis será aplicada a respectiva legislação;
g) a falência do locador não resolve o contrato de locação e, na falência do locatário, o administrador judicial pode, a qualquer momento, denunciar o contrato;
h) caso haja acordo para a compensação e liquidação de obrigações no âmbito do Sistema Financeiro Nacional e nos termos da legislação vigente, a parte não falida poderá considerar o contrato vencido antecipada-

mente, situação em que tal contrato será liquidado na forma estabelecida em regulamento, admitindo-se a compensação de eventual crédito que venha a ser apurado em favor do falido com créditos detidos pelo contratante;

i) os patrimônios de afetação, constituídos para cumprimento de destinação específica, obedecerão ao disposto na legislação respectiva, permanecendo seus bens, direitos e obrigações separados dos bens do falido até o advento do respectivo termo ou até o cumprimento de sua finalidade, ocasião em que o administrador judicial arrecadará o saldo a favor da massa falida ou inscreverá na classe própria o crédito que contra ela ainda existir.

O mandato conferido pelo devedor antes da falência para a realização de negócios cessará seus efeitos a partir do momento em que a falência é decretada, cabendo ao mandatário da empresa prestar contas de sua gestão.

O mandato conferido para a representação judicial do devedor continua em vigor até que seja revogado pelo administrador judicial.

Para o falido, cessa o mandato ou comissão que houver recebido antes da falência, salvo os mandatos que tiverem relação com matéria estranha à atividade empresarial.

As contas correntes do devedor são consideradas encerradas no momento da decretação da falência da empresa, verificando-se, ato contínuo, seus respectivos saldos.

Obedecendo-se aos requisitos da legislação civil, compensam-se antes de todos os demais credores as dívidas do devedor vencidas até o dia da decretação da falência, não importa que o vencimento da sentença provenha ou não de falência.

Se o falido fizer parte de alguma sociedade como sócio comanditário ou cotista, para a massa falida entrarão somente o que ele possuir nessa sociedade e o que for apurado na forma estabelecida no contrato ou Estatuto Social.

Se o contrato ou o Estatuto Social nada falar a respeito, a apuração será feita judicialmente, exceto se, por lei, pelo contrato ou pelo estatuto, a sociedade tiver de liquidar-se, caso em que os bens do falido entrarão para a massa falida somente após o pagamento de todo o passivo da referida sociedade.

Nos casos de condomínio indivisível de que participe o falido, o bem será vendido e o valor arrecadado será deduzido do que for devido aos demais condôminos, além de ser oferecida a estes a opção de compra da quota-parte do falido nos termos da melhor proposta obtida.

Contra a massa falida não são exigíveis juros vencidos após a decretação da falência, previstos em lei ou em contrato, se o ativo apurado não for suficiente para o pagamento dos credores subordinados.

Excetuam-se dessa disposição os juros das debêntures e dos créditos com garantia real, mas por eles responde, exclusivamente, o produto dos bens, que funciona como garantia.

No caso de falência do espólio ficará suspenso o processo de inventário, cabendo ao administrador judicial a realização de atos pendentes no tocante aos direitos e obrigações da massa falida.

Já nas relações patrimoniais não reguladas expressamente na Lei nº 11.101/2005, o juiz decidirá o caso atendendo à unidade, à universalidade do concurso e à igualdade de tratamento dos credores.

O credor de coobrigados solidários cujas falências tenham sido decretadas tem o direito de concorrer, em cada uma delas, pela totalidade do seu crédito, até recebê-lo por inteiro, quando então comunicará ao juízo.

Agora, se o credor for integralmente pago por uma ou várias massas coobrigadas, as que pagaram terão direito regressivo em relação às demais, em proporção à parte que pagaram e à parte que cada uma tinha sob sua responsabilidade.

Se a soma dos valores pagos ao credor em todas as massas coobrigadas exceder o total do crédito, o valor será devolvido a essas massas na proporção devida.

Se os coobrigados funcionavam como garantia uns dos outros, o excesso pertencerá, conforme a ordem das obrigações, às massas dos coobrigados que tiverem o direito de ser garantidas.

Os coobrigados solventes e os que funcionam como garantia do devedor ou dos sócios ilimitadamente responsáveis podem habilitar o crédito correspondente às quantias pagas ou devidas – isso se o credor não se habilitar no prazo legal.

De acordo com a Seção IX, "Da Ineficácia e da Revogação de Atos Praticados antes da Falência", da nova Lei de Falências, são ineficazes em relação à massa falida, tenha ou não o contratante conhecimento do estado de crise econômico-financeira do devedor, seja ou não intenção deste fraudar os credores:

a) o pagamento de dívidas não vencidas realizado pelo devedor dentro do termo legal e por qualquer meio extintivo do direito de crédito, ainda que pelo desconto do próprio título;
b) o pagamento de dívidas vencidas e exigíveis realizado dentro do termo legal e por qualquer forma que não seja a prevista pelo contrato;
c) a constituição de direito real de garantia, inclusive a retenção, dentro do termo legal, e tratando-se de dívida contraída anteriormente. Se os bens

dados em hipoteca forem objeto de hipotecas posteriores, a massa falida receberá a parte que devia caber ao credor da hipoteca revogada;

d) a prática de atos a título gratuito desde dois anos antes da decretação da falência;
e) a renúncia à herança ou ao legado até dois anos antes da decretação da falência;
f) a venda ou transferência de estabelecimento feita sem o consentimento expresso ou o pagamento de todos os credores a esse tempo existentes, não tendo restado ao devedor bens suficientes para solver seu passivo, salvo se, no prazo de 30 dias, não houver oposição dos credores, após estes serem devidamente notificados judicialmente ou pelo oficial do registro de títulos e documentos;
g) os registros de direitos reais e de transferência de propriedade entre vivos, por título oneroso ou gratuito, ou a averbação relativa a imóveis realizada após a decretação da falência, salvo prenotação anterior.

A ineficácia poderá ser oficialmente declarada pelo juiz, alegada em defesa ou pleiteada mediante ação própria ou incidentalmente no curso do processo.

São revogáveis os atos praticados com a intenção de prejudicar credores, provando-se o conluio fraudulento entre o devedor e o terceiro que com ele contratar e o efetivo prejuízo sofrido pela massa falida.

A ação revocatória correrá perante o juízo da falência e obedecerá ao procedimento ordinário previsto na Lei nº 5.869/1973, do Código de Processo Civil.

A sentença que julgar procedente a ação revocatória determinará o retorno dos bens à massa falida em espécie, com todos os seus respectivos acessórios, ou conforme valor praticado no mercado, acrescido de perdas e danos.

Reconhecida a ineficácia ou julgada procedente a ação revocatória, as partes retornarão ao estado anterior e o contratante de boa-fé terá direito à restituição dos bens ou dos valores que foram entregues ao devedor.

Na hipótese de securitização de créditos do devedor, não será declarada a ineficácia ou revogado o ato de cessão em prejuízo dos direitos dos portadores de valores mobiliários emitidos pelo securitizador.

É garantido ao terceiro de boa-fé, a qualquer momento, propor ação por perdas e danos contra o devedor ou seus garantes.

O juiz poderá, a pedido do autor da ação revocatória, ordenar, preventivamente e na forma da lei processual civil, o seqüestro dos bens retirados do patrimônio do devedor que estejam em poder de terceiros.

Tal ato pode ser declarado ineficaz ou revogado, ainda que praticado com base em decisão judicial.

Conforme a Seção X, "Da Realização do Ativo", da nova Lei de Falências, logo após a arrecadação dos bens e com a juntada do respectivo auto ao processo de falência, será iniciada a realização do ativo.

Conforme salienta Celso Marcelo de Oliveira sobre alienação de bens:

> [...] a alienação dos bens poderá ser feita englobada ou separadamente, conforme opção e responsabilidade do administrador judicial, em conveniência da massa falida. Pode ainda, em razão da complexidade e do volume falido, conjugar as duas formas, ou seja, vender lotes de bens englobadamente e outros separadamente, para melhor atração de interessados e melhores resultados. (2005, p. 533)

A alienação dos bens será realizada de uma das seguintes maneiras e de acordo com a seguinte ordem de preferência:

a) alienação da empresa com a venda de seus estabelecimentos em bloco;
b) alienação da empresa com a venda isolada de suas filiais ou unidades produtivas;
c) alienação em bloco dos bens que integram cada um dos estabelecimentos do devedor;
d) alienação dos bens considerados individualmente.

Se estiverem de acordo com a realização do ativo ou com a razão de oportunidade, podem ser adotadas mais de uma forma de alienação.

A realização do ativo terá início independentemente da formação do quadro geral de credores.

Já a alienação da empresa terá por objeto o conjunto de determinados bens necessários à operação rentável da unidade de produção, que poderá compreender a transferência de contratos específicos.

Nas transmissões de bens alienados que dependam de registro público, a este servirá de título aquisitivo o respectivo mandado judicial.

Agora, na alienação conjunta ou separada de ativos, inclusive da empresa ou de suas filiais, promovida sob qualquer das modalidades:

a) todos os credores sub-rogam-se no produto da realização do ativo;
b) o objeto da alienação estará livre de qualquer ônus e não haverá sucessão do arrematante nas obrigações do devedor, inclusive nas obrigações de natureza tributária, derivadas da legislação do trabalho e decorrentes de acidentes de trabalho.

O segundo item anteriormente colocado não se aplica nos casos em que o arrematante for:

a) sócio da sociedade falida ou da sociedade controlada pelo falido;
b) parente, em linha reta ou colateral até o 4º grau, consangüíneo ou afim, do falido ou de sócio da sociedade falida;
c) identificado como agente do falido para fraudar a sucessão.

Empregados do devedor contratados pelo arrematante serão admitidos mediante novos contratos de trabalho e o arrematante não responde por obrigações decorrentes do contrato anterior.

O juiz, ouvido o administrador judicial e atendendo à orientação do Comitê de Credores, caso este tenha sido instituído, ordenará que se proceda à alienação do ativo em uma das seguintes modalidades:

a) leilão, por lances orais;
b) propostas fechadas;
c) pregão.

A realização da alienação em quaisquer das modalidades será antecedida por publicação de anúncio em jornal de ampla circulação com 15 dias de antecedência, em se tratando de bens móveis, e com 30 dias de antecedência, em se tratando da alienação da empresa ou de bens imóveis, facultada a divulgação por outros meios que contribuam para o amplo conhecimento da venda.

A alienação se dará pelo maior valor oferecido, ainda que seja inferior ao valor de avaliação.

No leilão por lances orais, aplicam-se, no que couber, as regras da Lei nº 5.869/1973, do Código de Processo Civil.

A alienação por propostas fechadas ocorrerá mediante a entrega, em cartório e sob recibo, de envelopes lacrados, a serem abertos pelo juiz, no dia, na hora e no local designados no edital, lavrando o escrivão o respectivo auto, assinado pelos presentes, e juntando as propostas aos autos da falência.

A venda por pregão é uma modalidade híbrida das anteriores, uma vez que comporta duas fases:

a) recebimento de propostas;
b) leilão por lances orais, do qual participarão somente os que apresentarem propostas não inferiores a 90% da maior proposta oferecida.

A venda por pregão respeitará as seguintes regras:

a) recebidas e abertas as propostas, o juiz ordenará a notificação dos ofertantes, cujas propostas atendam ao requisito de seu inciso II para comparecer ao leilão;
b) o valor de abertura do leilão será o da proposta recebida do maior ofertante presente, considerando-se esse valor um lance ao qual ele fica obrigado;
c) caso não compareça ao leilão o ofertante da maior proposta e caso não seja dado lance igual ou superior ao valor por ele ofertado, esse ofertante fica obrigado a prestar a diferença verificada, constituindo a respectiva certidão do juízo título executivo para a cobrança dos valores pelo administrador judicial.

Em qualquer modalidade de alienação, o Ministério Público será intimado pessoalmente, sob pena de nulidade. Nelas poderão ser apresentadas impugnações por quaisquer credores, pelo devedor ou mesmo pelo Ministério Público no prazo de 48 horas a partir da arrematação, situação em que os autos serão concluídos pelo juiz, que, no prazo de cinco dias, decidirá sobre as impugnações solicitadas e, julgando-as improcedentes, ordenará a entrega dos bens ao arrematante, respeitadas as condições estabelecidas no edital.[4]

Havendo motivos justificados, o juiz poderá autorizar, mediante solicitação fundamentada do administrador judicial ou do Comitê de Credores, modalidades de alienação judicial.

O juiz homologará qualquer outra modalidade de realização do ativo desde que esta seja aprovada pela assembléia geral de credores, inclusive com a constituição de sociedade de credores ou dos empregados do próprio devedor, com a participação, se necessária, dos atuais sócios ou de terceiros.

No caso de sociedade formada por empregados do próprio devedor, estes poderão utilizar créditos derivados da legislação do trabalho para a aquisição ou arrendamento da empresa.

Não sendo aprovada pela assembléia geral a proposta alternativa para a realização do ativo, caberá ao juiz decidir a forma pela qual esta será adotada, levando em conta a manifestação do administrador judicial e do Comitê.

4 Habilitação de Crédito. Comercial – Recurso Especial – Contrato de Mútuo garantido por alienação fiduciária – Falência do devedor – Pretensão de habilitar o crédito como privilegiado – Possibilidade. 1 – Em caso de falência do devedor, o crédito decorrente de contrato garantido por alienação fiduciária deve ser habilitado como privilegiado. Não se exclui, ainda e por óbvio, a possibilidade de o credor requerer a restituição do bem (art. 7º do Decreto-Lei nº 911/1969. 2 – A circunstância de o credor proprietário fiduciário – haver exercido ação executiva não desconstitui o direito real resultante da alienação fiduciária. (STJ – 3ª T.; REsp nº 791.194-RS; Rel. Min. Humberto Gomes de Barros; j. 14/12/2006; v.u.)

Em qualquer modalidade adotada de realização do ativo, a massa falida fica dispensada da apresentação de certidões negativas.

As quantias recebidas a qualquer título serão imediatamente depositadas em conta corrente remunerada de alguma instituição financeira, desde que atendidos os requisitos da lei ou das normas de organização judiciária.

O administrador judicial fará constar do relatório os valores eventualmente recebidos no mês vencido, explicitando a forma de distribuição dos recursos entre os credores.

Segundo a Seção XI, "Do Pagamento aos Credores", da nova Lei de Falências, assim que as restituições forem realizadas, que os créditos extraconcursais forem pagos e que o quadro geral de credores tenha sido consolidado, as importâncias recebidas por conta da realização do ativo serão destinadas ao pagamento dos credores, respeitados os demais dispositivos da Lei nº 11.101/2005 e as decisões judiciais que determinam reserva de importâncias.

Havendo reserva de importâncias, os valores a elas relativos ficarão depositados até o julgamento definitivo do crédito e, no caso de não ser este finalmente reconhecido no todo ou em parte, os recursos depositados serão objeto de rateio suplementar entre os credores remanescentes.

Os credores que não procederem, no prazo fixado pelo juiz, ao levantamento dos valores que lhes couberam em rateio, serão intimados a fazê-lo no prazo de 60 dias, período após o qual os recursos serão objeto de rateio suplementar entre os credores remanescentes.[5]

As despesas cujo pagamento antecipado seja indispensável à administração da falência, inclusive na hipótese de continuação provisória, serão pagas pelo administrador judicial com os recursos disponíveis em caixa.

5 Falência – Pedido de Restituição de Síndica. Comercial e Processual Civil – Agraco de Instrumento – Falência – Pedido de restituição da Síndica – Alegação de ocorrência de irregularidades – Ausência de comprovação – Indeferimento – Manutenção – Improvimento da irresignação – Inteligência do art. 66 do Decreto-Lei nº 7.661/1945. A destituição do síndico constitui em penalidade que deve ser imposta àquele que age contrariamente aos seus deveres, com o que, não restando comprovada a ocorrência das irregularidades apontadas, deve a Síndica permanecer em sua função. (TJMG – 5ª Câm. Cível; Ag nº 1.0024.02.728782-0/002-Belo Horizonte-MG; Rel. Des. Dorival Guimarães Pereira; j. 30/3/2006; v.u.)

Falência. Destituição do síndico dativo por perda de prazo para se manifestar nos autor. Pedido do síndico a fim de alterar a destituição para substituição, já que aquela tem caráter punitivo. Inteligência do art. 66 do Decreto-Lei nº 7.661/1945. Provimento do Recurso. A destituição do síndico tem natureza sancionaria, mercê do que, no caso de simples perda de prazo para manifestação dos autos por parte de síndico dativo, suficiente a sua substituição, que não se reveste de caráter punitivo. (TJSP – Câm. Especial de Falências e Recuperações Judiciais; AI nº 432.096-4/7-00-SP; Rel. Des. Pereira Calças; j. 30/8/2006; v.u.)

Os créditos trabalhistas de natureza estritamente salarial vencidos nos três meses anteriores à decretação da falência até o limite de cinco salários-mínimos por trabalhador serão pagos tão logo haja disponibilidade em caixa.

Dessa forma, os credores restituirão em dobro as quantias recebidas, acrescidas dos juros legais, desde que fique evidenciado dolo ou má-fé na constituição do crédito ou da garantia.

Pagos todos os credores, o saldo, se houver, será entregue ao falido.

Agora, conforme a Seção XII, "Do Encerramento da Falência e da Extinção das Obrigações do Falido", da referida lei, quando concluída a realização de todo o ativo e assim que o produto entre os credores tiver sido distribuído, o administrador judicial apresentará suas contas ao juiz no prazo de 30 dias.

Tais contas, acompanhadas de documentos comprobatórios, serão prestadas em autos separados que, ao final, serão juntados aos autos da falência.

O juiz ordenará a publicação de aviso de que as contas foram entregues e se encontram à disposição dos interessados, que poderão impugná-las no prazo de dez dias.

Decorrido o prazo do aviso e realizadas as diligências necessárias para a apuração dos fatos, o juiz intimará o Ministério Público para manifestar-se dentro cinco dias. No final desse período, o administrador judicial será ouvido caso haja impugnação ou parecer contrário do Ministério Público.

A sentença que rejeitar as contas do administrador judicial fixará suas responsabilidades e poderá determinar a indisponibilidade ou mesmo o seqüestro de bens e servirá como título executivo para a indenização da massa. De tal sentença cabe apelação.

Depois que as contas do administrador judicial tiverem sido julgadas, ele apresentará o relatório final da falência no prazo de dez dias, indicando o valor do ativo e do produto de sua realização, bem como o valor do passivo e dos pagamentos feitos aos credores, e especificará de maneira justificada as responsabilidades com que continuará o falido.

Apresentado o relatório final, o juiz encerrará a falência por sentença.

A sentença de encerramento será publicada por edital e dela caberá apelação.

O prazo prescricional relativo às obrigações do falido recomeça a correr a partir do dia em que transitar em julgado a sentença do encerramento da falência.

Extinguem-se, então, as obrigações do falido, quais sejam:

a) o pagamento de todos os créditos;
b) o pagamento, depois de realizado todo o ativo, de mais de 50% dos créditos quirografários, sendo facultado ao falido o depósito da quantia neces-

sária para atingir essa porcentagem, se para tanto não bastou a integral liquidação do ativo;

c) o decurso do prazo de cinco anos, contado do encerramento da falência, se o falido não tiver sido condenado por prática de crime;

d) o decurso do prazo de dez anos, contado do encerramento da falência, se o falido tiver sido condenado por prática de crime.

O falido poderá requerer ao juízo da falência que suas obrigações sejam declaradas extintas por meio de sentença judicial.

Tal pedido será autuado à parte e terá anexado os respectivos documentos. Em seguida será publicado em edital em órgão oficial e em jornal de grande circulação.

Depois, dentro de 30 dias, contados da publicação do referido edital, qualquer credor pode se opor ao pedido do falido.

Com o fim desse prazo, o juiz, em cinco dias, proferirá sentença e, se o pedido for anterior ao encerramento da falência, declarará extintas as obrigações na sentença de encerramento.

A sentença que declarar extintas as obrigações será comunicada a todas as pessoas e entidades informadas da decretação da falência no início do processo.

Após o trânsito em julgado, os autos serão juntados aos autos da falência.

Verificada a prescrição ou extintas as obrigações, o sócio de responsabilidade ilimitada também poderá requerer que seja declarada por sentença a extinção de suas obrigações na falência.

De acordo com o Capítulo VI, "Da Recuperação Extrajudicial", da nova Lei de Falências, o devedor que preencher os requisitos poderá propor e negociar com seus credores um plano de recuperação extrajudicial.

Porém, não se aplica o disposto nesse capítulo a titulares de créditos de natureza tributária, derivados da legislação do trabalho ou decorrentes de acidente de trabalho, assim como aos previstos.

O plano não poderá contemplar o pagamento antecipado de dívidas nem o tratamento desfavorável aos credores que a ele não estejam sujeitos.

Da mesma forma, o devedor não poderá requerer a homologação de plano extrajudicial se estiver pendente pedido de recuperação judicial ou se houver obtido recuperação judicial ou homologação de outro plano de recuperação extrajudicial há menos de dois anos.

O pedido de homologação do plano de recuperação extrajudicial não acarretará suspensão de direitos, ações ou execuções, tampouco a impossibilidade do pedido de decretação de falência pelos credores não sujeitos ao plano de recuperação extrajudicial.

Após a distribuição do pedido de homologação, os credores não poderão desistir da adesão ao plano, exceto com a anuência expressa dos demais signatários.

A sentença de homologação do plano de recuperação extrajudicial constituirá título executivo judicial nos termos do, do Código de Processo Civil.

O devedor poderá requerer a homologação em juízo do plano de recuperação extrajudicial juntando sua justificativa e o documento que contenha seus termos e condições às assinaturas dos credores que a ele aderiram.

O devedor poderá, também, requerer a homologação de plano de recuperação extrajudicial, que obriga todos os credores por ele abrangidos, desde que assinado por credores, a representar mais de 3/5 de todos os créditos de cada espécie por eles abrangidos.

O plano poderá abranger a totalidade de uma ou mais espécies de créditos previstos, ou grupo de credores de mesma natureza e sujeito a semelhantes condições de pagamento, que, uma vez homologado, obriga todos os credores das espécies por ele abrangidas, exclusivamente em relação aos créditos constituídos até a data do pedido de homologação.

Não serão considerados para fins de apuração do porcentual os créditos não incluídos no plano de recuperação extrajudicial, uma vez que estes não poderão ter seu valor ou condições originais de pagamento alteradas.

Para fins exclusivos de apuração do porcentual, podemos citar:

- o crédito em moeda estrangeira será convertido em moeda nacional pelo câmbio da véspera da data de assinatura do plano;
- não serão computados os créditos detidos.

Na alienação de bem objeto de garantia real, a supressão da garantia ou sua substituição somente serão admitidas mediante a aprovação expressa do credor titular da respectiva garantia.

Nos créditos em moeda estrangeira, a variação cambial só poderá ser afastada se o credor titular do respectivo crédito aprovar expressamente previsão diferente da existente no plano de recuperação extrajudicial.

Para a homologação do plano de recuperação judicial, além dos documentos previstos, o devedor deverá juntar:

- exposição da situação patrimonial do devedor;
- demonstrações contábeis relativas ao último exercício social e levantadas especialmente para instruir o pedido;

- documentos que comprovem os poderes dos subscritores para obrigar ou conciliar, e que contenham uma relação nominal completa dos credores, com a indicação do endereço de cada um, a natureza, a classificação e o valor atualizado do crédito, discriminando sua origem, o regime dos respectivos vencimentos e a indicação dos registros contábeis de cada transação pendente.

Recebido o pedido de homologação do plano de recuperação, o juiz ordenará a publicação de edital em órgão oficial e em jornal de grande circulação nacional ou pertencente às localidades da sede e das filiais da empresa do devedor, convocando todos os credores desse devedor a apresentar suas impugnações ao plano de recuperação extrajudicial.

No prazo do edital, deverá o devedor comprovar o envio de carta a todos os credores sujeitos ao plano, domiciliados ou sediados no País, informando a distribuição do pedido, as condições do plano e o prazo para impugnação.

Os credores terão um prazo de 30 dias, contados da publicação do edital, para impugnar o plano, juntando a este a prova de seu crédito.

Para opor-se, em sua manifestação, à homologação do plano, os credores poderão alegar, somente:

a) o não preenchimento do porcentual mínimo previsto;
b) o descumprimento de qualquer outra exigência legal.

Sendo apresentada a impugnação, passará a correr um prazo de cinco dias para que o devedor se manifeste sobre ela.

Decorrido esse prazo, os autos serão concluídos imediatamente pelo juiz para a apreciação de eventuais impugnações e ele decidirá, dentro de no máximo cinco dias, sobre o plano de recuperação extrajudicial, homologando-o por sentença se entender que isso não implica prática de atos previstos e que não há outras irregularidades que recomendem sua rejeição.

Havendo prova de simulação de créditos ou vício de representação dos credores que subscreverem o plano, sua homologação será indeferida.

Da sentença cabe apelação sem efeito suspensivo.

Na hipótese de não homologação do plano o devedor poderá, cumpridas as formalidades, apresentar novo pedido de homologação de plano de recuperação extrajudicial.

Tal plano de recuperação extrajudicial produz efeitos após sua homologação judicial.

É lícito, contudo, que o plano estabeleça a produção de efeitos anteriores à homologação, desde que exclusivamente em relação à modificação do valor ou da forma de pagamento dos credores signatários.

Caso esse plano seja posteriormente rejeitado pelo juiz, devolve-se aos credores signatários o direito de exigir seus créditos nas condições originais, apenas deduzindo-se antes os valores efetivamente pagos.

Se o plano de recuperação extrajudicial homologado envolver alienação judicial de filiais ou de unidades produtivas isoladas do devedor, o juiz ordenará sua realização.

De acordo com os comentários de Renato de Mello Jorge Silveira:

> O chamado "Direito Penal dos negócios" tem, na idéia basilar da empresa, seu ponto fundamental, tratando de uma vertente específica muitas vezes com regras próprias, a especialização criminal, de há muito, vem sendo sentida. A complexidade da sociedade moderna, sociologicamente tida como sociedade de riscos impõe um repensar de muitos tipos penais. (2005, p. 285)

Quanto às disposições penais acerca dos crimes em espécie, podemos afirmar que, no tocante à fraude a credores, é preciso praticar, antes ou depois da sentença que decretar a falência, a recuperação judicial, ou homologar a recuperação extrajudicial, ato fraudulento do qual resulte ou possa resultar prejuízo aos credores, com o fim de obter ou assegurar vantagem indevida para si ou para outrem. A pena para tal ato é de três a seis anos de reclusão e multa.

Essa pena aumenta de 1/6 a 1/3 se o agente:

a) elabora escrituração contábil ou Balanço com dados inexatos;
b) omite, na escrituração contábil ou no Balanço, lançamento que deles deveria constar – ou altera escrituração ou Balanço verdadeiros;
c) destrói, apaga ou corrompe dados contábeis ou negociais armazenados em computador ou sistema informatizado;
d) simula a composição do capital social;
e) destrói, oculta ou inutiliza, total ou parcialmente, os documentos de escrituração contábil obrigatórios.

A pena é aumentada de 1/3 até a metade se o devedor manteve ou movimentou recursos ou valores paralelamente à contabilidade exigida pela legislação.

Nessas mesmas penas incidem os contadores, técnicos contábeis, auditores e outros profissionais que, de qualquer modo, concorrerem para as condutas criminosas descritas anteriormente, na medida de sua culpabilidade.

Quando se fala de falência de microempresa ou de empresa de pequeno porte, e não se constata prática habitual de condutas fraudulentas por parte do falido, o juiz poderá reduzir a pena de reclusão de 1/3 a 2/3, ou mesmo substituí-la pelas penas restritivas de direitos, de perda de bens e valores, ou pelas penas de prestação de serviços à comunidade ou a entidades públicas.

Outra questão é a violação de sigilo empresarial. Violar, explorar ou divulgar, sem justa causa, sigilo empresarial ou dados confidenciais sobre operações ou serviços, contribuindo, dessa forma, para a condução do devedor a estado de inviabilidade econômica ou financeira, acarreta uma pena de dois a quatro anos de reclusão e multa.

Porém, divulgar ou propalar, por qualquer meio, informação falsa sobre devedor em recuperação judicial, com o fim de levá-lo à falência ou de obter vantagem, acarreta uma pena de dois a quatro anos de reclusão e multa.

Já sonegar ou omitir informações, ou mesmo prestar informações falsas durante processo de falência, de recuperação judicial ou de recuperação extrajudicial, com o fim de induzir a erro o juiz, o Ministério Público, os credores, a assembléia geral de credores, o Comitê de Credores ou o administrador judicial, acarreta uma pena de dois a quatro anos de reclusão e multa.

Praticar, antes ou depois da sentença que decretar a falência, conceder a recuperação judicial ou homologar plano de recuperação extrajudicial, ato de disposição ou oneração patrimonial ou gerador de obrigação, destinado a favorecer um ou mais credores em prejuízo dos demais, acarreta uma pena de dois a cinco anos de reclusão e multa.

Nessas mesmas penas incorre o credor que, em conluio, possa beneficiar-se de ato previsto.

Outro ponto considerado crime é o desvio, a ocultação ou a apropriação de bens, uma vez que apropriar-se, desviar ou ocultar bens pertencentes ao devedor sob recuperação judicial ou à massa falida, inclusive por meio da aquisição por interposta pessoa, acarreta uma pena de dois a quatro anos de reclusão e multa.

Já adquirir, receber ou usar ilicitamente um bem que sabe pertencer à massa falida de uma empresa ou influir para que terceiro, de boa-fé, o adquira, receba ou use, acarreta uma pena de dois a quatro anos de reclusão e multa.

A habilitação ilegal de crédito também é considerada crime, uma vez que apresentar, em falência, recuperação judicial ou recuperação extrajudicial, bem como relação de créditos, habilitação de créditos ou reclamação falsas, ou juntar a elas título falso ou simulado, acarreta uma pena de dois a quatro anos de reclusão e multa.

Da mesma forma, o exercício ilegal de atividade para a qual foi inabilitado ou incapacitado por decisão judicial acarreta uma pena de um a quatro anos de reclusão e multa.

Também adquirir o juiz, o representante do Ministério Público, o administrador judicial, o gestor judicial, o perito, o avaliador, o escrivão, o oficial de justiça ou o leiloeiro, por si ou por interposta pessoa, bens de massa falida ou de devedor em recuperação judicial, ou, em relação a estes, entrar em alguma especulação de lucro quando tenham atuado nos respectivos processos, acarreta uma pena de dois a quatro anos de reclusão e multa.

Deixar de elaborar, escriturar ou autenticar, antes ou depois da sentença que decretar a falência, conceder a recuperação judicial ou homologar o plano de recuperação extrajudicial, os documentos de escrituração contábil obrigatórios, acarreta uma pena de um a dois anos de reclusão e multa – isso se tal fato não constituir crime mais grave.

Conforme a Seção II, "Disposições Comuns", da nova Lei de Falências, na falência, na recuperação judicial e na recuperação extrajudicial de sociedades, os seus sócios, diretores, gerentes, administradores e conselheiros, de fato ou de direito, bem como o administrador judicial, equiparam-se, na medida de sua culpabilidade, ao devedor ou ao falido para todos os efeitos penais.

São efeitos da condenação por crime:

a) inabilitação para o exercício de atividade empresarial;
b) impedimento para o exercício de cargo ou função em Conselho de Administração, Diretoria ou gerência de sociedades;
c) impossibilidade de gerir empresa por mandato ou por gestão de negócio.

Os efeitos não são automáticos, devendo ser motivadamente declarados na sentença, e perdurarão até cinco anos após a extinção da punibilidade, podendo, contudo, cessar antes por meio da reabilitação penal.

Transitada em julgado a sentença penal condenatória, será notificado o Registro Público de Empresas para que este tome as medidas necessárias a fim de impedir novo registro em nome dos inabilitados.

A prescrição dos crimes previstos na Lei nº 11.101/2005 será regida pelas disposições do Decreto-lei nº 2.848/1940, do Código Penal, começando a correr do dia da decretação da falência, da concessão da recuperação judicial ou da homologação do plano de recuperação extrajudicial.

A decretação da falência do devedor interrompe a prescrição cuja contagem tenha iniciado com a concessão da recuperação judicial ou com a homologação do plano de recuperação extrajudicial.

Agora, de acordo com a Seção III, "Do Procedimento Penal", compete ao juiz criminal da jurisdição onde foi decretada a falência, concedida a recuperação judicial ou homologado o plano de recuperação extrajudicial, conhecer da ação penal pelos crimes previsto.

Decorrido o prazo legal sem que o representante do Ministério Público ofereça denúncia, qualquer credor habilitado ou mesmo o administrador judicial poderá oferecer ação penal privada subsidiária da pública, observado o prazo decadencial de seis meses.

Recebida a denúncia ou a queixa, deverá ser observado o rito previsto nos arts. 531 a 540 do Decreto-lei nº 3.689/1941, do Código de Processo Penal.

O administrador judicial apresentará ao juiz da falência exposição circunstanciada, considerando as causas da falência, o procedimento do devedor, antes e depois da sentença, e outras informações detalhadas a respeito da conduta do devedor e de outros responsáveis, se houver, por atos que possam constituir crime relacionado com a recuperação judicial ou com a falência – ou com outro delito conexo a estes.

A exposição circunstanciada será instruída com laudo do contador encarregado do exame da escrituração do devedor.

Intimado da sentença que decreta a falência ou concede a recuperação judicial, o Ministério Público, verificando a ocorrência de qualquer crime previsto, promoverá imediatamente a competente ação penal ou, se entender necessário, requisitará a abertura de inquérito policial.

O prazo para oferecimento da denúncia regula-se pelo art. 46 do Decreto-lei nº. 3.689/1941, do Código de Processo Penal, salvo se o Ministério Público, estando o réu solto ou afiançado, decidir aguardar a apresentação da exposição circunstanciada, devendo, em seguida, oferecer a denúncia em 15 dias.

Em qualquer fase processual, o juiz da falência ou da recuperação judicial – ou mesmo da recuperação extrajudicial – cientificará o Ministério Público.

Para finalizar, aplica-se a Lei nº 5.869/1973, do Código de Processo Civil, aos procedimentos previstos.

As publicações ordenadas serão feitas preferencialmente na imprensa oficial e, se o devedor ou a massa falida comportar, em jornal ou revista de circulação regional ou nacional, bem como em quaisquer outros periódicos que circulem em todo o País.

As publicações ordenadas conterão a epígrafe "recuperação judicial de", "recuperação extrajudicial de" ou "falência de".

Isso não se aplica aos processos de falência ou de concordata ajuizados antes do início de sua vigência, uma vez que estes serão concluídos nos termos do Decreto-lei nº 7.661/1945.

Fica vedada, então, a concessão de concordata suspensiva nos processos de falência em curso, podendo ser promovida a alienação dos bens da massa falida assim que for concluída sua arrecadação, independentemente da formação do quadro geral de credores e da conclusão do inquérito judicial.

A existência de pedido de concordata anterior à vigência da Lei nº 11.101/2005, a referida Lei de Falências, não se opõe ao pedido de recuperação judicial pelo devedor que não houver descumprido obrigação no âmbito da concordata, apesar de vedar, contudo, o pedido baseado no plano especial de recuperação judicial para microempresas e empresas de pequeno porte.

Se deferido o processamento da recuperação judicial, o processo de concordata será extinto e os créditos submetidos à concordata serão inscritos por seu valor original na recuperação judicial, deduzidas as parcelas pagas pelo concordatário.

A Lei nº 11.101/2005 aplica-se às falências decretadas em sua vigência e resultantes de convolação de concordatas ou de pedidos de falência anteriores, às quais se aplica, até a decretação, o Decreto-lei nº 7.661/1945, observado na decisão que decretar a falência.

O disposto na Lei de Falências não afeta as obrigações assumidas no âmbito das câmaras ou prestadoras de serviços de compensação e de liquidação financeira, que serão ultimadas e liquidadas pela câmara ou prestadora de serviços na forma de seus regulamentos.

O produto da realização das garantias prestadas pelo participante das câmaras ou prestadoras de serviços de compensação e de liquidação financeira submetidos aos regimes da Lei de Falências, assim como os títulos, valores mobiliários e quaisquer outros de seus ativos objetos de compensação ou liquidação serão destinados à liquidação das obrigações assumidas no âmbito das câmaras ou prestadoras de serviços.

A decretação da falência das concessionárias de serviços públicos implica extinção da concessão, na forma da lei.

Os Registros Públicos de Empresas manterão banco de dados público e gratuito, disponível na Internet e contendo a relação de todos os devedores falidos ou em recuperação judicial. Esses mesmos Registros Públicos deverão promover a integração de seus bancos de dados em âmbito nacional.

Bibliografia

ALMEIDA, Amador Paes. *Manual das sociedades comerciais*. 15. ed. São Paulo: Saraiva, 2004.

BAGNOLI, Vicente. *Introdução ao Direito da Concorrência: Brasil-Globalização-União Européia-Mercosul-ALCA*. São Paulo: Singular, 2005.

BEZERRA FILHO, Manoel Justino. *Nova lei de recuperação e falências comentada*. Lei nº 11.101, de 9 de fevereiro de 2005, comentário artigo por artigo. 3. ed. São Paulo: RT, 2005.

BOBBIO, Norberto. *Elogio da serenidade*. São Paulo: Unesp, 2002.

BULGARELLI, Waldirio. *Contratos mercantis*. 14. ed. São Paulo: Atlas, 2001.

COELHO, Fabio Ulhoa. *Comentários à nova lei de falências e de recuperação de empresas*. São Paulo: Saraiva, 2005.

_____. *Curso de Direito Comercial*. 11. ed. São Paulo: Saraiva, 2007. v. 2.

_____. *Curso de direito comercial*. 4. ed. rev. e atual. de acordo com o novo Código Civil (Lei nº 10.406, de 10/01/2002). São Paulo: Saraiva, 2003. v. 3.

_____. *Manual de Direito Comercial*. 15. ed. São Paulo: Saraiva, 2005.

FAZZIO JÚNIOR, Waldo. *Nova lei de falência e recuperação de empresa*. 2. ed. São Paulo: Atlas, 2005.

_____. *Manual de Direito Comercial*. 6. ed. São Paulo: Atlas, 2005.

FERREIRA, Aurélio Buarque de Holanda. *Dicionário da língua portuguesa*. Curitiba: Positivo, 2005.

FINKELSTEIN, Maria Eugenia. *Direito empresarial*. São Paulo: Atlas, 2005.

FIÚZA, Ricardo. *Novo Código Civil comentado*. São Paulo: Saraiva, 2004.

GOMES, Fábio Bellote. *Manual de direito comercial*. São Paulo: Manole, 2003.

LAFER, Celso. Abriu caminhos e não fechou portas. *O Estado de S. Paulo,* 10 jan. 2004. p. A11.

MACHADO, Rubens Approbato (Coord.). *Comentários à nova lei de falências e recuperação de empresas*. São Paulo: Quartier Latin, 2005.

MARCONDES, Silvio. Apostila do C.A XI de Agosto, 3º ano, 1957 – Direito Comercial.

MORELLO NETTO, João Baptista. *O que mudou na vida das sociedades anônimas*. Disponível em: <http://www.dcomercio.com.br/especiais/sociedades>. p. 15

NALINI, José Renato. A herança de Bobbio. *Jornal da Tarde*, segunda-feira, 12 jan. 2004. Caderno A. p. 2.

OLIVEIRA, Celso Marcelo de. *Comentários à nova lei de falências*. São Paulo: IOB Thomson, 2005.

REQUIÃO, Rubens. *Curso de direito comercial: composição das juntas comerciais*. São Paulo: Saraiva, 1971.

ROVAI, Armando Luiz e ALMEIDA, Marcelo Manhães de. *Registro Mercantil*. São Paulo: Quartier Latin, 2005.

SILVA, De Plácido e. *Vocabulário jurídico*. Rio de Janeiro: Forense, 1999.

VALLADÃO, Erasmo A., N. Missiva dirigida ao presidente da Junta Comercial do estado de São Paulo, Armando Luiz Rovai, em 2005.

Sistema CTcP,
impressão e acabamento
executados no parque gráfico da
Editora Santuário
www.editorasantuario.com.br - Aparecida-SP